2022 包头统计年鉴

BAOTOU STATISTICAL YEARBOOK

包头市统计局 编

（总第21期 NO.21）

中国统计出版社
China Statistics Press

图书在版编目（CIP）数据

包头统计年鉴. 2022 = Baotou Statistical Yearbook 2022 / 包头市统计局编. -- 北京 : 中国统计出版社, 2022.11
ISBN 978-7-5230-0024-3

Ⅰ. ①包… Ⅱ. ①包… Ⅲ. ①统计资料－包头－2022－年鉴 Ⅳ. ①C832.263-54

中国版本图书馆CIP数据核字(2022)第206081号

包头统计年鉴2022

作　　者/包头市统计局
责任编辑/钟钰
装帧设计/赵云飞
出版发行/中国统计出版社有限公司
地　　址/北京市丰台区西三环南路甲6号
邮政编码/100073
电　　话/邮购（010）63376909 书店（010）68783171
网　　址/http://www.zgtjcbs.com
印　　刷/包头市三泰印务有限责任公司
经　　销/新华书店
开　　本/890mm × 1240mm 1/16
字　　数/340千字
印　　张/24.5 彩页0.25
版　　别/2022年11月第1版
版　　次/2022年11月第1次印刷
定　　价/300.00 元

如有印装错误，本社发行部负责调换。

《包头统计年鉴 2022》编辑委员会

编辑说明

一、《包头统计年鉴 2022》系统收录了 2021 年包头市及各旗县区经济、社会发展方面的统计数据以及历年和重要历史年份的主要统计数据，是一部国内外各界人士了解包头、认识包头的重要资料工具书。

二、年鉴全书分为两部分。第一部分为特载，载入了 2021 年包头市党政部门重要文件和 2021 年国民经济和社会发展统计公报。第二部分为统计资料，分为 21 个细目，即：1.行政区划和自然资源；2.综合；3.国民经济核算；4.人口；5.就业与工资；6.价格指数；7.人民生活；8.财政；9.能源与环境；10.城市概况；11.农业；12.工业；13.投资和建筑业；14.运输和邮电；15.国内贸易；16.对外经济贸易和旅游；17.金融和保险；18.教育、科技和文化；19.体育、卫生、社会福利；20.旗县区资料；21.附录。

三、本年鉴中部分数据合计数或相对数由于单位取舍不同而产生的计算误差，均未作机械调整。

四、符号使用说明: 年鉴各表中的“空格”表示该项统计指标数据不足本表最小单位数，不详或无该项数据；“#” 表示其中的主要项。

五、本年鉴的统计数据来自政府统计部门和业务部门年度统计报表，在编辑过程中，得到了有关单位和国家统计局、自治区统计局的大力支持与协助，在此表示衷心感谢。

六、限于编辑水平，对于年鉴存在的差错和缺点，敬请广大读者和统计战线的各位同仁提出宝贵意见。

目　录

第一部分　特载

第二部分　统计资料

一、行政区划和自然资源

二、综合

三、国民经济核算

四、人口

五、就业与工资

六、价格指数

七、人民生活

八、财政

九、能源与环境

十、城市概况

十一、农业

十二、工业

十三、投资和建筑业

十四、运输和邮电

十五、国内贸易

十六、对外经济贸易和旅游

十七、金融和保险

十八、教育、科技和文化

十九、体育、卫生、社会福利

二十、旗县区资料

二十一、附录

第一部分　特　载

政府工作报告

——2022年2月12日在包头市第十六届人民代表大会第一次会议上

包头市人民政府市长 张 锐

各位代表：

现在，我代表市人民政府，向大会报告工作，请予审议，并请政协委员和列席会议的同志提出意见。

一、本届政府工作回顾

市十五届人大一次会议以来，面对错综复杂的发展形势，我们在市委的坚强领导下，坚持以习近平新时代中国特色社会主义思想为指导，深入贯彻党的十九大和十九届历次全会精神，全面落实习近平总书记对内蒙古重要讲话重要指示批示精神，立足新发展阶段，完整、准确、全面贯彻新发展理念，积极服务和融入新发展格局，统筹疫情防控和经济社会发展，攻坚克难，砥砺奋进，高质量发展迈出坚实步伐，实现“十三五”圆满收官和“十四五”良好开局，与全国全区同步全面建成小康社会。

——*综合实力持续跃升*。地区生产总值年均增长6%，规模以上工业增加值年均增长11.8%，一般公共预算收入年均增长4%，社会消费品零售总额年均增长2.8%，城乡居民人均可支配收入年均分别增长5.3%和9.4%。累计实施重大项目2659个，完成投资4559亿元，竣工1091个，一批重大项目落地建设，210国道满都拉至白云鄂博段等重大基础设施全面完工，京包高铁开通运行，包头机场航站楼改造项目建成运营，内蒙古网络协同制造示范平台等新基建投入使用，5G站址落地数全区第一。

——*转型步伐持续加快*。优质钢、特种钢比重提高到90%，战略性新兴产业增加值占规上工业比重达到20%，稀土原材料就地加工转化率提高到近80%，高技术产业增加值实现翻番，全球首个5G无人驾驶矿用车应用落地，北重集团上榜国家制造业单项冠军示范企业名单，获评国家可再生能源综合应用示范区、国家应急产业示范基地、自治区军民融合发展创新示范区。农畜产品加工转化率达到73%，农作物标准化面积达到332万亩，高效设施农业面积达到5万亩，大雁滩国家级田园综合体等建成运营。物流、金融、电子商务等现代服务业加快发展，获评全国供应链创新与应用试点城市、生产服务型国家物流枢纽承载城市、国家电子商务示范城市。国家级稀土功能材料创新中心挂牌成立，新增国家、自治区级创新平台28家，成为全国第二家标准国际化创新型城市。成功举办中国新产业峰会、稀土国际论坛等活动，城市“磁吸力”不断增强。

——*改革开放持续深化*。重点领域改革深入推进，机构改革全面完成，国有企业剥离办社会率先推进，市属国有资产实现集中统一监管。全国农村牧区集体产权制度改革整市推进试点率先完成。“放管服”改革纵深发展，“最多跑一次”“不见面审批” “掌上办” 等服务模式不断完善，累计新增市场主体 12.8 万户，荣获 2020 年度中国企业营商环境（案例）十佳城市称号。包头机场航空口岸获批常年对外开放，保税物流中心（B型）封关运营，进口肉类指定口岸通过验收，满都拉口岸过货量年均增长 106.5%, 利用外资年均增长 18%, 外贸进出口总额年均增长 9.8%, 获评国家级外贸转型升级基地、全国外贸百强城市。

——城市功能持续优化。“多规合一” 和 “城市设计” “城市双修” 试点全面完成，市中心城区沿黄规划设计正式启动，新都市区和北梁腾空区主体框架基本形成，城镇化率提高至 86.2%。“一环九横十纵” 路网体系不断健全，赛汗塔拉城中草原、奥林匹克公园等一批公园绿地提档升级，人均公园绿地面积达到 15 平方米，建成区绿化覆盖率达到 44.6%, 老旧小区、棚户区累计改造完成 10.5 万户，解决房地产历史遗留产权问题 26.3 万套、2563.3 万平方米。城市精细化管理水平不断提升，智慧城市数据底座和运营中心投入使用，生活垃圾全部实现无害化处理。乡村振兴战略深入推进，农村牧区危房改造全面完成，所有行政村（嘎查）通硬化路、通客车，农村牧区人居环境整治取得显著成效。

——生态环境持续改善。污染防治攻坚战取得阶段性胜利，主要污染物排放总量持续下降，地表水水质稳中向好，危废垃圾得到安全处置，“无废城市” 试点任务全面完成，国家 “城市矿产” 示范基地顺利通过验收，国家黑臭水体治理示范市建设纵深推进。中央、自治区环保督察反馈问题整改完成 66 个。国家林业重点工程、草原生态保护修复等项目加快推进，荒漠化土地年均减少 36 万亩，森林覆盖率和草原综合植被盖度分别提高到 18.3% 和 36.6%, 获批全区首个碳达峰碳中和林草碳汇试验区。

——民生福祉持续增进。区贫县固阳摘帽，17796 名建档立卡贫困人口全部脱贫，“两不愁三保障” 问题得到全面解决。累计新增就业 22.25 万人，城乡低保连续三年提标，基本医保参保率达到 95% 以上，异地就医结算实现全国二、三级医疗机构全覆盖，企业退休人员养老金月人均提高 567 元，获批全国居家和社区养老服务改革试点，被国务院授予 “全国残疾人工作先进单位” 荣誉称号，青山区获批全国社会救助综合改革试验区。学前教育保障和义务教育均衡发展水平不断提高，高考一本率、本科率和平均分三项核心指标稳居自治区首位。医疗卫生服务体系不断健全，蝉联国家卫生城市 “四连冠”。文化体育事业繁荣发展，民族团结基础不断夯实，中华民族共同体意识更加深入人心。平安包头建设成效显著，安全生产和信访维稳形势持续向好，扫黑除恶专项斗争取得决定性胜利，政法队伍教育整顿成果丰硕，蝉联全国双拥模范城 “九连冠”。

——政府效能持续提升。扎实开展 “两学一做” 学习教育、“不忘初心、牢记使命” 主题教育和党史学习教育，切实增强 “四个意识”、坚定 “四个自信”、做到 “两个维护”，政府全体人员政治判断力、政治领悟力、政治执行力进一步提高。重大事项及时向市委请示报告，自觉接受市人大及其常委会法律监督、市政协民主监督和各方面监督，870 项人大代表建议和 1543 项政协提案全部办复。“七五” 普法全面完成，行政机关负责人出庭应诉率达到 100%, 成为自治区首批 “法治政府建设示范市”。坚持过紧日子，一般性支出和 “三公” 经费大幅压减。持续开展向市民报告、听市民意见、请市民评议活动，政民互动渠道更加畅通。审计、外事、侨务、气象、人防、地震、统计、史志、档案、仲裁、双拥和预备役等工作全面加强，妇女儿童、青少年、老龄、红十字、慈善等事业全面发展。

各位代表！2021年是中国共产党成立100周年，是全面迈入社会主义现代化新征程起步之年和“十四五”开局之年，也是包头市发展历程上极具挑战、具有里程碑意义的一年。一年来，我们坚决落实党中央国务院决策部署和自治区党委政府、市委工作要求，牢固树立事不避难、义不逃责的担当意识，直面各种困难挑战，全力以赴攻难事抓大事：我们突出抓好新冠疫情防控，坚持人民至上、生命至上，严格落实“外防输入、内防反弹”“人、物、环境”同防各项举措，梯次开展新冠疫苗接种和加强免疫，守住了疫情防控的钢铁防线。迅速选派千余名医护卫生人员、公安干警星夜驰援呼和浩特、额济纳旗和满洲里，暖心承接旅游专列乘员695名和大巴转运额济纳旗滞留旅客2632名来包集中健康监测，用实际行动诠释了伟大抗疫精神，受到了国务院、自治区充分肯定，赢得了滞留旅客“点赞”。我们突出抓好经济运行，坚持在经济运行中抓运行，定期不定期研究主要指标走势，深入分析各项指标存在问题，有针对性地细化工作举措，强化政策集成创新，落实助企纾困政策，推出“稳中求进”高质量发展政策清单，守牢了“保”的底线，夯实了“稳”的基础，提高了“进”的质效，全年地区生产总值增长8.5%，规上工业增加值增长14.1%，固定资产投资增长26.6%，增速均位列全区第一，位次在全国大中城市中实现了较大提升。我们突出抓好节能减排，坚持生态优先、绿色发展导向不动摇，顶住经济下行压力，采取攻坚举措遏制“两高”项目盲目发展，强化能耗预算管理，单位工业增加值能耗较上年下降12.3%，超额完成自治区下达能耗“双控”任务。我们突出抓好文明城市创建整改提升和卫生城市复审，以奔跑的姿态、战斗的状态、必胜的心态，按照“最高标准、最高要求、最高质量”，用最大决心、最硬举措，全员动员、真抓实干，一条一条道路过筛子，一个一个点位抓整改，高标准通过中央文明办整改复查，恢复全国文明城市资格，以历史最高分通过国家卫生城市复审，打赢了城市荣誉保卫战，市民自信心和城市凝聚力大幅提升。我们突出抓好防范化解重大风险，超额完成政府隐性债务年度化解任务，稳健推进金融机构风险防范工作，积极处置房地产企业履约风险，专项整治破坏草原林地违规违法等问题，守住了不发生系统性风险的底线，为各项事业发展行稳致远打下了良好基础。

各位代表，一年来，我们锚定“十四五”开好局、起好步的目标，聚焦建设“四基地两中心一高地一体系”，以坐不住的紧迫感、慢不得的危机感、等不起的责任感，跑起来、抢时间、争一流，拉高标杆、奋勇争先，一天紧似一天干，一环紧着一环拧，一锤接着一锤敲，延续了“热血沸腾”的激情，保持了“热气腾腾”的景象，干出了“热火朝天”的场面，全市各领域工作发生一系列具有关键性作用的积极变化。

*一是坚持顶格推进招商引资，发展动力更加强劲。*把招商引资作为推进经济高质量发展的关键抓手，出台《包头市招商引资工作方案》《包头市推进招商引资重大项目建设固定资产投资工作机制》等，组建20个产业链“双招双引”工作组，推行“一位市级领导、一条产业链、一个产业链分析报告、一个工作专班、一个目标企业库、一个招商计划”和“每月一调度、每季一评估、每年一大考”等机制，认真梳理全链条招商引资意向清单，常态化走出去、精准化引进来，全年对接各类企业5918家，签约项目1134个、协议总

投资1.25万亿元，已注册落地项目803个，分别是2020年的5.9倍、3.4倍、5.2倍和3.8倍，创造了历史新高。成功举办第一届现代能源产业发展大会、上海招商说明会、2021年秋季招商引资项目集中签约大会等活动，一大批头部企业、新锐企业入驻包头，众多具有良好发展前景和潜力的大项目、好项目开工建设。

二是坚持聚力服务保障，项目建设更加有力。实行重大项目分级包联、专班推进、定期调度机制，全年实施重大项目715个，完成投资1311亿元，竣工投产305个。总投资170亿元的特变电工年产20万吨高纯多晶硅、总投资300亿元的鑫元30万吨颗粒硅重大产业项目加快实施，双良一期10万吨单晶及切片、金力2万吨磁材等项目实现当年引进、当年建设、当年投产，弘元新材料三期单晶及切片项目刷新国内行业建设投产速度纪录。包银高铁开工建设，包西高铁（包鄂段）取得实质性进展，国道335黄家滩至百灵庙段等建成通车，国道110北绕城公路、G65包头至东胜段等加快建设。全年为企业减免税费26.4亿元，降低用电成本12.3亿元，解决用工需求2.7万人，争取上级资金增长16.1%，有效支撑了重大项目建设。

三是坚持调结构促转型，产业体系更加健全。大力推进"四基地"建设，工业投资增长87.9%，制造业投资增长1.4倍，高技术产业投资增长1.1倍。实施工业节能技改项目76个，传统工业电机高效替代工程率先实施，新增自治区级以上绿色园区3个、绿色工厂12家，数量居全区首位，稀土高新区入选国家级绿色工业园区。实施企业智能化、数字化改造项目106个，规上工业企业"上平台、用平台"实现全覆盖，新增国家级"专精特新"企业7户，包钢集团成为自治区首家营收超千亿企业，北重网络安全项目列入国家工业互联网创新发展工程，工业园区全部启动智慧园区建设。214个新型材料产业项目加快推进，明确"2+2+N"稀土产业发展方向，安泰科技等6家全国十强稀土磁材企业落户包头，稀土产业在建项目数量、投资额度均创历史新高。45个现代能源产业项目全面实施，新能源生产应用综合示范区、国际氢能产业示范基地加快建设，全市新能源装机容量达到635.6万千瓦、占比达到37.4%，全区首台氢燃料重卡成功下线，获批国家新能源汽车换电模式应用试点城市，加入燃料电池汽车示范应用广东城市群，青山区入选全国整县（市、区）屋顶分布式光伏开发试点。43个现代装备制造业项目加快推进，应急装备制造产业园签约落地，26项产品入选自治区技术装备首台套、关键零部件及新材料首批次产品，一机集团工艺所基于智能化仿真应用被列为国家智能制造实验室。87个现代农牧业重点项目加快实施，上海华维农装金山谷、华冠立新等项目签约落地，粮食产量再创近年新高，玉米大豆带状复合种植面积全国第一，成为国家首批重点推广地区。建成市、旗县区、基地三级追溯信息体系，农畜产品总体合格率达到99%以上。加快推进区域性服务业中心建设，城市共同配送物流园、G7智慧绿色数字用箱运输等物流重点项目加快实施，城市物流配送体系逐步完善。东河吾悦广场开业运营，开展各类商贸领域促消费活动571场，发放消费券1000万元，全市292个销售网点、7个连锁超市、21个大型商场、52个农贸市场全部建立线上销售模式，线上直播、网红带货等新业态蓬勃发展。数字产品制造业、数字技术应用业收入增长152%，包钢工业设计中心成为钢铁行业首家国家级工业设计中心。普惠型小微企业贷款"两增"目标整体实现，银行业机构普惠型小微企业贷款增长19.7%，贷款企业户数增加4111户。固阳秦长城国家文化公园、包头九原健康城等项目启动实施，获评全国优秀会展城市、第二批国家文化和旅游消费试点城市。加快推进区域性创新中心建设，出台打造区域性创新中心二十五条等政策，23个科技创新载体签约落地，48个科技项目取得重大进展，科技型中小企业数量实现翻番，新增自治区创新平台28家，国家、自治区级创新平台累计达到262家，全社会研发投入强度达2.04%，稀土磁性材料应用外籍院士工作站、包头稀土研究院杭州分院、内蒙古科技大学稀土产业学院揭牌成立，北京、上海科创飞地签约运营，英思特磁材成为国家技术创新示范企业，中国银行稀土与科技金融特色支行挂牌运营，获批科技部“科技金融创新服务‘十百千万’专项行动”试点，入选全国首批“科创中国”试点城市。全年引进高层次和紧缺急需人才5509人、省部级专家26人，人才净流入率显著提升。加快推进对外开放新高地建设，《包头市“十四五”时期建设对外开放新高地规划》编制完成，塔本陶勒盖至满都拉口岸跨境矿运公路建设取得实质性进展，首次从塔本陶勒盖运进10万吨焦煤，实现“零”的突破。满都拉口岸全面推行集装箱无接触吊装作业，过货量增长124.7%，创通关运营以来实际过货量历史最高。外贸进出口总额完成246亿元，增长55.5%，总量位居全区第一。对接外资企业104家，外资商业综合体项目台湾新光中心签约落地，实际利用外资增长101%。包头保税物流中心（B型）监管货值总量在全区B保园区中排名第一。

四是坚持优化营商环境，市场活力更加凸显。制定实施《关于打造一流营商环境加快民营经济高质量发展的实施意见》《打造一流营商环境若干措施》等一系列政策，梯次推进“四个一流”营商环境建设。开展“六减两优”改革，审批和服务事项办理时限压缩86.3%，办事跑动率压缩到7.2%，即办率达到64.8%。建立起“全链条、一站式”涉企服务平台，所有部门单位审批和服务事项实现“应进必进”，324个高频事项汇聚到“蒙速办”，169个事项下沉到基层站点，政务服务上线事项由1.62万项提升至4.58万项，全部实现网上可查可办，身份证、医保转移、户口迁移、药品零售企业设立等190个事项实现呼包鄂乌“四市互办”。“办不成事”窗口、双休日“不打烊”等服务举措获得群众好评，社区“一站式便民服务大厅”实现全覆盖，“500米、一刻钟”便民服务圈基本形成，成为自治区“掌上办”试点城市，“互联网+政务服务”成果案例获“2021年全国数字政府建设管理创新奖”，“包你满意”营商环境品牌日益响亮。

五是坚持统筹城乡发展，城市形象更加靓丽。深入推进城市更新行动，白云路等5条主干道完成改造，韩庆坝路等8条断头路全面打通，新增机动车停车位3.8万个，新改建雨污水、中水管网31.45公里，整治积水点18处。井坪苑、植物园等一批公园广场完成改造，黄河大街绿道基本建成，累计消除裸露黄土92.3公顷，改造老旧小区209个569.7万平方米，入选全国城市体检样本城市。为1616户居民发放公租房补贴，实物保障和租赁补贴在保家庭达到3.7万户，发放大学生集聚计划住房补贴7691万元，筹集人才房1.5万套。扎实推进城市精细化治理，全面推行“马路办公”等模式，完成背街小巷综合整治87条，新建、改建公厕旱厕347座，拆除各类违建13460处、25.6万平方米，环卫作业市场化改革加快推进，市容市貌得到极大改善。物业提档升级和创建美好家园行动深入开展，新增达标物业服务项目40个、优秀物业服务项目16个，物业服务标准化水平明显提高。深入实施乡村振兴战略，135个产业帮扶项目带动脱贫和边缘人口

7838人，卫生户厕普及率达到71.1%，生活垃圾治理覆盖率达到97.4%，水源地周边建制村生活污水处理率达到60%以上，畜禽粪污、秸秆和废旧地膜回收利用率分别达到90%、86%和83%。出台《包头市加强山北地区基础设施建设实施方案》，山北地区产业发展步伐加快。进京高铁客运量由每天2880人增至5200人，新增国内航线14条，多个城市航班实现当日往返。

*六是坚持绿色低碳转型，生态环境更加优美。*落实碳达峰碳中和重大战略，“1+N+X”政策体系和工作体系逐步完善，建立全市应对气候变化和低碳发展项目库，入库项目48个、总投资61亿元，位列全区第一。1个世界首套、1个全国首台套和9个重点碳利用项目落地实施，15家发电企业平稳有序进入全国碳排放权交易市场并开始履约。发放自治区首笔碳汇交易贷款，发行自治区钢铁行业首单绿色债券。成功申报北方地区清洁取暖试点，5.4万余户居民实现清洁取暖。坚决打赢污染防治攻坚战，建立环境空气质量生态补偿制度和通报机制，全市电解铝、碳素、焦化企业全部达到特别排放限值要求，火电行业基本实现超低排放，钢铁行业全面启动超低排放改造，六项污染物首次实现全面达标，全年空气优良天数达到303天，达标比例83%，$PM_{2.5}$浓度在全国168个重点城市中改善幅度位列第一，地表水国考断面水质优良比例从75%提高到87.5%，黄河滩区居民迁建任务全部完成。固废双驱动综合利用等3项“包头模式”在全国推广，获批国家大宗工业固废利用示范基地。统筹推进山水林田湖草沙系统治理，全部建立四级“林长制”责任体系，保护修复森林草原面积186万亩，受到自治区表扬；各级河湖长巡河和河湖“清四乱”常态化、规范化开展，小白河防凌应急分洪工程建设完成，达茂旗获批国家生态文明建设示范区。

*七是坚持保障改善民生，群众生活更加幸福。*向全市人民承诺的20项重点民生实事基本完成，2项未全部完成的今年持续推进实施。城乡居民人均可支配收入达到54448元和22791元，分别增长6.8%和10%。全年新增就业4.57万人，发放创业担保贷款5.4亿元，城镇登记失业率控制在3.87%。新增企业职工养老保险参保人数4.6万人，企业退休人员月人均增加养老金145元，商业保险补充工伤保险制度正式实施，城乡低保标准分别提高到每月795元和每年7044元，城乡特困人员救助标准分别提高到每月1695元和每年10600元，60岁以上老年人意外伤害保险和80岁以上老年人高龄津贴实现普惠，退役军人社保接续工作扎实推进。以“一老一小”为重点的人口服务体系进一步完善，建成居家社区养老服务站点119个，开展0—3岁婴幼儿照护服务试点13个。为农牧民低价订购暖心煤23.5万吨。“双减”政策全面实施，26个幼儿园、中小学新改扩建工程全部完成，义务教育质量检测结果运营经验向全国推广。扎实做好国家通用语言文字推广使用工作，全市民族语言授课学校推行使用国家统编教材工作顺利完成。话剧《惊蛰》全国展演。安装配置社区、公园室外健身器材2200余件。质量工作推进成效突出，受到国务院通报表扬。安全生产事故起数、死亡人数实现“双下降”，中央巡视组移交信访事项全部化解办结。成立扫黑和反电诈专业分局，保持对各类违法犯罪严打高压态势，破案率提升15.4%，八大类案件发案率下降6.8%，“包头义警”实现全覆盖，12345便民热线荣获全国政务热线服务质量评估创新优秀平台。隆重举办庆祝中国共产党成立一百周年系列活动，民族团结、边疆安定、社会和谐的大好局面进一步巩固。

各位代表！我们始终保持锐意进取、永不懈

怠的精神状态和敢闯敢干、一往无前的奋斗姿态，干成了很多想干的大事，办成了很多难办的要事，一个个挥汗如雨的瞬间、一个个奔跑忙碌的背影、一个个奋勇争先的故事，筑起了包头最美的风景，为我们在新征程上破浪前行奠定了坚实基础、增添了无穷信心。这些成绩的取得，最根本在于以习近平同志为核心的党中央的领航掌舵，在于习近平新时代中国特色社会主义思想的科学指引，是自治区党委、政府和市委坚强领导的结果，是市人大及其常委会、市政协大力监督支持的结果，是全市广大干部群众拼搏奋斗的结果。在此，我代表市人民政府，向全市各族人民，向全体人大代表、政协委员，向各民主党派、工商联、人民团体和社会各界人士，向驻包部队和武警官兵，向关心和支持包头改革发展的社会各界人士，表示衷心的感谢，致以崇高的敬意！

各位代表！志不求易者成，事不避难者进。面对百年未有之大变局，面对日趋激烈的竞争态势，我们清醒地认识到，政府工作与全市人民的期盼还有差距，经济社会发展还面临不少困难和问题，主要表现在：经济总量和产业规模仍然偏小，龙头企业、“链主”企业不多，产业结构不够优化，高技术产业占比偏低，小微企业发展困难，科技创新能力不强，构建多元发展、多极支撑的现代产业体系仍需加力；消费市场恢复缓慢，人口、人才总量和结构存在明显不足，营商环境还有较大提升空间，要素保障还不够好；对外开放不充分，口岸利用率低，利用外资质量和水平还不高；生态环境保护压力依然很大，绿色低碳发展还需发力突破；城市更新速度慢，山南山北发展不协调、不平衡的问题依然突出，乡村振兴工作还需要高标准推进，教育、医疗、住房保障等优质民生供给不足，风险隐患不容忽视；干部的专业素质还需不断提升、作风还需进一步转变，等等。对此，我们要采取有效措施集中攻坚，切实加以解决，决不辜负全市人民厚望。

二、今后五年工作的总体要求

各位代表，时代因奋斗而精彩，未来因梦想而美好。市第十三次党代会擘画了我市未来发展的宏伟蓝图，向全市发出以红色包头为底色，建设富强包头、创新包头、活力包头、数字包头、协调包头、绿色包头、开放包头、宜居包头、文明包头、法治包头、团结包头、幸福包头、平安包头的动员令。站在新的历史起点上，我们要坚定必胜信念，进一步对标新定位、落实新要求、制定新举措，强化“闯”的意识、焕发“闯”的斗志、拿出“闯”的行动，以更加昂扬的锐气推动各项事业不断迈上新台阶！

今后五年政府工作的总体要求是：以习近平新时代中国特色社会主义思想为指导，全面贯彻党的十九大和十九届历次全会及中央经济工作会议精神，深入贯彻习近平总书记对内蒙古重要讲话重要指示批示精神，认真落实自治区第十一次党代会和市第十三次党代会精神，弘扬伟大建党精神，坚持稳中求进工作总基调，立足新发展阶段，完整、准确、全面贯彻新发展理念，积极服务和融入新发展格局，全面深化改革开放，大力实施创新驱动，坚决走好以生态优先、绿色发展为导向的高质量发展新路子，坚持以供给侧结构性改革为主线，统筹疫情防控和经济社会发展，统筹发展和安全，坚持不懈铸牢中华民族共同体意识，扎实做好“六稳”“六保”工作，持续改善民生，保持社会大局稳定，全力争取更好的发展成绩，努力在建设繁荣昌盛、欣欣向荣的新时代中国特色社会主义现代化新包头上取得系统性突破性标志性成果，争当黄河流域生态保护和高质量发展先行区，打造黄河中上游的一颗璀璨明珠。

——**经济中心城市建设取得重大进展**。地区生产总值迈上5000亿元，新型材料、现代能源、装备制造、农畜产品加工四大产业基地成形成势，战略性新兴产业增加值占规上工业比重达到35%以上，物流、金融、商贸、旅游、健康等现代服务业加快发展，农畜产品加工转化率达到85%，年均签约项目1000个以上，基本形成多元发展、多极支撑的现代产业体系，山南山北、城市乡村发展协调性全面增强，现代化经济体系建设走在前列，成为黄河“几”字弯都市圈、呼包鄂榆城市群中的重要增长极和强劲动力源。

——**创新创业城市建设取得重大成果**。R&D经费投入占比超过全国平均水平。科技型中小企业和高新技术企业总数达到1000个以上，高新技术企业产值达到3000亿元以上。高能级创新平台建设取得重大进展，一批关键共性技术实现产业化，国家、自治区级各类创新平台达到300家以上。各类人才总量持续增加，产业创新能力、“四新”经济发展区域领先，市场对资源要素配置的决定性作用充分体现，营商环境进入全国先进行列，“包你满意”营商环境品牌美誉度进一步提升，城市创造力、竞争力、辐射力、吸引力持续增强。

——**美丽宜居城市建设取得重大成果**。城市科学化、精细化、智慧化管理水平大幅提高，建成区绿化覆盖率达45%以上，人均公园绿地面积达到16平方米，城市品质内涵、形态风貌显著提升，依河发展、滨河发展、拥河发展的美丽山水城市建设取得明显成效。文化软实力持续增强，市民文明素质和社会文明程度进一步提高。绿色低碳生产方式和生活方式基本形成，森林覆盖率、草原综合植被盖度分别提高到19.3%、38%，主要污染物排放总量和单位GDP能耗持续下降，形成山水林田湖草沙等多种形态有机融合的绿色生态空间，天蓝地绿水清生态环境优美怡人，城市更加宜居宜业宜游。

——**幸福平安城市建设取得重大成果**。城乡居民收入保持全区前列，就业、教育、医疗等基本公共服务和社会保障体系更趋完善公平，共同富裕取得实质性进展。韧性城市建设纵深推进，城市安全生命线工程运行更加畅通，城市治理体系和治理能力现代化水平显著提升，民族团结大局巩固发展，平安包头建设达到更高水平，群众的获得感成色更足、幸福感更可持续、安全感更有保障。

实现上述目标，必须把握好以下六个方面：

一是必须坚持党的全面领导。始终把增强“四个意识”、坚定“四个自信”、忠诚拥护“两个确立”、坚决做到“两个维护”落实到具体行动上，站位“两个大局”，心怀“国之大者”，坚定坚决贯彻党中央决策部署和习近平总书记对内蒙古重要讲话重要指示批示精神，对标对表抓落实、提振精神抓推进、务求实效抓结果，不折不扣推动每一项任务、每一个要求落实落细落地。

二是必须坚持践行以人民为中心的发展思想。坚持人民至上，紧紧依靠人民、不断造福人民、牢牢植根人民，始终同人民群众想在一起干在一起，在做大“蛋糕”的同时分好“蛋糕”，加强普惠性、基础性、兜底性民生建设，扎实推进共同富裕，推动幼有善育、学有优教、劳有厚得、病有良医、老有颐养、住有宜居、弱有众扶，用看得见、摸得着的幸福暖民心、聚民力。

三是必须坚持完整、准确、全面贯彻新发展理念。始终把生态优先、绿色发展贯穿发展全过程、各领域，久久为功调结构、延链条、育动能，不断推进基础产业固本增效、传统产业转型增力、新兴产业接续增量，加快构建多元发展、多极支撑的现代产业体系。树立强烈的项目意识，举全市之力、聚全民之智抓好“双招双引”，抓好项目建设，真正让项目成为高质量发展的硬支撑、压舱石。

*四是必须坚持稳字当头、稳中求进。*坚决扛起稳定经济运行的政治责任，全面落实上级稳增长各类政策，持续推出市本级“稳中求进”高质量发展政策清单，强化政策的预期性、针对性和有效性，扭住“稳”的关键点，找准“进”的切入口，以“进”增添“稳”的成色、夯实“稳”的基础，拓展“进”的态势，实现“优”的质效。

*五是必须坚持系统观念。*始终把前瞻性思考、全局性谋划、战略性布局、整体性推进落实到每一项工作中，按照稳定大局、统筹协调、分类施策、精准拆弹基本方针，用大概率思维应对小概率事件，做实各领域风险预警监测和防范处置措施，防患于未然。始终绷紧疫情防控这根弦，科学精准做好防控，尽最大努力消除疫情这个影响经济发展的最大不确定因素。

*六是必须坚持实干担当。*着眼全国看包头、站在未来看现在，解放思想、更新观念，拓宽视野、提升境界，拿出只争朝夕、雷厉风行的高效作风，片刻不能等待、片刻不能迟疑、片刻不能懈怠，突出“早”“快”“实”，抢时间、赶进度、盯住办，以蒙古马精神推动各项事业加快发展、赶超跨越，确保天天有变化、周周有进展、月月有成果。

三、2022年工作安排

开局关系全局，起步决定决胜。2022年将召开党的二十大，这是党和国家政治生活中的一件大事，做好今年工作意义十分重大。

综合考虑，今年主要发展预期目标是：地区生产总值增长8%左右，规上工业增加值增长12%以上，固定资产投资增长15%左右，社会消费品零售总额增长8%左右，一般公共预算收入增长7%以上；城乡居民收入与经济增长同步；城镇登记失业率控制在4%以内；全面完成自治区下达的节能减排约束性指标。特别要说明的是，当前经济发展面临需求收缩、供给冲击、预期转弱三重压力，但市委、市政府提出的年度预期目标相对较高，我们的信心来源于党中央新的重大利好政策；我们的责任来源于自治区要求包头发挥“火车头”作用，在发展上作表率；我们的底气来源于过去一年招商引资、项目建设积累的强大优势和“顶格推进、流程再造”等经验做法、不断提高的工作专业化精细化水平以及持续高昂的干事创业劲头。我们要坚决履行好政治责任，发挥好比较优势，保持好工作力度，进一步增强争创一流的志气、昂扬奋进的士气、攻坚克难的勇气、开拓进取的锐气，深入推进高质量发展、高品质生活、高水平保护、高效能治理，扎实做好今年经济社会发展各项工作，在稳的基础上奋力实现最好的发展结果。

2022年要重点抓好以下七大攻坚行动。

*（一）深入实施“一业一策”攻坚行动，加快构建多元发展、多极支撑的现代产业体系。*坚定不移推动富强包头建设，坚持扬长补短、固本强基，扬长避短、培优增效，促进产业链“锻长补短”和创新链深度融合，培育更多具有核心竞争力的产业集群。

顶格推进招商引资。大力实施“一业一策”三年行动计划，紧扣各行业类别，认真梳理需要聚集成势的产业集群和需要延链补链强链的产业链条，逐一制定招商引资任务清单、责任清单，组建专门招商小分队，明确对接方案、路径和预期，加快引进世界500强、国内500强、民营企业500强和“链主”“群主”“独角兽”“瞪羚”“隐形冠军”“专精特新”“行业新锐”企业，推动招商引资从“单一项目、单一企业”的招引向“构建完整产业链、促进产业集群发展”转变，签约重点项目1000个以上，引进国内（区外）到位资金增长15%。强化招商引资保障，主动靠前跟进、精细精准服务，千方百计推动对接项目尽快签约、签约项目尽快注册落地、落地项目尽快开工建设。

做大做强工业经济。加快传统产业转型升级，大力推进制造业高端化、智能化、绿色化发展，实施延链补链强链行动，启动一批产业基础再造工程项目，加快实施包钢75万吨高合金钢、大为高性能铝合金焊丝、正威铜基新材料等项目，重点发展高档轴承钢、汽车钢等高附加值产品，开发引进新型铝合金、高性能铝合金汽车面板等高科技含量产品，加快发展稀土铜合金、高精度铜材等铜基产品。推动迪尚集团医疗防护项目建设，支持鹿王研发羊绒功能性产品，开展大规模个性化定制。着力发展壮大新型材料产业，推动光威1万吨大丝束碳纤维等项目竣工投产，晶源新材料1000吨碳碳复合材料、金鄂博30万吨氢氟酸等项目落地开工，完善高性能碳纤维、可降解塑料、改性塑料、氟化工等产业链条，力争新材料产业产值达到2600亿元。推动稀土产业高质量发展，深入落实"2+2+N"发展战略，加强稀土国际标准制定及应用，推动稀土资源保护性开发、高质化利用、规范化管理，实施大地熊、迈格钠等项目，尽快构建永磁材料从技术到应用的全产业链，力争磁性材料产量达到6万吨，建设全国最大的稀土磁材生产基地。加快实施天骄清美9000吨抛光材料等项目，储氢材料产量达到0.4万吨、抛光材料产量达到2万吨，稀土产业产值达到500亿元。加快发展新能源产业，建设鑫元30万吨颗粒硅、大全年产10万吨高纯多晶硅和1000吨半导体多晶硅等项目，推动通威二期、美科二期等项目在上半年集中投产，加快建设从硅料到铸锭、拉晶、切片、组件等光伏产业链，力争年内多晶硅料产能达到37.5万吨、单晶拉棒产能达到96GW，产值达到500亿元，努力建设全国最大的光伏发电装备生产基地。实施东方日升源网荷储一期2GW等项目，推动可再生能源综合应用示范区首期160万千瓦风电项目投产运营，加快华电、华能等8个火电灵活性改造，新增新能源装机容量330万千瓦、装机比重达到47%以上。加快龙马高端风电装备制造产业园、明阳超大型陆上风电整机智能制造产业园等项目建设，尽快形成风电整机3000台、发电机3500台、齿轮箱3500台的产能，基本建成风电整机、叶片、塔筒、控制及辅助系统等风电装备产业链，努力打造全国最大的陆上风电装备基地。开工建设中核科技创新产业园，推进压水堆燃料元件生产线改扩建等项目，推动先进四代核电燃料元件技术、天然铀一体化区域链发展，努力建设全国最大的核产业科技创新园。大力发展高端装备制造业，用足用好新能源换电试点城市政策，推动天工年产10万吨汽车刹车盘等一批项目达产达效，支持北奔新能源汽车年销售实现1万台，建设重卡换电站40座，打造有影响力的新能源重卡产业集群。推动航天九院无人机研试基地等项目建成投产，加快发展应急救援装备产业，建设国家应急产业示范基地。积极推动军民融合产业基地建设，形成更多军民融合创新成果，全力争创国家军民融合发展重点区域。

做优做活现代服务业。加快发展物流业，出台支持物流企业整合发展政策措施，实施东兴冷链物流、内蒙古公铁物流等重点项目，打造一批近零碳5G智能现代物流园区和智能低碳多式联运物流园区。支持冷链物流、共同配送、夜间配送、多式联运等模式发展，壮大专业物流、第三方和第四方物流，加快形成内外联通、安全高效的物流网络，全年物流业增加值增长15%以上。加快发展金融业，加强政金企合作，支持蒙商银行规范健康发展和银行业、保险业、证券业等各类金融机构立足包头高质量发展。鼓励各类金融机构加大对实体经济特别是中小微企业、科技创新、绿色发展、乡村振兴的支持力度，全面推行移动支付，积极发展消费金融、供应链金融等新业态和数字银行、网络证券、线上保险等新业务。推动内蒙古金融租赁公司获批、天和磁材挂牌上市，加快英思特磁材、北辰饲料等企业上市进程，金融业增加值要在去年的基础上实现大幅增长。加快发展工业设计服务业，积极推进包钢、北重等现代服务业和先进制造业融合发展试点，培育服务型制造示范企业10户、自治区级工业设计中心10户，推动北奔重汽等企业升级为国家级工业设计中心。加快发展商贸流通业，实施新光中心高端城市综合体等项目，推动传统批零向“线上＋线下＋物流”深入融合的新模式转型，推广“中央厨房＋餐饮配送”等服务新模式，新增批零住餐限上企业200家以上。加快发展电子商务，推动钢联网等平台交易额增长10%以上，支持白云飞地经济双创园升级为国家电子商务示范基地，培育重点电商企业150户以上。加快发展旅游业，提档升级秦长城国家文化公园、春坤山旅游开发区、石拐影视基地等景点景区，创建国家红色旅游融合发展示范区，支持有条件的旗县创建国家级、自治区级全域旅游示范区，推动主城区、山北地区加快四星级以上酒店建设，发展研学旅行、微度假等新业态，开行旅游专列和定制公交，推出精品旅游线路，开发高品质的文创旅游“伴手礼”，让游客玩得好、留得住、带得走，旅游收入增长15%以上，推动国家文化和旅游消费示范市建设。

做好做精现代农牧业。把提高农牧业综合生产能力放在更加突出的位置，新建高标准农田17.6万亩，加强盐碱地改造利用，推广玉米大豆带状复合种植面积60万亩，确保全年粮食产量达到25.5亿斤以上。改造升级30个设施农业标准化生产基地，推广二氧化碳气肥新技术带动亩均增产。稳步扩大畜牧业生产规模，牲畜存栏达到600万头（只）以上。全面落实粮食安全责任制，完成成品粮油储备和储备粮轮换任务。加快推进农牧业集约化、规模化、高端化发展，实施总投资246亿元的现代农牧业重点项目102个，重点发展设施果蔬、饲料加工等产业，农畜产品加工转化率达到76%。培育市级以上龙头企业10家，打造产业化联合体5家、自治区级农牧民专业合作社10家以上。推动一批本土品牌开展农产品地理标志登记和有机农产品、绿色食品认证工作，大力推广“体验店＋展示直销中心＋电商平台”等销售模式，农畜产品电商销售额增长20%。

大力发展未来产业。落实未来产业孵化与加速计划，紧紧围绕生命健康、未来网络、先进材料等前沿科技和产业变革领域引进建设一批重大项目，加大科技、人才、金融、产业等领域制度政策集成性供给力度，探索建立多元化投入、评价考核、风险共担、信息共享互信、成果转移转化和容错等机制，推动与未来产业相配套的创新平台建设，加强基础研究和应用基础研究，搭建一批适应未来产业、符合地区产业发展方向的应用型场景，积极发展催生出的新技术、新产品以及分享经济、平台经济等新业态、新模式，让包头在新的起跑线上持续加速、赢得未来。

（二）深入实施新旧动能转换攻坚行动，再造高质量发展新优势。坚定不移推动创新包头、数字包头建设，深入落实“科技兴蒙”部署，用创新手段扩大投资规模、促进消费升级，让创新这个“关键变量”成为高质量发展的“最大增量”。

以科技创新催生发展动能。加强创新主体培育，实施高新技术企业和科技型中小企业“双倍增”行动，新培育认定科技型中小企业350家、高新技术企业50家以上。落实政府研发投入刚性增长机制，今年政府投入的研发引导经费增长20%，带动规上工业企业研发活动覆盖率达到30%以上，R&D经费投入强度提高10%。加强创新平台建设，提升白云鄂博、一机集团两个国家重点实验室研发应用能力，支持北重集团申报国家重点实验室。推动国家稀土功能材料创新中心取得标志性成果，积极争取国家稀土新材料技术创新中心在我市挂牌成立，支持一机、北重、五二所建设创新研究院，与基辅理工大学等共建创新联合体，在杭州、南京等地建设科创飞地，新增国家、自治区级创新平台20家以上、院士工作站2家。加快创新成果转化，实施高丰度镧铈稀土高值化应用等80个关键技术攻关和成果转化项目，开发一批填补国内空白的首台套、首批次产品，新认定国家、自治区级科技企业孵化器、众创空间8家，自治区科技成果转移转化示范基地1家。加强创新生态建设，落实科技体制改革三年行动方案，推行科研项目"揭榜挂帅""组阁制"等模式，推进科技特派员制度，完善科研人员职务发明成果权益分享和收益分配机制。充分发挥科技中介机构作用，开展科技评估、投融资等相关服务，推动产业知识产权运营中心建成运行。落实《加快引进培育重点产业领域中高端人才的若干措施》等人才政策，实施技能人才"十百千万"培养工程和"卓越工匠""优秀工程师"培育引领计划，扎实做好住房、落户、教育、医疗等各方面保障工作，培育国家、自治区级领军人才团队15个以上，新增高技能人才5000人以上，引进高层次和紧缺人才6500人以上。

以技术改造推动数字蝶变。围绕"兴业"推动数字经济发展，加快建设"千兆城市"，新增5G基站1000座以上，深化城市家庭、重点区域、重点行业"双千兆"接入网络覆盖，鼓励各行业因地制宜推动"双千兆"在特色产业中的融合应用。加快工业互联网平台建设，行业级工业互联网平台达到10个以上。开展"上云用数赋智提升年"行动，实现一二三产业、大中小企业及个体工商户上平台全覆盖。加快传统产业全链条数字化改造，实施数字化评估诊断和数字化改造"双百户"工程，完成100个数字化改造项目，培育100个数字化建设项目，打造10个"无人化、黑灯化"示范工厂（车间）。加快推进内蒙古软件园等项目，建设数字产业园区。围绕"优政"加快数字城市建设，建立全市三维地理空间信息平台，建成智慧城市运营指挥中心和城市大数据中心，推动城管、环卫、应急管理、市场监管和公安五个领域"一网统管"。围绕"惠民"开发城市全场景智慧应用，实施全市统一"市民码"，建设以"一云一池三平台"为主体的"一键游包头"项目，在政务、城管、旅游、卫健、交通五个领域推开20个应用场景，大力发展群体智能技术和服务普惠应用，让市民畅享智慧新生活。

以扩大投资增强发展后劲。实施总投资5962亿元的重大项目902个，完成投资1300亿元，年底竣工200个以上。强化水电油气运等要素保障，积极争取中央预算内投资、竞争性项目支持和地方政府专项债券申报。加快推动重大基础设施建设，推进国道110包头北绕城公路、国道210白云鄂博至固阳段公路、G65包头至东胜段等工程，推动国道335白云鄂博至明安公路建成通车。加快推进包银、包西高铁建设。推动大青山500千伏包风1输电通道年内建成并网、包风2启动前期工作。

以消费扩容拉动内需。提质升级传统消费，推动包百、娜琳等成熟商圈创新经营模式、丰富原有业态，推动正翔国际、九原万达等商业综合体配套大型超市、品牌便利店、居民服务，形成新型商圈。支持东河老包头味道集聚区、青昆时尚夜经济消费集聚区等品牌区域提升品质，支持指导流通企业开展各类促消费活动，让假日消费、街区市场、门店商铺、夜间经济等全面活跃起来。大力培育新兴消费，积极扩大新能源汽车、5G终端、智能家居等产品消费，升级在线医疗、文体、娱乐等服务消费，拓展智慧零售、无人零售等消费新领域，鼓励商家利用物联网、人工智能等方式优化消费场景，提供在线“逛街”体验服务。提升消费便利化水平，围绕社区人口结构、收入水平、消费习惯，打造10个一刻钟便民生活圈示范点，统筹配建养老、托幼等服务设施，发展社区便民智慧厨房、运动健身等业态，鼓励金融、快递等商业服务叠加到社区便利店、超市。加强县域商业体系建设，推进农超、农企对接，推动旗县农产品线下进超市、线上登平台。加快完善快递进村服务体系，布设邮政快递网点50个，嘎查村快递服务覆盖率达到95%。

以园区提质夯实产业根基。加快推进各工业园区与专业运营商合作，全面提速园区标准化建设，完成46项区域评估和4个规划编制，实施42个园区基础设施项目。扎实推进园区智能化改造，支持工业园区5G应用专网建设，实现智慧园区全覆盖。探索建立“赛马”机制，引导各旗县区聚焦1—2个主导产业，推动产业链上下游企业定向集聚，加快园区扩容提质。推动园区企业“腾笼换鸟”，依法清理园区“僵尸企业”，盘活闲置土地。设置“工业企业亩均效益奖”，开展亩均效益综合评价，以“小空间”产出“大效益”。

（三）深入实施改革开放提升攻坚行动，激发高质量发展新活力。坚定不移推动活力包头、开放包头建设，积极服务和融入新发展格局，以改革增动力、以开放添活力、以环境强引力。

持续打造一流营商环境。纵深推进“四个一流”营商环境建设，推动优化营商环境创新举措重点任务100条落细落实。深化“六减两优”改革，开展行政许可、容缺受理等领域权责清单动态调整工作。持续完善大综窗“全科无差别”受理模式，积极推进相对集中行政许可权改革，不断深化双休日“不打烊”等便民工作机制，新增市场主体2.5万户。实行包容审慎监管，推动“双随机、一公开”监管全覆盖，以公正监管保障公平竞争。持续提升网上政务服务能力，推动300个政务、生活服务应用接入“蒙速办”，实现“一网通办”，让线下跑的网上能办、网上办的更加好办易办。制定完善涉企行政处罚“免罚”“轻罚”清单和企业行政合规指导清单，落实市场准入负面清单，健全产权执法司法保护制度，完善公平竞争审查机制。加快建设信用信息共享平台，让守信者处处受益、失信者寸步难行。

持续推动企业强身健体。毫不动摇巩固和发展公有制经济，全力支持央企、区企和各地国有企业在包加快发展，推动包钢集团专业化战略性重组。全面完成国企改革三年行动任务，加快市属企业整合重组和实体化转型，完善经营业绩考核评价体系，提升市属企业经营规模和效益。分级分类推进混合所有制改革，支持市属企业以市场化方式参与民营企业并购重组，鼓励民营企业参与市属企业混改。完善国资监管制度体系，加强事前预警、事中监管和事后追溯，推动国有资本保值增值。毫不动摇鼓励、支持、引导非公有制经济发展，深入推进“个转企、企升规、规改股、股上市”，坚持大中小微企业和个体工商户一起抓、实体网店一起增，国家新的减税降费政策坚决落实到位，民营企业、中小企业账款坚决清欠到位，涉企收费坚决规范到位。建成惠企利民综合服务平台，促进中小微企业融资增量、扩面、降价。积极争取国家新增3000亿元支小再贷款额度。深化“我帮企业找市场”活动，积极帮助民营企业拓市场、增订单、找销路。实施“专精特新”倍增培育工程，引导更多中小微企业朝着“专精特新”方向发展，推动30户企业升级为国家、自治区级“专精特新”示范企业。我们要对中小微企业再帮一把、再送一程，真招实策为企业纾困解难，真金白银为企业添薪助力，真正让每个企业、每个商户在享受政策中实现快速发展，让更多中小微企业长成参天大树。大力弘扬企业家精神，构建亲清新型政商关系，坦荡真诚地和企业家交朋友，理直气壮支持企业健康发展，让政商关系亲而又清、清清爽爽、洒满阳光。

持续深化各领域改革。深化财税管理体制改革，强化预算编制和绩效结果应用挂钩机制，稳步推进教育、社保等领域财政事权和支出责任改革。推进统计基层基础规范化建设。加快林地、草原等承包经营权登记发证工作，建设自然资源一体化审批平台。建立农村集体经营性建设用地入市制度，优化土地储备出让管理体制，推动市农村牧区产权交易中心投入运营。广泛开展流程再造，立足身边日常工作，积极推进一批切口小、见效快的“微改革”“微创新”。

持续扩大全面对外开放。统筹做好外贸、外资、外经、外事等各项工作，全面推动产业国际化、市场国际化、园区国际化、企业国际化和城市国际化。完善《满都拉口岸“十四五”发展规划》，实施口岸货运通道扩建等项目，推动塔本陶勒盖至杭吉矿运公路建成通车，确保年内口岸过货量增长翻番，建设安全、高效、绿色、智能大宗商品进出口专用口岸。建成航空口岸国际货运监管场地，启动包头保税物流中心（B型）升级综合保税区申报工作。积极参与自治区自贸试验区建设，力争国家跨境电商综合试验区获批。注册成立包头国际商会，扩大与“一带一路”沿线国家贸易往来，助力北方稀土、二冶等龙头企业国际化发展，组织企业参加国际国内贸易展会，对外贸易进出口总额增长10%。精准对接外资企业，力争引进落地10户以上，实际利用外资实现翻番。主动拜访国际组织驻华机构和外国驻华使领馆，扩大国际友好城市“朋友圈”，积极与日韩、东盟、欧美等国家以及港澳台地区合作，力争与2个国外城市建立友好城市关系。加强对外宣传，做好城市综合营销，在全国性中心城市及周边省会城市的公共场所展示包头形象，不断扩大包头影响力和知名度。

（四）深入实施城乡品质优化提升攻坚行动，着力提升城市发展能级。坚定不移推动协调包头、宜居包头建设，扎实推进以人为核心的新型城镇化，改善市容市貌，提升城市品质，让城市有变化、让市民有感受。

高起点规划建设城市。完成市县两级国土空间规划和专项规划审批报批，实施“三线一单”分区管控，规划建设一批标志性景观建筑。全面完成中心城区沿黄城市设计并加快建设，构筑沿黄公共空间和景观绿道体系。大力推进大青山南坡休闲观光带建设，打造集城市农业、亲子游乐、科普教育、休闲度假、文化旅游等融为一体的生态休闲公园。启动实施城市建设十大工程，实施投资1003.6亿元的319个项目，全力申报建设全国第二批城市更新试点城市。实施交通改善工程，着力畅通“一环九横十纵”主干路网体系，启动赛汗路、民族东路等快速路网建设，改造林荫路等8条骨架干道，继续打通鄂日登路等10条断头路。发展城市公共交通，加强网约车、共享单车管理。实施城市片区更新工程，在主城区启动5处片区更新改造，推动包头火车站、东站和机场周边区域联动升级改造，提升城市门户景观品质和对外形象。实施城市老旧小区改造工程，完成改造项目193个、516万平方米，惠及居民6.1万户。推动友谊19街坊完整社区建设，修缮自由路2号街坊等历史风貌区，创建国家历史文化名城。实施城市新区品质提升工程，高标准推进新都市区基础设施和现代服务业集聚区建设，完成18条市政道路管网和7个绿化项目建设，推动新都市区第一小学等一批公共服务设施投入使用，加快推进富力凯悦酒店、中冶洲际酒店等项目，力争将新都市区打造成为智慧城市样板区。加快北梁腾空区2.3平方公里古城风貌区建设，推动乔家金街提档升级和三官庙古民居开发，打造富有地方韵味的古城风貌区和棚改示范区。实施城市新基建工程，大力推进新型智慧城市及5G基础设施建设，在医院等人口集中地段建设智能停车场和立体停车场，新增停车位5000个，提速建设一批加氢站和智慧灯杆，建成充电桩700个。实施公园城市建设工程，加快推进赛汗塔拉城中草原修复和110国道、四道沙河绿道改造等项目，建设20处口袋公园，改造升级30个体育公园和社区运动休闲场地，精心打造一批展示城市形象的鹿城客厅和兼具景观和游憩功能的“微客厅”。推动城区裸露黄土动态清零，确保实现全覆盖。实施城市生命线安全工程，加强城市体检评估，探索建设城市生命线安全运行监测系统，加强城市各领域安全感知预警监管体系建设，加快推动雨污管网混接改造修复，实现积水点动态清零，完成剩余117公里燃气管网改造。实施绿色低碳建设工程，加快推动建筑领域低碳转型，绿色建筑占新建建筑比例达到100%，装配式建筑占比达到20%左右，主城区达到25%以上；开展被动式超低能耗建筑试点，实施规模不低于20万平方米既有建筑节能改造，推广橡胶沥青、高性能混凝土等绿色建材；完成剩余清洁取暖改造任务2.24万户、居民技防设施安装任务63万户。实施城市资源化利用工程，加快城市再生水利用基础设施建设，力争再生水利用率提高10个百分点，创建国家再生水循环利用试点城市。推行垃圾分类和资源化利用，推动主城区680个居民小区实现生活垃圾分类，在210个村开展生活垃圾分类工作，建设循环经济环保产业园。实施城市住房保障工程，综合施策促进房地产业健康发展，支持商品房市场更好满足购房者合理住房需求。新增发放公租房补贴991户，筹集保障性租赁住房1298套，持续推动解决房地产产权历史遗留问题。

高水平管理运营城市。全面推行“街长制”，常态化开展“马路办公”，建立完善城市管理常态化长效化机制，持续巩固创城创卫成果。推进“六乱”、私搭乱建、噪音扰民和露天烧烤等专项整治，高标准完成125条背街小巷治理，新建、改造150座公共厕所。推进城市道路空间“多杆合一”“多箱合一”“多线合一”，彻底解决道路两侧杆箱线设置凌乱等问题。全面完成主城区环卫作业市场化改革，提升主次干道全天候保洁质量。大力推动物业管理三年行动，开展物业分等级管理，实现所有小区物业管理全覆盖。办好自治区城市精细化管理工作现场会。牢固树立运营城市理念，出台城市建设的用地、规划、税费、补偿安置、不动产登记等系列政策，在道路保洁、垃圾收运、公厕和环卫设施建设等方面探索建立市场实施、政府考核的管理模式，建立多渠道、多主体、多层级的城市更新资金投入机制，让更多国有企业、社会资本参与到城市建设中来，使城市每年都有让群众看得见、摸得着、感受得到的新变化。

高质量推动协调发展。全面深化与京津冀、长三角、粤港澳和沿黄城市的务实合作，重点在能源、生态、旅游、商贸和科技、教育、医疗、人才等重点领域寻求突破，更好承接高端产业、引进领军企业、吸纳先进要素、开拓消费市场。扎实推进呼包鄂国家自主创新示范区建设，协同推进“三共三互”工程，推动呼包鄂高铁一小时交通经济圈建设，实现更多政务服务事项跨城办理、成果互认，串联打造黄河“几”字弯生态文化旅游带。加强山北地区基础设施建设，积极推进铁路、公路、电网、供水、供气和通航6大通道建设，规划布局一批风光电能源开发项目，加快承接中心城区产业转移。实施山北地区中心镇和建制镇更新行动，因地制宜打造一批产业特而强、功能聚而合、形态精而美的小镇。

全面推进乡村振兴。统筹抓好全市乡村规划编制工作，全面优化乡村生产生活生态空间。巩固拓展脱贫攻坚成果同乡村振兴有效衔接，深入开展“万企兴万村”行动，支持农村牧区发展食品加工、休闲旅游等特色产业，推动金融机构对农村牧区信贷投放稳步增长，完善新型经营主体与农牧民利益联结机制，进一步拓宽增收渠道，让更多乡村富起来。深入实施农村人居环境整治提升五年行动，新建改造户厕8000户以上，绿化美化村庄34个，建设污水处理厂23个，对74个嘎查村生活垃圾进行处理，推动40%以上庭院建成美丽庭院，10%建成精品庭院，创建全国“四好农村路”示范市。开展移风易俗专项行动，选取30个嘎查村作为推进试点，让更多乡村美起来。引进规模大、渠道多、辐射广的营销企业，构建面向农业农村的综合信息服务体系，让更多乡村“活”起来。

（五）深入实施生态环境治理保护攻坚行动，加快推动绿色低碳发展。践行“绿水青山就是金山银山”理念，坚定不移推动绿色包头建设，推进减污降碳协同增效，让建设美丽宜居家园成为全市人民的自觉行动。

深入开展碳达峰碳中和行动。全面落实“1+N+X”政策体系和工作体系，探索建立减污降碳的激励约束机制，全力建设碳达峰碳中和先锋城市、模范城市。推进煤炭减量化和清洁高效利用，淘汰落后低效高排放煤电机组。实施企业技术改造项目150个以上，改造升级传统电机1万台，加快重点用能企业节能改造，推动20户铁合金企业2.5万千伏安及以下限制类矿热炉设备退出。推动林草碳汇（包头）试验区建设。积极发展碳中和经济，大力引进一批碳捕集、封存、利用项目，积极参与全国碳排放权市场交易，推动重点企业按期完成市场配额履约和碳排放核算、报告与核查。坚决遏制“两高”项目盲目发展，实行能耗强度严格控制、总量弹性管理，完善用能预算管理，强化能耗强度标杆引导。积极倡导绿色生产方式和生活方式，新增绿色工厂20个、绿色设计产品20个，规划建设2个零碳园区和4个低碳园区；深入开展“光盘”等粮食节约行动，扎实推进节约型机关建设，广泛开展绿色学校、绿色社区、绿色村庄、环保家庭等创建。我们既要把能耗增量控制住，又要把能耗存量降下来，逐步推动能耗“双控”向碳排放总量和强度“双控”转变。

深入打好污染防治攻坚战。全力打好蓝天保卫战，持续抓好转型、治气、减煤、降尘、控车、严管6项措施，推动包钢、亚新隆顺等钢铁企业超低排放改造，加快大安钢铁、吉宇钢铁等企业改造搬迁，完成一机、北重等企业挥发性有机物治理，加大餐饮污染治理力度，严格执行禁止燃放烟花爆竹相关规定，推进工矿企业和物流园区“公转铁”建设，推广采用“散改集+新能源”运输方式，实施新能源车辆替代工程，确保优良天数比例稳步增长。全力打好碧水保卫战，统筹水资源、水生态、水环境治理，加快推动昆河、四道沙河等河道治理工程，做好入河排污口排查整治，确保主要入黄断面水质稳步提升。坚决落实“四水四定”原则和“量水而行”要求，实施最严格水资源保护制度，全面强化农业节水、工业节水减排、城镇节水降损，狠抓地下水超采治理，扎实做好饮用水水源地保护工作。全力打好净土保卫战，加强农业面源、重金属污染防治，加大化肥农药减量增效和地膜回收力度，推进国家地下水污染防治试验区建设。全市所有矿山一律开展绿色矿山建设，年内建成绿色矿山15家。巩固深化“无废城市”建设，加强无主尾矿库和固废堆场整治，全力开展大宗固体废弃物综合利用示范，开展危险废物整治专项行动。坚决抓好中央、自治区环保督察反馈问题整改。

巩固提升生态环境品质。统筹推进山水林田湖草沙系统治理，落实“林草长”制，强化林草灾害防控，深化破坏草原林地违法行为整治，完成林业生态建设任务30万亩以上，草原生态修复40万亩，落实第三轮草原生态保护补奖政策，科学合理划定禁牧区和草畜平衡区。落实“河湖长”制，推进包头黄河国家湿地文化公园建设，完善河湖“清四乱”规范化常态化机制，加快推进昆都仑水库等病险水库除险加固工程。构建生态系统保护数字化监管、网格化落责、法治化规范体系。

（六）深入实施民生福祉保障升级攻坚行动，扎实推动共同富裕。坚定不移推动幸福包头、文明包头、平安包头、团结包头建设，把群众的小事当成大事，把群众的急事难事当成要事，持续为群众办实事好事，切实解决群众急难愁盼问题，努力让人民群众有更好的教育、更稳定的工作、更可靠的社会保障、更高水平的医疗健康服务、更丰富的精神文化生活。

用稳定就业促进增收。健全多渠道灵活就业保障机制，分类保障高校毕业生、退役军人、失业人员等重点群体就业，新增就业4万人以上。加强农牧民外出务工技能培训，多措并举推动农牧民就业，增加工资性收入。实施“创享包头”创业扶持专项行动，开展补贴制技能培训5万人次以上，发放创业担保贷款3.5亿元，推动高技能人才公共实训基地创新创业孵化中心投入使用，新增创业孵化基地等载体30个以上。实施高校毕业生就业创业促进计划，吸引1.8万以上青年人才来包就业创业。拓宽城乡居民收入渠道，培育壮大中等收入群体，持续提高低收入群体收入，推动实现共同富裕迈出坚实步伐。

用坚实保障托举幸福。新增企业职工养老保险参保人数4万人，扎实做好企业职工养老保险全国统筹对接工作，稳步提高城乡低保标准，完善退役军人服务保障体系。健全劳动关系监测预警、争议多元处理机制，保障农牧民工、快递小哥、外卖骑手以及新就业形态劳动者合法权益。鼓励有意愿有能力的企业和社会群体积极参与公益慈善事业，推动社会救助向“物质＋服务”发展，关心关爱留守儿童和空巢老人等特殊群体，全面落实妇女儿童“两纲”目标任务。积极探索“互联网＋居家养老”模式，90%以上的社区建成居家社区养老服务站点，改造提升农村牧区区域性养老服务中心，争创国家“一老一小”融合发展试点城市。

用公平教育成就梦想。统筹抓好学前教育、义务教育、普通高中教育和各类职业教育，多渠道解决“入园难”问题，推动公办幼儿园在园幼儿占比达到51%以上，普惠率达到93%以上。持续提升“双减”成效，改善全市70所义务教育学校办学条件，打造5个优质基础教育集团，规范民办义务教育，努力让每个孩子都能就近上好学。加强示范性高中建设，支持旗县区各打造1所特色高中。优先保障特殊教育。鼓励职业院校围绕发展需要优化专业设置，推动优势专业升本，推进"现代学徒制"和"新型学徒制"，培育短缺人才，打造产教融合示范市。全面落实中小学党组织领导的校长负责制，推进义务教育阶段教师"县管校聘"管理改革，加强教师队伍建设，强化师德师风建设。

用优质服务守护健康。深入推进分级诊疗，着力推动医疗集团及紧密型县域医共体建设，支持蒙中医院建设国家区域中医医疗中心、包医一附院建设自治区级区域医疗中心。全面加强生物安全和传染病防治，加快推动市传染病医院改扩建，推进疾控体系改革，提升基层疫情监测预警能力、应急处置和定点医院救治能力。健全完善现代医院管理制度，推动公立医院薪酬制度改革，建立职工基本医疗保险门诊共济保障机制，落实常见病治疗药品和医用耗材集中带量采购政策，扩大妇女"两癌"筛查覆盖面，提升重点人群家庭医生签约率。推进按病种分值付费，多渠道推动医保便捷支付报销，健全完善保护关心爱护医务人员长效机制。扩展"互联网＋医疗健康"挂号、支付、检查结果查询等服务。全面落实"三孩"生育政策。深入开展新时代爱国卫生运动，巩固国家卫生城市创建成果。广泛开展全民健身活动，改造建设各类健身步道300公里，推动符合条件的中小型体育场馆免费或低收费开放，精准打造10分钟健身圈，积极开展品牌赛事活动。

用优秀文化涵养文明。推动各类图书馆开放共享，新改扩建11个公共文化设施，创新打造100个"小而美"的城市书房、文化驿站、文化礼堂、文化广场等城乡新型公共文化空间。深入开展鹿城读书节、农牧民读书节等活动，加快推进草原书屋建设，让全民阅读成为一种习惯、一种时尚、一种生活方式。创排漫瀚剧《都贵玛》等剧目，举办鹿城文化艺术节等大型群众文化活动，推动乌兰牧骑守正创新发展。实施10项重点文物抢险修缮工程，完成黄河流域非遗专项调查，完善非遗传承体验设施。大力发展数字创意、电子竞技等新业态，推动演艺、工艺美术等传统文化业态加速转型，积极创建国家级文化产业示范区。常态化保持全国文明城市创建成果，深入实施新时代公民道德建设"十大行动"，全力以赴创建全国文明典范城市。

用创新治理保障稳定。健全基层群众自治制度，新建改造一批社区综合服务设施和社会工作站，完善网格化治理模式。深化安全韧性城市建设，建立应急装备物资储备中心，加大安全生产、道路交通安全、食品药品安全和森林草原防火等领域监管力度，高质量完成安全生产专项整治三年行动，牢牢守住安全底线。全面落实食品安全"四个最严"要求，抓好生产、销售、餐饮等各环节全链条安全监管，加大校园及周边、网络餐饮等重点领域安全风险隐患排查治理。完善金融风险处置机制，强化企业自救主体责任，稳妥化解地方法人金融机构风险，防范化解信用类债券违约风险。做好政府隐性债务化解工作，确保足额清偿、不出风险，强化预算绩效管理，坚决遏制新增隐性债务，坚决制止违规使用财政资金、偷逃税款、财务造假等行为。坚持和发展新时代"枫桥经验"，深化矛盾纠纷隐患排查化解，持续推进"治理重复信访、化解信访积案"专项工作，确保年内清仓见底。深入推进"情指勤舆"一体化实战化体系建设，做实做强反电诈中心，常态化开展扫黑除恶斗争，重拳治理各类违法犯罪。支持国防和军队建设，完善退役军人服务保障体系，推进党政军警民合力强边固防，高质量完成全国"双拥"模范城中期考核。

各位代表！加强和改进民族工作，事关祖国统一和边疆巩固，事关民族团结和社会稳定，事关国家长治久安和中华民族伟大复兴。我们要以铸牢中华民族共同体意识为主线，全面推广普及国家通用语言文字和推行使用国家统编教材，常态化举办“民族政策宣传月”“民族团结进步活动月”等活动，深入开展固边兴边富民行动，争创全国民族团结进步示范市，深入推进中华民族共有精神家园建设，让“三个离不开”“五个认同”思想和“四个与共”理念融入各族群众血脉，促进各民族像石榴籽一样紧紧抱在一起，共同团结奋斗，共同繁荣发展！

各位代表！今年，市委、市政府坚持质量与数量并重，梳理了新一轮的20件好事实事。我们要一年接一年、一件接一件，用心用情用力把每一件民生实事都办到群众的心坎上，让广大群众生活越过越红火，一年更比一年好！

（七）深入实施政府效能提升攻坚行动，全面提升政府履职水平。击鼓催征、奋楫扬帆，新一届政府要坚定不移推动法治包头建设，尽忠尽诚、尽职尽责，建设高效、法治、廉洁的服务型政府。

以政治建设引领前进航向。把旗帜鲜明讲政治作为根本要求贯穿各项工作全过程，坚持不懈学习贯彻落实习近平新时代中国特色社会主义思想和习近平总书记对内蒙古重要讲话重要指示批示精神，忠诚拥护“两个确立”、坚决做到“两个维护”，不断提高政治判断力、政治领悟力、政治执行力。巩固拓展党史学习教育成果，建立常态化长效化工作机制，推动全面从严治党向纵深发展。

以敬畏之心树牢法治信仰。深入贯彻习近平法治思想，坚持科学决策、民主决策、依法决策，全力推进法治政府建设，全面提升法治思维和依法行政能力，带头遵守宪法和法律、履行法定职责、维护法律权威，带动全社会尊法学法守法用法。严格执行市人大及其常委会决议决定，自觉接受市人大及其常委会法律监督、工作监督和市政协民主监督，主动接受社会和舆论监督。加强规范性文件合法性审查，提升政务公开标准化水平。高标准推进“八五”普法，率先建成全国法治政府建设示范市。

以过硬作风提升服务效能。建立健全清单化、闭环式抓落实机制，对部署的工作、定下的事情，分秒必争、马上就办、办就办好，只为执行找方法、不为懈怠找理由，决不允许慢作为、不作为、乱作为。加强诚信政府建设，强化政策兑现。坚决整治文山会海等形式主义、官僚主义，叫停“痕迹主义”，防止“责任甩锅”，纠正“问责走样”，精简督查检查，最大限度地为基层减负、松绑。深入推进学习型政府建设，实施干部专业化能力提升行动，引导干部发扬“挤”和“钻”精神，如饥似渴学习、一刻不停提高。

以坚决态度建设清廉政府。强化底线思维、红线意识，厉行节约反对浪费，严格执行中央八项规定及其实施细则精神，强化政府投资项目预算审核，进一步提高财政资金使用绩效，严控“三公”经费和一般性经费支出，真正把钱花在促进发展的关键处、为民办事的急需处、增进人民福祉的紧要处，用行政机关的“紧日子”换来人民群众的“好日子”。坚持无禁区、全覆盖、零容忍，强化执纪监督和审计监督、统计监督，加强国有资产、公共资源等重点领域监管，严肃查处侵害群众利益的不正之风和腐败问题，打造政治清明、政府清廉、干部清正的政治生态。

各位代表！当前，全球疫情持续蔓延，疫情防控形势异常严峻。我们要坚持人民至上、生命至上，科学有力抓好全链条精准化防控，坚定不移贯彻“外防输入、内防反弹”总策略，坚持“人、物、环境”同防，压实“四方责任”，落实“四早”要求，知责明责、守责担责、履责尽责，抓细抓实口岸管控、院感防控、监测预警、应急处置、流调溯源、物资储备、社会秩序维护等疫情防控常态化工作，坚决筑牢疫情防控底线，守住全市人民群众的健康安全！

各位代表！奋进新征程、建功新时代，唯有实干才能成就梦想。让我们更加紧密地团结在以习近平同志为核心的党中央周围，在市委的坚强领导下，以虎虎生威的雄风、生龙活虎的干劲、气吞万里如虎的精神，踔厉奋发、笃行不怠，埋头苦干、勇毅前行，为建设繁荣昌盛、欣欣向荣的新时代中国特色社会主义现代化新包头作出新的更大贡献，以优异成绩迎接党的二十大胜利召开！

包头市2021年国民经济和社会发展计划执行情况与2022年国民经济和社会发展计划草案的报告

——2022年2月12日在包头市第十六届人民代表大会第一次会议上

包头市发展和改革委员会

各位代表：

受市人民政府委托，现将包头市2021年国民经济和社会发展计划执行情况与2022年国民经济和社会发展计划草案提请大会审查，并请政协委员和列席会议的同志提出意见。

一、2021年国民经济和社会发展计划执行情况

2021年，全市以习近平新时代中国特色社会主义思想为指导，深入贯彻党的十九大和十九届历次全会精神，全面落实习近平总书记对内蒙古重要讲话重要指示批示精神，坚持稳中求进工作总基调，立足新发展阶段，完整、准确、全面贯彻新发展理念，按照市委十二届十三次、十四次、十五次全会和市第十三次党代会部署安排，聚焦“四基地两中心一高地一体系”，跑起来、抢时间、争一流，统筹推进疫情防控和经济社会发展，扎实做好“六稳”工作，全面落实“六保”任务，全市经济快速发展，社会民生等各项事业健康协调发展，总体呈现稳中有进、稳中向好发展态势。

（一）经济发展实现新跨越

一是主要指标实现进位赶超。全年地区生产总值完成3293亿元，增长8.5%，总量晋位全区第二，在全国地级以上城市中的位次大幅提升；增速位居全区首位，分别高于全国、全区0.4和2.2个百分点；两年平均增长5.7%，分别高于全国、全区0.6和2.5个百分点。一般公共预算收入完成161.1亿元，增长10.9%。城镇常住居民人均可支配收入54448元，增长6.8%；农村牧区居民人均可支配收入22791元，增长10%。居民消费价格上涨0.3%，涨幅低于全国、全区。

二是投资的关键性作用充分显现。实行重大项目分级包联、专班推进、定期调度机制，全年实施重大项目715个，竣工投产305个，拉动全社会固定资产投资增长26.6%，分别高于年初计划目标、奋斗目标16.6和11.6个百分点，投资规模和增速均居全区首位。一批事关长远发展的重大项目加快建设，总投资300亿元的鑫元30万吨颗粒硅项目加快实施，总投资170亿元的特变电工年产20万吨高纯多晶硅项目建设跑出“加速度”，总投资35亿元的弘元新材料三期单晶及切片项目刷新国内行业建设投产速度纪录，双良一期10万吨单晶及切片、金力2万吨磁材等项目实现当年引进、当年建设、当年投产。全年为企业减免税费26.4

亿元，降低用电成本12.3亿元，解决用工需求2.7万人，争取上级资金增长16.1%，有力支持了重大项目建设。坚持顶格推进招商引资工作，组建20个产业链“双招双引”工作组，实行“一位市级领导、一条产业链、一个工作专班、一个目标企业库”工作机制，每周一调度、每月一通报、每年一大考，常态化走出去、精准化引进来，全年对接企业5918家，签约项目1134个，协议总投资1.25万亿元，已注册落地803个，开工292个，完成投资134.6亿元；其中，对接三个500强企业571家，签约118家，落地58家。新疆特变电工、龙马、明阳、协鑫、大全等一大批头部企业、新锐企业入驻包头，风电、光伏产业和围绕风电、光伏的装备制造业、稀土产业链条上具有“链主”作用的头部企业纷纷落户包头投资建厂。引进国内（区外）资金到位408亿元，较上年增长60%，总量和增速均居全区首位。

三是消费的基础性作用进一步增强。组织开展各类商贸领域促消费活动571场，推出有奖发票、景区惠民门票等政策促消费。新业态新模式加快发展，全市4个品牌便利店292个销售网点、7个连锁超市、21个大型商场、52个农贸市场全部建立线上销售模式。全市限额以上单位新增238家，总数达到665家。获评全国优秀会展城市。全年社会消费品零售总额完成1061.1亿元，增长7.4%。

四是防范化解重大风险取得阶段性成果。稳健推进金融机构风险防范工作，出台《包头市防范和化解金融风险工作方案》《包头市法人银行业高风险金融机构改革化险工作方案》，促进增收节支和挽回损失1.86亿元。通过预算安排、债务置换、PPP项目合规退出和争取化债奖励等举措，超额完成政府隐性债务年度化解任务。积极处置房地产企业履约风险，制定了《包头市防范化解房地产市场重大风险工作预案》，72个房地产项目、5.48万套新建商品房纳入预售资金监管，房地产市场平稳有序运行。

五是常态化疫情防控有力有效。制定印发《加强冬春季新冠肺炎疫情防控工作方案》《进一步科学精准做好新冠肺炎疫情常态化防控工作方案》《新型冠状病毒疫苗接种工作方案》，严格执行“五有一网格”防控措施，强化境外疫情输入“人”“物”同防，扎实做好疫苗接种工作，全年无新增本土病例发生。全市可开展核酸检测医疗机构达25家，市区两级疾控中心均具备新冠病毒核酸检测能力。选派千余名医护卫生人员、公安干警星夜驰援呼和浩特市、呼伦贝尔市（满洲里）、额济纳旗，暖心承接3300余名额济纳旗滞留旅客来包集中健康监测，用实际行动诠释了伟大抗疫精神。

（二）三次产业发展实现新提升

一是工业经济质效双升。坚持“改旧”和“育新”齐抓、“提质”和“扩量”并重，工业投资增长87.9%，其中，工业技改投资增长77.3%，制造业投资增长1.4倍，占工业投资的比重达到78.4%，高技术产业投资增长1.1倍，全市规上工业增加值增长14.1%，位居全区首位。传统产业改造升级步伐加快，优质钢、特种钢比重提高到90%；在全区率先全面推进传统工业数字化改造，4户企业被认定为国家级智能制造示范试点，在自治区占比近一半；规上工业企业“上平台、用平台”实现全覆盖；实施工业节能技改项目76个，在全区率先实施传统工业电机高效替代工程；新增自治区级以上绿色园区3个、绿色工厂12家，新增数量位居全区首位。新兴产业加速培育壮大，实施北奔新能源电动卡车、弘元新材料10GW单晶及切片等169个战略性新兴产业项目。稀土新材料发展驶入“快车道”，全国十强稀土磁材企业有6家落户我市，稀土产业产值较上年增长78.7%以上。获批国家新能源汽车换电模式应用试点城市；成为全国首批三个重卡特色试点城市之一，北奔新能源重卡销量稳居行业前三。建成智慧城市“数据底座”和运营指挥中心，智慧城市数据基础建设达到自治区领先水平；数字经济核心产业主营业务收入较上年增长152%，创历史新高。规上工业31个行业大类中有25个行业增加值实现正增长，规上工业企业利润总额较上年增长1.7倍。

二是服务业呈现恢复性增长态势。物流业整体呈快速上升态势，形成以仓储配送、冷链物流、公铁海、口岸等为主的物流供应体系，全市货物周转量214.6亿吨公里、增长19.4%；城市物流配送体系逐步完善，培育优家工坊配送服务团队1500人，建设“菜鸟驿站”93家，新增电商服务站点20家。金融支持实体经济力度加大，积极推动全市银行业金融机构支持核心企业产业链上下游相关企业，利用再贷款、再贴现和普惠小微企业贷款阶段性延期还本付息等三项政策，扩大对民营小微企业贷款投放，累计办理再贴现50.8亿元，发放再贷款20.2亿元；整体实现普惠型小微企业贷款“两增”工作目标，银行业机构普惠型小微企业贷款增长19.7%，贷款企业户数较年初增加4111户。旅游业加快发展，签订华侨城“欢乐谷集团·北方兵器城”等29个项目框架协议，已落地13个；荣获第二批国家文化和旅游消费试点城市、“中国民间文化艺术之乡”称号；举办包头市首届冰雪文化旅游季活动，共接待游客61.6万人（次），旅游消费收入520万元，创造包头市冬季旅游历史新高。商贸流通业提质增效，东河吾悦广场开业运营，线上直播、网红带货等新业态蓬勃发展；与京东集团签订战略合作协议，“钱包包暨包头市数字商务平台”投入运行，成为我市首家自有互联网商务平台。服务业增加值完成1607.4亿元，增长6.4%，较上年提高8.2个百分点。

三是农牧业发展成效明显。全年农作物种植面积471万亩，其中玉米大豆带状复合种植面积居全国首位，被农业农村部确立为玉米大豆复合种植模式国家首批重点推广地区。农畜食品产业基地加快建设，87个现代农牧业重点项目完成投资48.1亿元，完成年度计划任务的109.3%；新签约企业176家，落地项目112个，总投资290.2亿元。建成市、县（旗区）、基地三级追溯信息体系，农畜产品总体合格率达99%以上。农畜产品加工转化率达到73%，高于全国平均水平5.5个百分点。第一产业增加值完成114.4亿元，增长4%。

（三）创新驱动发展取得新成效

一是科技创新生态不断优化。出台《包头市落实“科技兴蒙”行动打造区域性创新中心二十五条政策措施》《包头市全面提升科技创新能力实施方案》等7项政策举措，制定了培育科技企业、开展科技招商和设立重大科技创新平台、顶尖人才来包创新创业等一批创新改革举措。严格落实研发费用加计扣除优惠政策，多措并举鼓励企业加大研发投入，助力企业不断提升创新能力。R&D（研究与试验发展）经费投入强度达到2.04%。引进高层次和紧缺急需人才5509人。全面提升知识产权运用和保护水平，全市专利拥有量22457件，较上年增长24.9%。组织实施国家、自治区科技项目269项，争取上级科技资金2.06亿元。

二是科技成果加速转移转化。围绕“四基地”建设和实现碳达峰碳中和宏伟目标，48个科技项目取得重大进展。北奔集团内蒙古首台氢燃料重卡成功下线，市农研所开展的番茄新品种选育项目取得2项国内领先科研成果。烧结钕铁硼辐射磁环、高纯稀土金属靶材、稀土特种钢的研发与应用、一体化稀土永磁水下电机等4项科技成果代表自治区参加国家科技创新成就展。稀土功能材料创新中心5条中试示范线开工建设。英思特磁材成为国家技术创新示范企业。包头国家农业科技园区通过科技部验收。全年技术合同成交额达9.52亿元，较上年实现翻番。

三是创新创业活力持续增强。新增国家级“专精特新”企业7户、自治区级“专精特新”企业18户。培育科技型中小企业146家，较上年增长1倍。全市高新技术企业达到234家，实现产值1700亿元，增长10%。获批科技部“科技金融创新服务‘十百千万’专项行动”试点，中国银行稀土与科技金融特色支行挂牌运营。稀土高新区在全国高新区综合排名由第94位提升到89位。稀土磁性材料应用外籍院士工作站揭牌成立。与上海迈坦科技、青岛柠檬豆、西安交通大学等共建创新载体23个，与乌克兰基辅理工大学签订了科技创新合作备忘录。浙江大学－北方稀土联合研发中心暨包头稀土研究院杭州分院新型研发机构、内蒙古科技大学“大学科技园”和“稀土产业学院”挂牌成立，北京、上海科创飞地签约运营，北重集团牵头成立全国特种液压泵攻关创新联合体，包头师范学院大学科技园、包头医学院科技园启动建设，本土科技人才培育基地和创新创业策源地加快建设，增选全国首批“科创中国”试点城市。

（四）协同发展取得新进展

一是区域协同发展有序推进。呼包高铁完成预可研评审，包银高铁开工建设，包西高铁（包鄂段）列入国家铁路“十四五”规划。国道335线黄家滩至百灵庙公路、省道315线托县至东河一级公路建成通车，国道210线白云鄂博至固阳一级公路开工建设，G65高速包头至东胜段、国道110线包头北绕城公路、国道335线白云至明安段公路等重点项目加快推进。成功举办呼包鄂榆城市群第三届市长联席会议暨呼包鄂乌一体化发展第五届市长联席会议，签订了《打通呼包鄂乌市际断头路合作框架协议》《2021—2022年呼包鄂乌一体化发展重点事项合作协议》《2021—2022年呼包鄂榆城市群重点合作事项协议》。药品零售许可、护士执业注册、饮用水供水单位卫生许可等190个政务服务事项实现呼包鄂乌“四市互办”，城乡居民基本养老保险关系转移接续、个体工商户设立登记、医保电子凭证申领等140个政务服务事项实现“跨省通办”，呼包鄂乌城乡居民大病保险政策实现同城化。

二是城市建设管理水平不断提升。全力推进文明城市创建整改提升和卫生城市复审工作，高标准高质量通过中央文明办整改复查，恢复全国文明城市资格；以历史最高分通过国家卫生城市复审，蝉联国家卫生城市“四连冠”。实施了总投资16亿元的43项城建重点项目，完成老旧小区改造项目209个，新改建雨污水、中水管网31.5公里，建成运行水站10座，改造老旧燃气管网264公里。既有住宅试点加装电梯交付使用40部。白云路等5条主干道完成改造，民族西路等8条断头路全部打通。建成充电桩772个、口袋公园2处，新增绿道7.9公里，升级改造老旧公园5处，新建公共厕所115座，拆除改造城中村、城乡结（接）合部旱厕232座。全市主城区道路机械化清扫率由82.9%提升至86.8%, 九原区城区环卫管理实现市场化运营，城镇生活垃圾无害化处理率达到99.8%。入选全国城市体检样本城市。

三是乡村振兴战略深入实施。巩固拓展脱贫攻坚成果与乡村振兴有效衔接，选派驻村第一书记208人、工作队员228人，组建145个工作队，实现对重点帮扶村、乡村振兴示范村和易地移民搬迁村驻村帮扶全覆盖。下达中央、自治区和市本级衔接资金2.92亿元，主要用于产业发展、小型公益设施和户厕改造等221个项目建设。发放小额贷款911万元，涉及脱贫户和边缘户、易致贫户254户，做到应贷尽贷。全市义务教育阶段脱贫家庭学生402人无一人失学辍学。全面落实医保三重保障政策，建立起防范化解因病返贫致贫的长效机制，实现城乡医疗救助制度市级统筹。支持旅游康养等新型产业发展，形成了以土右旗大雁滩为代表的采摘休闲产业，以梅力更、春坤山为代表的森林草原旅游产业，以南海子、小白河为代表的湿地旅游产业。实施了39处农村供水保障工程、328处维修养护工程。开工建设农村公路450公里，完成投资5亿元。农村牧区集体土地“房地一体”不动产权籍修补测全部完成，易地扶贫搬迁安置住房登记发证2170户全部完毕。全市农村牧区户厕改造完工11207户，卫生户厕普及率达到71.1%。

（五）生态文明建设取得新进步

一是污染防治攻坚战取得阶段性成效。制定印发《包头市2021年污染防治攻坚战行动方案》，深入推进大气、水、土壤污染治理，实施总投资79亿元的100项治理工程，持续改善生态环境质量。全力打好蓝天保卫战，完成包钢五烧2号烧结机超低排放改造等42项治理工程，包铝铁路专运线建成运行，在全国首创数字甩箱煤炭运输模式。严控柴油货车等高排放机动车，查处高排放车辆6.4万辆，完成非道路移动机械信息登记3644台。全市优良天数303天，达标比例83%，$PM_{2.5}$浓度在全国168个重点城市中改善幅度位列第一，六项污染物首次实现全面达标。全力打好碧水保卫战，编制《黄河包头段四条主要入黄支流水质改善重点工程实施方案》，全面开展昆河、四道沙河等主要入黄支流和入河排污口排查整治，二道沙河人工湿地项目建成运行。完成包钢脱硫废水、酚氰废水深度治理项目和神华外排废水提标改造，包钢总排废水综合治理项目开工建设。地表水国考断面水质优良比例87.5%，城市集中式饮用水9个水源地水质持续100%达标。全力打好净土保卫战，开展48个污染地块调查，30个建制村环境整治任务全部完成，完成地下水污染状况调查方案编制、现场踏勘及采样工作，成为全国地下水污染防治试验区。深入推进“无废城市”建设，出台危险废物利用处置规划，一般工业固废利用技术规范列入自治区地方标准；开展小微企业危险废物综合收集转运试点工作，医疗废物集中安全处置实现全覆盖，累计安全处置危险废物27.1万吨、医疗废物2081.2吨，废旧放射源100%安全收储。

二是绿色低碳发展扎实推进。出台《包头市深入推进碳达峰碳中和加快建设绿色低碳城市实施方案》，形成“1+N+X”政策体系，为重点行业和领域碳达峰碳中和明确了工作目标和实现路径。建立全市应对气候变化与低碳发展项目库，累积入库项目48个、总投资61亿元，位列全区首位。能源革命取得新进展，取得风光新能源建设规模354万千瓦，带动风光装备制造产业投资近800亿元，其中，60万千瓦绿电制绿氢示范项目加快建设；包头市列入广东氢燃料电池汽车示范应用城市群，青山区入选全国整县（市、区）屋顶分布式光伏开发试点。对年综合能源消费量大于3000吨标准煤以上的140家用能单位实施节能诊断，并提出技改路线，全市规上工业单位增加值能耗下降12.3%，超额完成自治区下达的能耗“双控”任务。成功申报北方地区清洁取暖试点项目，争取国家资金支持9亿元，完成集中供热和煤改气改造工作年度任务。引进全国碳捕集、利用和封存领先技术和项目，全球首套包瀜10万吨碳化钢渣综合利用等项目开工建设，全部完工后年减少温室气体排放约20万吨。首钢郎泽与包钢合作项目加快推进。工业节能改造“八大工程”全面启动。印发《包头市深入推进林业草原碳汇三年行动计划（2021—2023年）》和《碳达峰碳中和林草碳汇（包头）试验区实施方案》，获批建设全区首个碳达峰碳中和林草碳汇试验区，在青山区、固阳县分别建成面积

2000 亩以上的碳汇林示范基地。

三是生态环境建设持续发力。统筹推进山水林田湖草沙综合治理，实施京津风沙源、生态清洁小流域等工程，全市新增水土保持治理面积 61.5 万亩。印发《包头市绿色矿山建设实施方案》，生产矿山完成年度治理工作。全面建立林长制，完成森林草原保护修复任务 186 万亩，森林覆盖率和草原综合植被盖度实现“双提高”。包头黄河湿地、昆都仑河湿地列为自治区重要湿地，达茂旗获批全国生态文明建设示范区。

（六）改革开放取得新成果

一是营商环境大幅改观。开办企业全流程实现 0.5 个工作日内办结，企业开办时限、纳税、市场监管等 3 项指标达到国内一流水平，全年新增登记市场主体 40200 户，较上年增长 21%。社会投资、政府投资项目主流程审批时间由 100 个工作日分别压减至 30 和 55 个工作日。全市审批和服务事项办理时限总体压缩 86.3%，办事跑动率压缩到 7.2%，即办率达到 64.8%。建立健全《包头市各级政务服务大厅（中心、站点）政务服务标准化管理指导手册》《“差评”整改制度》《咨询投诉管理制度》等工作举措，政务服务标准化、规范化水平大幅提升。“蒙速办”APP 汇聚我市 900 个政务服务应用、生活服务应用及网办事项，位列自治区首位。双休日“不打烊”、窗口无否决权机制、“办不成事”窗口等一批创新服务举措陆续推出，“一网办、掌上办、一次办、帮您办”能力显著提升，市民对全市政务服务满意率达到 99% 以上，成为自治区“掌上办”试点城市，“包你满意”营商环境品牌更加响亮。

二是重点领域改革扎实推进。制定出台《包头市国企改革三年行动实施方案》《深入推进全市国企改革三年行动工作机制》等政策，提前完成国企改革三年行动年度目标任务。全市国有企业职工家属区“三供一业”维修改造全面完成，国有企业剥离办社会工作稳步推进，包钢房产公司集团化改组稳定运行，包钢医院划归中航医科集团实施专业化管理，包钢职教、幼教机构内部深化改革平稳过渡。深化科技体制改革，稀土新材料、大型矿用车关键技术攻关、新型材料研发等领域 5 项重大项目获得 2021 年自治区“揭榜挂帅”项目立项支持。完成全市党政机关和国有企事业单位培训疗养机构改革 13 家。

三是对外开放取得新成效。印发《包头市“十四五”时期建设对外开放新高地规划》。全市进出口总值 246 亿元，增长 55.5%，其中，出口 112.3 亿元、增长 70.7%，进口 133.8 亿元、增长 44.7%；实际利用外资到位 2.78 亿美元。包头保税物流中心（B 型）监管货值达到 6.16 亿元，位居全区四个保税物流中心（B 型）首位。装备制造基地升级为国家级外贸转型升级基地，包满铁路建成通车，满都拉口岸完成过货量 163.1 万吨，增长 124.7%，创口岸通关运营以来实际过货量历史最高记录。新设立外商投资企业 11 户，投资总额 1.45 亿美元。外资商贸项目台湾新光中心高端城市综合体签约落地，投资总额达 60 亿元。

（七）社会民生事业迈上新台阶

一是就业形势总体稳定。全年新增就业 4.57 万人，增长 0.24%；城镇登记失业率为 3.87%，低于年度控制目标。实施“就业提升行动”民生项目，累计开展补贴制培训 8.6 万人（次）以上，发放创业担保贷款 5.4 亿元，完成 1121 名大学生公共服务岗位招募工作，累计为双良硅材料、新特能源公司等重点企业解决用工需求 6000 多人。搭建市区两级公共就业服务机构“1+10”人力资源供需对接信息化平台及工作对接机制，与青岛等 30 个城市建立就业联盟，“就业红娘”队伍扩充至 4100 人。

二是社会保障体系逐步完善。全市参加养老

保险人数达157.3万人。全市基本医疗保险参保人数为209万人，参保率稳定在95%以上。全面完成城乡低保提标补发工作，城镇低保每人每月提高至795元；农村牧区低保每人每年提高至7044元。加强困难群众兜底保障，发放困难群众基本生活救助补助资金2亿元。完善“一老一小”服务保障体系，在自治区率先建成包头市智慧型养老服务云平台，建成居家社区养老服务站点119个，全市养老机构护理型床位占比达到51.6%；通过购买服务方式开展关爱留守儿童困境儿童项目，儿童关爱服务水平不断提升。住房保障更加有力，发放新增公租房补贴973户。

三是社会事业全面发展。扩大教育资源供给，新改扩建26所中小学校、幼儿园，新增公办园学位5520个；持续加强“阳光招生”改革，全面实施网上采集志愿，空余学位电脑派位，确保义务教育招生公平、公正；健全完善示范高中引领、普通高中筑基、特色高中补充的分类办学体系；在全国职业院校技能大赛中荣获全国一等奖，共摘得全区67%的奖项。全力推动“双减”改革，深入开展校外培训机构专项整治，教育评价改革典型做法被教育部评为优秀案例，并在全国推广。朝聚医疗在港交所挂牌上市；全市所有三级医疗机构和二级公立医疗机构接入国家跨省异地就医平台，所有两定医药机构纳入异地就医直接结算。话剧《惊蛰》等入选2021年“话剧中国”全国话剧新剧目展演季。社区、公园配置安装室外健身器材2200余件。

四是社会大局和谐稳定。深入开展煤炭资源领域专项整治和禁毒人民战争，严厉打击电网诈骗、草原林业违法等犯罪活动，全市治安案件受理数较上年下降2.4%。深入推进安全生产专项整治三年行动，排查治理各类隐患问题3.7万条，全年各类生产安全事故发生74起，死亡77人，与去年同期相比分别下降26%和16.3%。积极推进应急管理体系和治理能力现代化，修订完成11个应急预案，开展应急演练1500多次，应急保障能力进一步提升。着眼矛盾纠纷多元化解，深入开展“治理重复信访，化解信访积案”专项工作，全力加强进京赴区访治理，全市信访总量明显下降，信访“三率”大幅提升，一大批信访积案难案得到彻底化解。加强基层社会治理，依法取缔非法社会组织13家，完成全市嘎查村（社区）“两委”换届选举工作。开展民族团结进步创建活动，举办第七届包头市铸牢中华民族共同体意识、第七届包头市双语教师才艺大赛。

总之，过去一年，全市上下以坐不住的紧迫感、慢不得的危机感、等不起的责任感，跑起来、抢时间、争一流，全力抓紧抓实各项工作，经济持续稳定恢复，各领域工作出现一系列具有关键性作用的积极变化，五大宏观经济指标居全区首位，招商引资、重大项目建设、营商环境、工业投资、碳达峰碳中和等高质量发展的关键领域都取得可喜成绩，全市改革发展稳定呈现蒸蒸日上、欣欣向荣的良好态势。这些外在和内在的显著变化，为我们在新征程上破浪前行奠定了坚实物质基础和精神财富，让我们信心倍增、预期更好。

同时看到，实现我们的目标任重道远，制约我市高质量发展的深层次问题依然突出：需求收缩、供给冲击、预期转弱三重压力趋紧；经济总量和产业规模仍然偏小，龙头企业、“链主”企业不多，产业结构不够优化；高技术产业占比偏低，小微企业发展困难，多元发展、多级支撑仍需加力；科技创新能力不强，消费市场恢复缓慢，消费新业态新模式培育还需加强；人口、人才总量和结构存在明显不足；营商环境还有较大提升空间，要素保障还不够好，产业生态环境还需加快改善；对外开放不充分，口岸利用率低，利用外资质量和水平还不高；生态环境保护压力依然很大，绿色发展和实现碳达峰碳中和目标任重道远；城市更新速度慢，乡村振兴工作还有差距，教育、医疗、住房保障等优质民生供给不足，社会治理还有弱项；政府债务、金融、安全生产、信访维稳等领域风险隐患不容忽视，等等。对此，我们必须高度重视，采取有效措施，全力打好总体战、攻坚战、持久战，扎实予以解决。

二、2022 年经济社会发展总体要求和主要目标

总体要求：以习近平新时代中国特色社会主义思想为指导，深入贯彻党的十九大和十九届历次全会以及中央经济工作会议精神，认真贯彻习近平总书记对内蒙古重要讲话重要指示批示精神，全面落实自治区第十一次党代会、自治区党委十一届二次全会和市第十三次党代会、市委十三届三次全会精神，立足新发展阶段，完整、准确、全面贯彻新发展理念，主动服务和融入新发展格局，坚持稳字当头、稳中求进，聚焦“四基地两中心一高地一体系”，围绕建设富强、创新、活力、数字、协调、绿色、开放、宜居、文明、法治、团结、幸福、平安包头具体任务，继续做好“六稳”“六保”工作，更好统筹疫情防控和经济社会发展，坚决走好以生态优先、绿色发展为导向的高质量发展新路子，加快建设繁荣昌盛、欣欣向荣的新时代中国特色社会主义现代化新包头，以优异成绩迎接党的二十大胜利召开。

主要目标：坚持立足当前、着眼长远，统筹发展需要与可能，突出发展质量和效益，提出 2022 年主要预期目标。

——地区生产总值增长 8% 左右；

——规模以上工业增加值增长 12% 以上；

——固定资产投资增长 15% 左右；

——社会消费品零售总额增长 8% 左右；

——一般公共预算收入增长 7% 以上；

——城乡居民收入与经济增长同步；

——新增城镇就业 4 万人以上，城镇登记失业率控制在 4% 以内；

——居民消费价格涨幅控制在 3% 左右；

——节能减排完成自治区下达目标任务。

三、2022 年国民经济和社会发展计划的主要任务

（一）坚持稳中求进，保持经济稳定运行

牢固树立“抓招商就是抓发展、抓项目就是抓发展”的意识，围绕投资和消费，做大总量、提升质量，推动经济快速增长。

一是扩大有效投资。扎实推进重大项目建设，组织实施总投资 5962 亿元的 902 个重大项目，全力抓好手续办理、要素保障和领导包联推进，确保每月每季完成投资进度快于时间进度。重点推动投资 300 亿元的鑫元 30 万吨颗粒硅一期、投资 170 亿元的特变电工 20 万吨高纯多晶硅一期、投资 140 亿元的双良 40GW 单晶硅和切片一期、投资 58 亿元的晶澳三期 20GW 拉晶和 20GW 切片、投资 45 亿元的通威二期 5 万吨高纯晶硅、投资 30 亿元的美科 12GW 单晶硅以及投资 5 亿元的大地熊年产 5000 吨高性能稀土永磁材料及器件、投资 3 亿元的科锐微磁年产 5000 吨淬磁粉产业化等一批大项目竣工投产，确保年内完成投资 1300 亿元以上、竣工项目 200 个以上。适度超前推进基础设施建设，提早谋划项目，提前启动项目前期工作，确保项目申报时各项手续齐备。年内实施城镇（含园区）基础设施项目 135 个，总投资 354 亿元。重点推进百灵庙镇中水利用供水工程、滨河新区中水绿化管线铺设及改造工程 2 个中水利用项目，西河槽生态治理、东河区沙尔沁防洪治理、大青山水源工程水权转让、小流域治理及边远农牧区饮水安全、中小河流域治理、昆都仑水库除险加固等 9 个水利项目，沼园路道路综合改造、城区市政设施升级改造、主城区积水点治理二期工程等 18

个市本级城建项目。实施 G65 包茂高速包头段公路改扩建工程，开展包头机场飞行区改扩建项目前期工作。加强要素保障，统筹煤电油气运以及土地、能耗、水等要素保障供应，落实新的减税降费政策，积极开展银企对接活动，帮助各类市场主体减负纾困、助推发展。积极争取中央预算内投资、竞争性项目支持和地方政府专项债券申报工作。

二是顶格推进招商引资。坚持产业链精准招商，成立专门招商队伍，突出招大引强、招新引优，加快引进“链主”“群主”“隐形冠军”“专精特新”企业，通过招商引资延伸产业链条、培育壮大产业集群。编制《包头市招商头部企业清单》《中国制造业企业 500 强招商目标企业清单》《中国服务业企业 500 强招商目标企业清单》，为招商引资提供精准导航。加强社会化委托招商，加强与各级各类商会、协会、大院大所及中介机构合作，通过“请进来、走出去”，加大招商引资力度。开展主题会议招商，举办北京、长三角、深圳、厦门等地的招商活动。强化政策招商，建立产业基金，保障生产要素，加快手续办理，让企业放心投资。全年招商引资签约项目 1000 个以上，引进国内（区外）资金增长 15%。

三是激发消费潜力。围绕建设区域商贸消费中心，打造 8 个商贸消费聚集区，发展 1000 家品牌连锁门店，新增投放智能销售终端 100 个；培育有生产资质的中央厨房企业创新服务模式，逐步探索中央厨房 + 门店配送或直取模式。全年新增批零住餐限上企业 200 家。推进农超、农企对接，全年农牧业龙头企业入驻商城、超市数量新增 20 家，有效扩大农产品销售；大力发展农村电商，推动马铃薯、燕麦、菜籽油、牛羊肉等特色农产品上线，促进农村牧区消费。放大节庆消费效应，利用元旦、春节、五一、中秋、国庆等消费旺季，开展贯穿全年的主题促消费活动，推动批发零售、住宿餐饮、文体旅游、家电家具家装等消费持续恢复回升。加强消费信用体系建设，营造放心舒心的消费环境。

（二）坚持高质量发展，构建现代产业体系

锚定调结构、转动能、提质量目标，以“一业一策”三年行动计划为抓手，坚持扬长补短、固本强基，扬长避短、培优增效，加快质量变革、效率变革、动力变革，推动经济实现质的稳步提升和量的加速增长。

一是扎实推进传统产业改造升级。全面落实《包头市传统产业高端化数字化智能化绿色化行动方案（2021—2023 年）》。通过引进新技术、新工艺、新产品、数字化，改造提升钢铁、有色、化工等传统产业工艺和产品结构。推进企业技术改造，围绕设备换新、机器换工、生产换线、产品换代，全年实施企业技术改造项目 150 个以上，改造升级传统电机 10000 台。推进企业数字化改造，重点实施数字基础设施升级、工业互联网平台建设、数字化解决方案培育、重点行业改造升级、重点领域数字化能力提升、数字化融合发展、生态体系构建等专项行动。加快构建工业互联网标识解析服务体系，培育一批标识解析典型应用场景和工业互联网发展的新模式、新业态。实施数字化评估诊断和数字化改造“双百户”工程，推动规模以上工业企业数字化评估诊断全覆盖，完成 100 个数字化改造项目，再培育 100 个数字化建设项目，打造 10 户“无人化、黑灯化”的数字化示范工厂或车间。

二是加快培育战略性新兴产业。推进实施《包头市培育发展战略性新兴产业三年行动方案（2021—2023 年）》，充分发挥新材料、新能源“两强”新兴产业引领作用，发展壮大节能环保、高端装备、新能源汽车“三类”新兴产业，培育拓展新一代信息技术、生物、数字创意等新兴产业，构建形成“2+3+N”战略性新兴产业发展新格局。新材料产业方面，重点实施包钢75万吨高合金钢、包铝高纯铝等一批高端化产品项目，推动光威大丝束碳纤维、航天九院无人机研试基地和中远1万吨聚乙烯薄膜等项目竣工投产，加快正威铜基新材料、晶源新材料1000吨炭炭复合材料、神华煤制烯烃二期40万吨可降解塑料和浦景化工5万吨聚乙醇酸基降解材料等项目落地开工。新能源产业方面，重点推进特变三峡电能固阳县40万千瓦风电基地、特变土右旗土地治理暨农光互补30万千瓦光伏示范、明阳石拐200MW光伏集中竞配等150万千瓦保障性并网集中式风电、光伏发电项目；加快达茂旗60万千瓦新能源制氢示范项目建设；开展华电土默特发电分公司火电机组灵活性改造促进新能源消纳试点、华电包头发电分公司火电机组灵活性改造促进新能源消纳试点及青山区整县推进屋顶分布式光伏试点工作；加快推进跨大青山500千伏输变电工程、美岱120万千瓦抽水蓄能电站建设。积极谋划一批新能源项目，打造四个500万千瓦新能源开发基地。年内新能源并网330万千瓦，带动投资700亿元，届时新能源装机占比达到47%以上。围绕核电产业园建设，重点实施中核北方重水堆燃料元件生产线改扩建扩能等核电产业工程。现代装备制造业方面，出台《关于大力支持新能源汽车产业发展若干政策措施》，做大北奔龙头企业，建设重卡换电站40座，带动汽车及零部件产业整体壮大。加快南高齿风电齿轮箱三期扩建、中车电机稀土永磁风力发电机扩建等一批在建项目建设，推进龙马集团投资136亿元的高端风电装备制造产业园、明阳集团投资50亿元的5-10MW超大型陆上风电整机及关键部件智能制造产业园等一批已签约项目落地开工。引进金风科技、三一重能等已经建立合作的龙头企业产业链配套项目落户我市，培育壮大风电装备制造产业。稀土产业方面，坚持“2+2+N”产业发展路线，集中力量打好稀土产业突破攻坚战，壮大稀土功能材料规模，推进稀土产品向下游延伸，加快稀土终端应用产业发展，持续优化稀土产业产品结构，提升产业核心竞争力。大力发展稀土永磁材料，加快金力永磁材料、中科三环永磁材料、大地熊稀土永磁材料等磁材项目建设，推动热压磁粉、铈磁体等特型磁材加快应用，推动国家稀土功能材料创新中心年内建成稀土粉体材料、钕铁硼磁环中试、稀土永磁应用3条示范线，尽快打通从永磁材料到永磁技术再到永磁应用全产业链永磁生态圈，把包头建成“磁谷”。大力发展储氢材料，加快发展镍氢动力电池、启动电源、应急电源等应用产业。大力发展高端稀土抛光材料，努力在全国光功能材料领域争得一席之地。大力发展催化剂及助剂材料，加大稀土助剂在环保、高分子新材料等领域的创新研发和市场开拓。大力发展“稀土+”产业，集中力量攻克稀土钢关键技术，不断拓展稀土在铝镁合金及其他轻量化材料领域的应用。2022年，力争稀土磁性材料产量达到6万吨，储氢材料产量达到0.4万吨，稀土产业产值达到500亿元。数字经济方面，落实《新基建三年行动计划（2021—2023）》，加快构建工业互联网标识解析应用服务体系，推动“上云上平台”向“赋能赋智”升级。实施企业和个体工商户上平台“双覆盖”工程，全年上平台实现一二三产业全覆盖、大中小企业及个体工商户全覆盖，年内培育服务型制造示范企业10家。

三是加快建设区域性服务业中心。围绕做优做活服务业，促进服务业优化升级，全方位打造“包头服务”品牌。物流业，申报生产服务型国家物流枢纽建设承载城市；升级改造物流基础设施建设，支持华蒙物流园区、九原蒙西物流园区、昆区钢铁物流园区等5个物流园区发展多式联运、冷链物流等新模式；推进“互联网＋高效物流”工程，推动内蒙古新思路物流公司建设现代综合物流枢纽园区，搭建统一高效物流服务平台；落实“村村通快递三年行动计划”，年内嘎查村快递服务覆盖率达到95%;实施顺丰快递西北示范基地、土右旗农副产品物流中心等总投资58亿元的22个重点物流项目；物流业增加值增长15%以上。金融业，积极壮大金融市场主体，推动内蒙古金融租赁公司获批；引进1—2家机构来包开展业务或设立机构；天和磁材挂牌上市，加快英思特磁材、北辰饲料等企业上市进程；做大绿色金融规模，引导金融机构向清洁能源、节能减排、生态修复和绿色交通等领域提供金融服务，绿色信贷增长10%以上；推进“跨境金融区块链服务平台”试点工作；金融业增加值在去年基础上实现大幅增长。商贸流通业，打造包百商圈、青山万达、九原横竖街、东河维多利摩尔城等10个“一刻钟便民生活圈”示范点；启动新光中心高端城市综合体项目，推进万科印象城建成运营，引进多弗、海伦堡城市综合体项目；推动稀交所、钢联网等工业电商平台做强做优做大；引进58企服、盘古天地等国内知名电商服务平台和企业，新增商贸流通市场主体上线7万户。文化旅游业，建设国家文化和旅游消费试点城市，创建1个自治区级以上文化产业示范园区、2个文化和旅游消费集聚区，推出3条红色旅游精品线路，提升5个红色旅游景区功能，新增3个以上国家A级旅游景区；争取达茂旗、石拐区、土右旗、固阳县进入国家全域旅游示范区创建名单；打造兼顾外地游客和本地居民需求的旅游休闲街区，在赛汗塔拉城中草原、奥体中心等7个场所组织开展“包头迎冬奥·冰雪惠民生”冰雪文化旅游系列活动；加快建设以“一云一池三平台”为主体的“一键游包头”项目；重点实施华侨城“欢乐谷集团·北方兵器城”项目，在达茂旗、固阳县分别引进1家四星级以上品牌酒店；开通周六日、节假日直达山北地区A级景区旅游公交线路；旅游收入增长15%以上。争取中央预算内投资，积极推进包头市黄河湿地国家文化公园和固阳县秦长城国家文化公园项目建设。健康服务业，成立包头市医学转化中心，完成包头市卫生健康科技100个项目立项，争取国家中医区域医疗中心落户包头，创建1—2个中医药（蒙医药）医养结合示范基地，加快构建老年健康服务体系，年内二级及以上综合性医院设老年医学科比例达到50%以上,65岁及以上老年人健康管理率达到72%以上；加快推动基于电子病历数据库的拓展功能应用、云病理中心等项目落地；积极引进山东威高、天士力控股、科创控股、一心堂药业等国内知名企业，推动发展大健康服务保障、药品生产供应和医养结合等产业；文化体育娱乐业、卫生社会工作增加值增长16%以上。养老服务业，推动老年综合养护院、九原区社会福利中心改造、固阳县康养中心等项目落地；围绕社区养老、养老地产、度假型养老、健康养生等产业，积极引进中铁康养、上海慧享福养老、重庆颐天康养等国内知名养老服务机构；加快小白河健康城、大青山康养小镇、民政福利园区等康养项目建设，打造三级以上养老机构10家；加快居家社区养老服务站点建设，积极探索“互联网＋居家养老”模式，居家社区养老服务覆盖率达到90%以上，改造提升农村牧区区域性养老服务中心，启动实施“一老一小”整体解决方案；居民服务、修理和其他服务业增加值增长8%以上。

四是加快建设农畜食品产业基地。大力发展现代农牧业，年内实施现代农牧业重点项目102个，总投资246亿元。推广玉米大豆带状复合种植面积60万亩，建设高标准农田17.6万亩并实现“一张图”数字管理，全年粮食播种面积稳定在325万亩以上，粮食产量达到25.5亿斤以上；加快以中储粮为龙头的企业落地建设，推进万亩高效数字设施农业园建设，改造升级30个设施农业标准化生产基地，建设1000亩高品质水果番茄育种基地，打造年育苗1000万株的自治区最大的优质草莓种苗繁育中心，果蔬种植面积达到24万亩；加快北黄芪研究和产业化发展，开展药食同源审批，加强与红牛、王老吉等品牌的企业合作，加快马铃薯等农产品向深加工发展，延长农产品产业链。贯彻落实自治区草畜一体化发展要求，推进2万头奶牛、50万头智能化生态养猪智慧牧场等项目建设，畜牧业规模化标准化养殖示范基地达到80个，牲畜存栏达到600万头（只）以上，打造内蒙古西部地区最大的蛋鸡生产基地。加强与中化集团、辽宁禾丰、中国肉类协会等单位合作，年内农畜产品加工转化率达到76%。发展新型农牧业市场主体，培育市级以上龙头企业10家，打造农牧业产业化联合体5家、自治区级农牧民专业合作社10家以上，提升农牧业市场化、规模化、品牌化、组织化水平。

（三）坚持创新驱动，建设区域性创新中心

深入实施创新驱动发展战略，落实“科技兴蒙”行动，加快提升科技创新支撑能力。

一是建立完善创新平台。高质量推进“科创中国”试点城市、国家稀土功能材料创新中心建设，争创国家稀土新材料技术创新中心和呼包鄂国家自主创新示范区，争取将包头市建设区域性创新中心纳入国家区域创新中心建设整体战略布局。加强与北京、上海、深圳等地区以及中科院、清华、上海交大、哈工大等院校合作，支持中科院包头稀土研发中心、包头材料科学与工程技术研究院、基辅理工包头应用技术研究院、包头市区块链产业研究院、应急装备产业研究院等研发机构建设，提升包钢集团和一机集团两个国家重点实验室研发应用能力，支持北重集团建设大尺度高强合金极端挤压制造国家重点实验室，支持装备制造园区、金属深加工园区创建自治区高新技术产业开发区。全年新增国家、自治区级创新平台载体20家以上，新建院士工作站2家。

二是加快培育创新主体。制定《包头市落实“科技兴蒙”行动打造区域性创新中心二十五条政策措施》配套管理办法，出台扶持“专精特新”中小企业政策措施，设立市级奖补资金。建立“专精特新”企业重点培育项目库，力争培育认定自治区级以上“专精特新”中小企业30户。培育壮大科技型企业集群，新培育认定科技型中小企业350家。推动二冶集团、天和磁材建设国家企业技术中心，支持中核北方、北方股份等企业建设国家制造业和产业技术创新中心。全年新培育认定国家高新技术企业50家以上。

三是推进创新创业城市建设。加快科创飞地建设，持续推进北京、上海中关村等科创基地，实现异地研发孵化、本地转化落地。加速科技成果转化，实施关键高纯稀土金属材料、高端液压泵阀系列化研发等80个关键技术攻关和成果转化项目，年内新认定国家、自治区级科技企业孵化器、众创空间8家，自治区科技成果转移转化示范基地1家。培育引进创新人才，实施一流科技人才和创新团队引育工程，落实好集聚创新资源“八个一批”具体政策措施，力争全年培育国家、自治区级领军人才团队15个以上，引进高层次和紧缺急需人才6500人、增长20%；新增高技能人才5000人以上，培养工业4.0等专业国际认证高技能人才100人以上。实施高校毕业生就业创业促进计划，吸引1.8万人以上青年人才来包就业创业。落实科技体制机制改革三年行动方案，推行科研项目“揭榜挂帅”“组阁制”。优化知识产权保护和服务体系，建立充分体现知识、技术等创新要素价值的收益分配制度；推进科技特派员制度，完善科研人员职务发明成果权益分享和收益分配机制。创新科技

投入方式，加快建立以政府财政投入为引导、以企业投入为主体、以银行信贷和风险投资等金融资本为支撑、以民间投资为补充的多元化多渠道多层次的科技投融资体系。落实政府研发投入刚性增长机制，政府投入的研发引导经费再增长20%，带动规上工业企业研发活动覆盖率达到30%以上。制定激励企业加大研发投入财政后补助办法，推动更多企业享受到国家惠企政策，进一步激发和调动企业的创新积极性。

（四）坚持系统观念，提高发展的平衡性协调性包容性

系统推进城市高起点规划高水平建设高标准管理，统筹山南山北差异化发展，加快构建城乡互补、协调发展、共同繁荣的新型工农城乡关系，形成协同协作发展新格局。

一是加快美丽宜居城市建设。强化规划刚性约束，编制完成中心城区沿黄城市设计，构筑沿黄公共空间和景观绿道体系，带动沿黄整体区域建设，逐步实现包头市沿黄高质量发展目标。完善绿色建筑城市设计体系，开展综合交通发展研究，编制5分钟、10分钟、15分钟生活圈和老旧小区改造等专项规划。规划建设一批标志性景观、建筑，完成历史文化名城保护规划。提升交通基础设施规划建设水平，持续加强高铁、新能源汽车设施、公共停车场等项目审批服务工作。有序推进城市更新，实施总投资1003.6亿元的319个城建重点项目，对193个、516万平方米老旧小区进行改造，修缮自由路2号街坊等历史风貌区，创建国家历史文化名城。启动赛罕路、民族东路等快速路网建设，完成林荫路等8条骨架路网畅通工程，打通鄂日登路等10条断头路，推动包头火车站、东站和机场周边区域联动升级改造。加强城市体检评估，实现积水点动态清零，加快老旧管网改造，推进赛汗塔拉海绵体建设和希望铝业园区、高新区等再生水管网建设，完成雨污管网和道路空洞探测700公里，打造新都市区、北梁腾空区海绵示范片区。建成充电桩700个，推动敖根道立体停车场竣工投用，新增停车位5000个。优化绿化供给模式，修编完成《包头市绿地系统规划》，实施城垣带状公园等园林绿化项目，建设20处口袋公园，改造升级30个体育公园和社区运动休闲公园，实现城区绿地黄土裸露动态清零。实施110国道、四道沙河绿道改造等绿化项目，加强绿道网络和健身步道建设，提升赛罕塔拉城中草原等重点区域景观风貌，打造一批展示城市形象的鹿城客厅和兼具景观、游憩功能的“微客厅”。强化城市精细管理，全面推行“片长制”“街长制”，常态化开展“马路办公”。推进“六乱”和露天烧烤等专项整治，高标准完成125条背街小巷治理，新建、改造150座公共厕所。规范设置便民市场50个、便民早夜市100个。推进城市道路空间“多杆合一”“多箱合一”“多线合一”，彻底解决道路两侧杆箱线设置凌乱等问题。推动主城区680个居民小区实现生活垃圾分类，在210个村开展生活垃圾分类工作。全面加速环卫作业市场化进程，不断提升市区主次干道全天候保洁质量。牢固树立运营城市理念，出台城市建设用地、规划、税费、补偿安置、不动产登记等系列政策，在道路保洁、垃圾收运、公厕和环卫设施建设等方面探索建立市场实施、政府考核的管理模式，建立多渠道、多主体、多层级的城市更新资金投入机制。加快数字城市建设，积极推进重点区域5G网络等基础设施布局，实现中心城区全覆盖，旗县区重要场景基本覆盖；支持重点应用场景5G网络覆盖，支持工业园区5G应用专网建设。建立全市三维地理空间信息平台，建成城市大数据中心，数据中心总体装机达到100万台。探索建设城市生命线安全运行监测系统，深化智慧住建综合管理与服务平台、智慧环保等平台建设，促进数字化转型。

二是实施乡村振兴战略。做好巩固拓展脱贫攻坚成果同乡村振兴有效衔接，常态化开展防返贫致贫动态监测帮扶，稳定现行帮扶政策体系，抓好农村牧区低收入人口帮扶，深入推进易地扶贫搬迁61个集中安置点的后续帮扶，坚决守住不发生规模性返贫底线；支持脱贫地区乡村特色产业发展壮大，促进脱贫人口稳定就业，持续改善脱贫地区基础设施条件，进一步提升脱贫地区公共服务水平。抓产业振兴，深入落实“万企兴万村”行动，支持农村牧区发展食品加工、休闲旅游等特色产业，推动金融机构对农村牧区信贷投放稳步增长，引导龙头企业建立与农牧民利益联结机制，进一步拓宽增收渠道。引进规模大、渠道多、辐射广的营销企业，构建面向农业农村的综合信息服务体系。深入实施乡村建设行动，加快“多规合一”实用性村庄规划编制工作，打造10个市级乡村振兴示范村；建设农村公路337公里，争创“四好农村路”示范市；加快乡镇污水处理场站设施建设，建设污水处理厂23个；绿化美化示范村34个；扎实推进农村“厕所革命”，新建、改造户厕8000户以上。开展农村人居环境整治提升五年行动，对74个嘎查村生活垃圾进行处理。

三是统筹市域一体化发展。加快建设以新都市区为中心的城市新组团，完善新都市区核心区道路管网等基础设施建设，推动新都市区第一小学、奥运冰雪中心等一批公共服务设施投入使用，加快市档案馆、富力凯悦酒店等项目建设，打造展示城市形象的重要窗口，力争将新都市区打造成为智慧城市样板区和现代服务业集聚区。加快推进沿黄区域建设，实施希望大道等6条道路建设工程，推动小白河文旅项目落地，构筑沿黄公共空间和景观绿道体系；推动喜桂图新区加速融入主城区；加快北梁腾空区2.3平方公里古城风貌建设，推动乔家金街提档升级和三官庙古民居开发，打造富有地方韵味的古城风貌区和棚改示范区。推进落实《包头市加强山北地区基础设施建设实施方案》，重点抓好铁路、公路、电网、供水、供气和通航6大通道建设，加快提升主城区与山北地区在重大基础设施方面的互联互通水平。支持山北地区重点产业发展，整合山北地区现有资源，规划布局一批风光电能源开发项目，加快承接中心城区产业转移，打造千万千瓦级新能源基地。实施山北地区中心镇和建制镇更新行动，因地制宜打造一批特色小镇。完善文化旅游设施服务功能，重点打造后山文化旅游专线。加强跨区域集团化办学，推进青山区与白云区、固阳县，东河区与石拐区，九原区与达茂旗县域教育联盟共建，带动提升山北地区教育水平。支持固阳县打造紧密型县域医共体，增强基层卫生健康服务能力。推进包头市山北地区应急物资储备库项目。加快推进国道210线白云鄂博至固阳段公路、包茂高速公路包头至东胜段等工程，推动国道110线包头北绕城公路、国道335线白云鄂博至明安镇公路建成通车，启动古城湾黄河大桥通道工程、固阳至东河公路建设前期工作。

四是深入推进区域协同发展。加快实施《包头市黄河流域生态保护和高质量发展规划》，建设黄河流域生态保护和高质量发展先行区。推进落实呼包鄂乌市长联席会确定事项，积极组建呼包鄂乌智慧城市建设一体化理事会和执委会，协同推进“三共三互”工程，建设呼包鄂高铁一小时交通经济圈，进一步增加呼包鄂乌互办事项，打造黄河“几”字弯生态文化旅游带，努力形成经济、民生、社会事业协同发展新格局。

（五）坚持生态优先、绿色发展，全力建设绿色低碳城市

树牢绿水青山就是金山银山理念，响应碳达峰碳中和宏伟目标，全领域全方位推动绿色转型发展，构筑祖国北方重要生态安全屏障。

一是推动绿色低碳发展。实施工业减碳“十大工程”，加快包钢、包铝等重点用能企业节能改造，推动20户铁合金企业2.5万千伏安及以下限制类矿热炉设备退出，力争全市所有工业园区全部建成绿色园区，全年新增自治区级以上绿色工厂20家、绿色设计产品20个，建设2个零碳园区、4个低碳园区。推进煤炭减量化和清洁高效利用，淘汰落后低效高排放煤电机组，推动火电灵活性改造和自备电厂参与调峰。引进一批碳捕集、碳封存利用项目。加快装配式建筑产业基地建设，力争装配式建筑占比达到20%左右。全面推进碳达峰碳中和林草碳汇（包头）试验区建设，抓好22个森林草原湿地碳汇发展片区建设。全面推广国内领先的二氧化碳气肥新技术，开展设施农业试点10000亩以上，带动亩均增长15%以上；推动化肥、农药负增长，有效利用率提高到40%以上。坚决遏制高耗能高排放项目盲目发展，实行能耗强度严格控制、总量弹性管理，完善用能预算管理，强化能耗强度标杆引导。加大“两高”行业淘汰落后产能和化解过剩产能力度，加快推进“两高”行业节能改造，严格“两高”项目准入管理。建设节能交易平台，推进重点碳排放单位有序进入全国碳市场开展交易，大力推广能源托管服务、合同能源管理。因地制宜推动绿色低碳发展，将工作重心由能耗“双控”逐步转为碳排放“双控”，防止“运动式”减碳。积极倡导绿色生产方式和生活方式，大力开展绿色学校、绿色社区、绿色村庄、环保家庭等行动。

二是持续打好污染防治攻坚战。以更高标准打好蓝天保卫战。严格落实“转型、治气、减煤、控车、抑尘、严管”六项措施，深化工业、扬尘、燃煤、机动车污染综合治理。推动包钢、亚新隆顺等钢铁企业加快实施超低排放改造。推进工业炉窑深度治理，加快神华煤化工等挥发性有机物治理工程建设。严格执行禁止燃放烟花爆竹相关规定。确保优良天数比例进一步增长。以更高标准打好碧水保卫战。统筹水资源、水生态、水环境治理，推进河道水质改善工程建设，实施昆河下游河道整治、四道沙河沃土壕段水污染治理等工程，做好雨污管网排查改造，保障主要入黄断面水质逐步提升。开展入河排污口排查整治，推进尾闾排口整改，加快包钢总排废水综合治理工程建设。加强饮用水源地规范化建设。加强城市再生水利用基础设施建设，力争再生水利用率提高10个百分点，创建国家再生水循环利用试点城市。以更高标准打好净土保卫战。完善全市污染地块再开发联动监管机制。加强污染地块风险管控和农业面源污染防治，持续做好建制村农村环境整治。全面推进地下水污染防治试验区建设。加快绿色矿山建设，年内建成绿色矿山15家。深入推进“无废城市”建设，完成固阳县49个无主尾矿库和固废堆场整治，提高工业固废综合利用水平。开展危险废物整治专项行动，推进危险废物分类收集专业化、规模化和园区化发展。以更高标准打好问题歼灭战。加快中央、自治区生态环境保护督察反馈问题和自治区黄河流域地表水环境问题专项督察反馈问题整改，做好迎接中央第二轮生态环保督察工作。

三是加强生态系统保护和修复。统筹推进山水林田湖草沙一体化保护和系统治理，全面推行林长制，进一步完善森林草原湿地资源保护发展机制。科学开展国土绿化行动，完成林业生态建设任务30万亩以上，实施大青山南坡、公路沿线、城镇周边、厂矿园区等重点区域绿化1万亩以上；实施森林质量精准提升工程。加大草原生态修复力度，落实第三轮草原生态保护补助奖励政策，加强草原保护修复基础设施和信息化建设，完成草原生态保护修复任务40万亩。加大湿地保护管理力度，高标准推进包头黄河国家湿地公园“五片区”建设，争取将包头黄河湿地列为国家级重要湿地。全方位贯彻“四水四定”原则，落实最严格水资源管理制度，全面强化农业节水、工业节水减排、城镇节水降损，狠抓地下水超采治理，扎实做好饮用水水源地保护工作。积极创建全国生态文明建设示范市。

（六）坚持放管结合并重，持续巩固扩大改革开放成果

以优化营商环境为基础，全面深化改革开放，加快构建充满活力的市场经济体制机制。

一是打造一流营商环境。通过抓制度、抓行动、抓服务、抓监督，全力打造全方位深层次一流政务环境、一流法治环境、一流产业生态环境和一流城市环境。围绕信息化、集约化、标准化、便利化，加快实现政务服务全程网办，全面打造“少好快”一流政务环境。围绕“市场、要素、生态、氛围”四个方面，建设充分有效的市场体系，加强要素保障，提升供应能力，优化产业生态。围绕营商环境评价全国18项、全区20项指标，对标北京、上海、广州、重庆、深圳、杭州等标杆城市，聘请国家级咨询机构，定期对各旗县区、有关部门创新营商环境情况进行预评估，以评促改、以评促优，确保实现全区第一、全国一流目标，建设市场化、法治化、国际化营商环境。

二是深化“放管服”改革。调整优化备案、行政许可、中介服务、容缺受理、一窗受理、自助服务、一件事一次办、代办帮办等事项清单。深化“六减两优”改革，不断提升审批效率和服务质量。积极稳妥推进相对集中行政许可权改革，建立审批运行、审管分离新机制。深化“大综窗”改革，持续完善“全科无差别受理”模式，“一窗”受理率达90%以上。构建泛在普惠的“一网通办”平台，实现政务服务跨层级、跨地域、跨部门、跨系统、跨业务高效协同。推动300个政务、生活服务应用接入“蒙速办”，力争注册用户突破200万。全面提升各级大厅“一站式”服务功能，打造功能更加完备、管理更加高效、服务更加规范、智能化程度更高的“1+N+X”四级政务服务体系。

三是推进重点领域改革。纵深推进国企改革，全面完成国企改革三年行动计划任务。进一步推进市直国有企业整合重组和转型发展，聚焦主业优化国有资本布局。加快国有资产监管职能转变，建立健全中国特色现代企业制度，深化三项制度改革，分级分类推进混合所有制改革，做强做优做大国有资本和国有企业。稳步推进剥离办社会工作，抓好退休人员社会化管理常态化服务，实现剥离国有企业办社会职能全面收官。加大要素市场化配置改革力度，切实推动实体经济降本减负。构建以信用监管为核心的市场监管体系，推进政府部门“双随机、一公开”监管全覆盖、部门联合常态化，推行企业信用风险分类监管，营造健康有序公平竞争的市场秩序。深化财税管理体制改革，强化预算编制与绩效结果应用挂钩机制，不断提高财政资金使用效益。探索打造政银企综合服务平台，解决企业融资难、融资贵、融资慢问题。

四是抓好高水平对外开放。加快包银高铁（包头段）建设，协调推进包西高铁（包鄂段）前期工作，打造全国性综合交通枢纽、国家生产服务型物流枢纽和国家重要口岸物流枢纽。完善满都拉口岸战略发展规划及空间规划，加快铁路物流园区、装车基地和专用线项目建设，推动塔本陶勒盖－杭吉矿运公路建成通车，加快满都拉口岸由公路运输向集装箱换装转变，全年口岸过货量增长翻一番；启动建设航空口岸国际货运监管场地，增开6个城市航线航班。跟进自治区自贸试验区申报进展，高质量编制好包头片区实施方案。实施跨境电商综合服务公共平台、海关监管中心、国际快递自动

化分拣线项目，力争国家跨境电商综试区获批。加快推进大宗矿产品B型保税物流园铁路专用线等7条列入自治区铁路"十四五"规划的铁路专用线项目。出台稳定外贸政策，扎实推进《包头市推动贸易高质量发展行动计划（2021—2023年）》落地落实。结合"一带一路"产业政策，支持包头企业到"一带一路"沿线国家开展投资合作。全年对外贸易进出口总额增长10%;精准对接外资企业50户，力争引进落地10户以上，实际利用外资翻番。

（七）坚持人民至上，稳步推进共同富裕

深入践行以人民为中心的发展思想，不断提高人民群众生活品质。

一是持续提高居民收入水平。拓宽城乡居民收入渠道，培育壮大中等收入群体，持续提高低收入群体收入。强化落实就业优先政策，完善就业服务工作体系，健全多渠道就业保障机制，确保就业形势总体稳定，全年新增就业4万人以上。实施聚包就业专项行动，"点对点""全方位"保障重点企业重大项目用工需求。落实国家减负稳岗扩就业政策，减轻企业负担。实施青年就业扩容提质行动，多措并举引导支持开发就业岗位。健全重点群体就业精准扶持体系，确保零就业家庭动态清零。推进"创业包头"行动计划，支持驻包高校建设优质创业园，年内新增创业孵化基地、"四众平台"等创业载体30个以上。开展补贴制技能培训5万人（次）以上，发放创业担保贷款3.5亿元。加强农牧民外出务工技能培训，农村牧区转移就业20万人以上，通过增加工资性收入和经营性收入提高农牧民收入水平。深化企业工资分配制度改革，完善企业工资指导制度，健全工资正常增长机制，调整和落实最低工资标准，推动居民工资性收入稳步增长。完善要素分配政策，推进财政事权与支出责任划分改革，加大税收、社保、转移支付等调节力度，不断缩小城乡区域发展差距和收入水平。

二是加大社会保障力度。精准实施全民参保扩面工作，新增参保人数4万人。继续落实阶段性降低失业和工伤保险费率政策，做好机关事业单位养老保险经办工作，稳步提高城乡低保标准。扩展商业补充工伤保险保障内容，进一步提升补充工伤保险待遇水平。加强基金监管，严格落实"三个全面取消"，常态化开展社保基金和就业专项资金管理使用风险防控工作。稳妥推进长期护理保险制度。建立职工基本医疗保险门诊共济保障机制。持续完善异地就医服务，逐步实现门诊费用跨省直接结算，完成门诊特殊慢性病费用跨省直接结算。实现社会救助全流程网上审批办理。建立健全保障农牧民工、快递小哥、外卖骑手以及新就业形态劳动者合法权益工作机制。完善退役军人服务保障体系，建设一体化退役军人网上服务平台。关心关爱留守儿童和妇女等特殊群体。强化住房保障，新增发放公租房补贴991户，筹集保障性租赁住房1298套，实施棚户区改造681户，改造农村牧区危旧房97户。

三是增加公共服务供给。优先发展教育事业，统筹抓好学前教育、义务教育、普通高中教育和各类职业教育，积极探索社区办园模式，公办园占比达到51%以上，普惠率达到93%以上；改善全市70所义务教育学校基本办学条件，不断提高义务教育均等化水平；巩固校外培训机构治理成果，持续提升"双减"成效；深化普通高中分类办学改革，加强示范性高中建设，支持每个旗县区办好1所特色高中；全面深化校企合作，积极调整和发展适应社会需要的专业，探索"现代学徒制"办学改革；优先保障特殊教育，规范民办教育管理；启动实施教师绩效工资改革，稳步提高教师待遇；全面加强教师队伍建设，强化师德师风建设。重视抓好人口工作，全面落实"三孩"生育政策，提高优生优育服务水平，切实降低生育养育教育成本，解决群众后顾之忧。开展普惠托育服务专项行动，增加托位供给，建设一批嵌入式、分布式、连锁化、专业化的托育服务设施。全面深化医药卫生体制改革，大力推广三明市医改经验，加强现有三级甲等综合、专科医院建设，着力推动医疗集团总医院及县域医共体建设；积极推动市传染病医院改扩建等重大项目建设；开展运用"5G+ 数字化"新技术推进基层医疗服务能力建设等 5 个信息化项目试点工作。建立完善四级未成年人保护工作服务体系，力争全市苏木乡镇和街道办事处设立未成年人保护工作站覆盖面达到 50%。构建更高水平全民健身服务体系，积极落实全民健身设施补短板工程，统筹建设全民健身场地设施，规划改造各类健身步道 300 公里，提档升级 10 分钟健身圈，升级改造体育公园 30 处，改扩建高水平滑雪场 1 处。

四是提高社会治理水平。深入推进"平安包头"建设，保持对各类违法犯罪严打高压态势，构建横向到边、纵向到底的安全生产工作责任体系，确保重大交通事故零发生。完成全市 50 所中小学校和幼儿园、30 处重点商圈集贸市场等重点路段限时段停车系统建设。深化文明村镇、文明单位、文明家庭、文明校园、文明社区创建，全面铺开新时代公民道德建设"十大行动"，巩固好全国文明城市建设成果。深入开展新时代爱国卫生运动，巩固好国家卫生城市创建成果。加强社区治理，推进社区综合服务设施建设，建立社会工作专业人才培养体系。加强应急管理体系和能力现代化建设，加快建设应急装备研发制造储备基地。毫不松懈抓好新冠肺炎疫情常态化防控，严格做好鼠疫等传染病防控工作。深入实施"八五"普法，加快推进法治社会建设。坚持和发展新时代"枫桥经验"，深度融入市域社会治理，突出抓好治重化积、"三率"提升和信访上行防范，切实解决群众合理诉求，维护群众合法权益。支持国防和军队建设，推进党政军警民合力强边固防，高质量完成全国"双拥"模范城中期考核，全力创建全国民族团结进步示范市。

在做好以上工作的同时，进一步做好外事侨务、民族团结、气象、审计、档案等各方面工作，努力实现平衡充分协调发展。

各位代表，做好 2022 年工作任务艰巨、责任重大、使命光荣，我们要在市委的坚强领导下，在市人大及其常委会的监督指导下，立足新发展阶段，贯彻新发展理念，融入新发展格局，始终保持锐意进取、永不懈怠的精神状态和敢闯敢干、一往无前的奋斗姿态，不断增强争创一流的志气、昂扬奋进的士气、攻坚克难的勇气、开拓进取的锐气，坚决扛起稳定宏观经济运行的重大政治责任，保持经济社会持续平稳健康发展，以优异成绩迎接党的二十大胜利召开！

包头市2021年预算执行情况与2022年预算草案的报告

——2022年2月12日在包头市第十六届人民代表大会第一次会议上

包头市财政局

各位代表：

受市人民政府委托，现将2021年预算执行情况与2022年预算草案提请大会审查，并请政协委员和列席会议的同志提出意见。

一、2021年预算执行情况

2021年，全市各级财政部门始终坚持以习近平新时代中国特色社会主义思想为指导，深入贯彻落实习近平总书记对内蒙古重要讲话重要指示批示精神，紧扣我市“十四五”发展目标，聚焦“四基地两中心一高地一体系”，严格执行市十五届人大四次会议预算决议，积极做大资金池，统筹优化分配链，精准调度抓监管，扎实做好“六稳”工作，全面落实“六保”任务，全市经济稳定恢复，财政收支持续改善，重大任务保障有力，预算执行情况良好。

（一）2021年预算收支情况

1. 一般公共预算执行情况

全市一般公共预算收入完成161.1亿元，完成预算的104.7%，同比增加15.9亿元，增长10.9%；加新增债券、自治区税收返还及补助、上年结转等收入249.4亿元，收入合计410.5亿元。一般公共预算支出完成338亿元，同口径增加29.1亿元（剔除2020年特殊转移支付、企业养老保险自治区统筹及权责发生制列支因素），增长9.4%；加上解自治区、补充预算稳定调节基金、地方政府债券还本等支出31.2亿元，支出合计369.2亿元。收支相抵，年终结转41.3亿元，主要是跨年度延续性项目，按规定结转下年继续使用。

市本级一般公共预算收入完成27.4亿元，同比增加2.4亿元，增长9.6%；加新增债券和自治区税收返还及补助、上年结转、调入资金等137.6亿元，收入合计165亿元。市本级一般公共预算支出117.6亿元，同口径增加1.7亿元（剔除企业养老保险自治区统筹及权责发生制列支因素），增长1.5%；加上解自治区、补充预算稳定调节基金、地方政府债券还本等支出14.1亿元，支出合计131.7亿元。收支相抵，年终结转33.3亿元，按规定结转下年继续使用。

2. 政府性基金预算执行情况

全市政府性基金收入72.7亿元，同比减少6.7亿元，下降8.4%，主要是土地出让收入减少所致；加新增债券、自治区补助、上年结转等收入23.3亿元，收入合计96亿元。政府性基金支出72.6亿元，同比减少66亿元，减少47.6%，主要是专项债券、抗疫特别国债减少所致；加调出资金、地方政府债券还本19.4亿元，支出合计92亿元。收支相抵，年终结转4亿元，按规定结转下年继续使用。

市本级政府性基金收入57.4亿元，同比减少11.3亿元，下降16.4%；加转贷新增债券7.3亿元和自治区补助、上年结转等收入6.7亿元，收入合计71.4亿元。政府性基金支出59.8亿元，同比减少31.9亿元，下降34.8%；加调出资金、地方政府债券还本10.7亿元，支出合计70.5亿元。收支相抵，年终结转0.9亿元，按规定结转下年继续使用。

3. 国有资本经营预算执行情况

全市国有资本经营预算收入0.3亿元，同比增加0.1亿元，增长82.6%，主要是股利、股息收入增加；加自治区补助、上年结转等收入1.3亿元，收入合计1.6亿元。国有资本经营预算支出0.8亿元，同比增加0.3亿元，增长51.5%，主要用于解决历史遗留问题及改革成本支出。收支相抵，年终结转0.8亿元，按规定结转下年继续使用。

市本级国有资本经营预算收入0.3亿元，完成预算的194.7%，同比增加0.1亿元，增长112%，主要是国有控股公司股利、股息收入增加；加自治区补助、上年结转等收入0.7亿元，收入合计1亿元。国有资本经营预算支出0.6亿元，同比增加0.2亿元，增长41%。收支相抵，年终结转0.4亿元，按规定结转下年继续使用。

4. 社会保险基金预算执行情况

全市社会保险基金收入96.6亿元，完成预算的99%，社会保险基金支出92.5亿元，完成预算的98.1%，当年收支结余4.1亿元，滚存结余89.8亿元。

市本级社会保险基金收入72.9亿元，完成预算的103.3%，社会保险基金支出68亿元，完成预算的100.8%，当年收支结余4.9亿元，滚存结余80.4亿元。

需要说明的是，上述数据在地方财政决算编制完成后，还会有所变动，决算结果届时报市人大常委会审批。

（二）地方政府债务情况

1. 地方政府债券使用情况

自治区代发我市地方政府新增债券35.2亿元，其中一般债券24.2亿元、专项债券11亿元。市本级留用24.8亿元，其中，一般债券17.5亿元、专项债券7.3亿元，重点用于巩固拓展脱贫攻坚成果与乡村振兴有效衔接、生态环境保护和修复治理、城市建设管理和城市更新、社会事业、交通基础设施等方面。

2. 地方政府债务管理情况

严格落实防范化解重大风险责任，积极用力与有效借力相结合，通过预算安排、整合资金、盘活资产、PPP项目合规退出以及利用便利化金融工具化解等方式，有效降低政府债务刚兑风险。2021年，自治区下达我市法定债务限额1,073.3亿元，其中，一般债务706.4亿元、专项债务366.9亿元。实际全市政府债务规模为1,040.4亿元，其中，一般债务682.5亿元、专项债务357.9亿元。分级次看，市本级法定债务583.5亿元（含高新区）、旗县区法定债务456.9亿元，均未超过自治区规定限额，债务风险总体可控。

（三）2021年财政主要工作

2021年，全市各级财政部门认真贯彻落实中央、自治区及全市经济工作会议精神，完整、准确、全面贯彻新发展理念，按照“积极的财政政策要提质增效、更可持续”的要求，聚焦财税收入、经济发展、社会治理、民生保障、体制改革持续用力，助推全市经济社会发展稳中加固、稳中向好，重点做了以下工作。

1. 抓开源、促节流，财政保障能力稳步提升。一是多方开源促增收。认真落实减税降费政策，组织开展“有奖发票”、“约惠鹿城礼享够购”消费券派发活动，稳住市场预期，激发市场活力。积极推动涉税信息互联互通，加强重点税源、重点行业、重点税种监控分析，全力支持“双招双引”和重点项目建设，巩固存量涵养增量。二是争取资金强能力。抢抓“十四五”开局契机，围绕乡村振兴、黄河流域生态治理和高质量发展、新能源建设等，累计争取上级资金178.3亿元，同比增加24.8亿元，增长16.1%，争取资金工作成效显著。争取到新增债券资金35.2亿元，有力推动了全市重大项目建设。此外，自治区政府调整了各盟市基本公共服务领域分档负担比例，从2022年1月1日起将我市共同事权支出责任负担比例由50%下调为30%，据此，年均减少我市财政负担5亿元左右，对缓解我市财政收支压力具有重要意义和长远影响。三是盘活存量提效益。执行更加严格的盘活财政存量资金政策，收回2020年存量资金2.4亿元，将各类沉淀闲置、连续结转结余资金统筹预算总体安排，不断提高财政资金使用效能。四是努力节流保民生。坚持过紧日子思想，大力压减一般性支出和“三公”经费0.4亿元，落实了自治区只减不增的要求，压减资金重点投向民生领域，用党和政府的紧日子换老百姓好日子。

2.提质量、增效益，经济发展质量显著增强。一是全力保障重点战略。真金白银扶持“双招双引”，集中财力支持“四基地两中心一高地一体系”建设。安排稀土产业发展扶持资金1亿元，招商引资激励扶持资金1亿元，企业上市奖补资金0.22亿元，支持“四个基地”建设；投入文旅、教育、医疗、规划编制等城市公共服务和品质提升0.9亿元，支持打造区域性服务中心；投入人才引进、科技兴蒙、应用研发资金1.9亿元，投放重点产业基金和人才双创基金8.5亿元，撬动社会投资66.2亿元，支持打造区域性创新中心；安排京包高铁、陆路口岸建设、公共交通、民用航空发展以及城市形象宣传等资金9.6亿元，支持打造对外开放新高地。二是大力支持乡村振兴。投入农林水资金25.9亿元，巩固拓展脱贫攻坚成果同乡村振兴有效衔接。三是持续赋能生态保护。投入节能环保资金11.5亿元，持续推进生态文明建设。四是统筹推动低碳节能。建立能耗强度与税收分成挂钩机制、能耗总量奖惩机制，切实发挥好财政在“能耗双控”治理中的作用。五是大力优化营商环境。全面梳理近年来涉企政策、协议31项，对符合政策且具备执行条件的足额兑现落实，对需重新研究的逐项梳理完善，对不再适用的依法依规清理废止。全面实施政府采购“全区一张网”，让数据多跑路，让企业群众少跑腿，用政府部门的效率换企业的效益和老百姓的口碑。

3.惠民生、增福祉，社会事业繁荣发展。全市累计民生支出204.8亿元，剔除企业养老保险全区统筹因素，同口径增加24.9亿元，增长13.8%。一是不断加大就业扶持力度。投入就业资金5.3亿元，支持规模化职业技能培训，帮助高校毕业生、零就业家庭、城镇失业人员和就业困难人员实现就业。发放个人创业担保贷款5.4亿元，用创业促就业，带动就业7,425人。二是重点兜牢“三保”运行底线。强化直达资金监管，累计支付36.3亿元，支出进度91.5%，居全区第一，推动各旗县区及时足额保障了“三保”支出。加强资金调度，建立工资专户，累计调度旗县区工资专户资金45.2亿元，确保工资足额发放到位。三是积极推动文化教育优质发展。投入文体旅游资金4.5亿元，支持文体事业和产业繁荣发展。教育累计支出55亿元，占到全部民生支出的27%，教育资源布局持续优化、更加均衡。四是持续强化公共卫生服务能力。投入资金4.8亿元，全力支持疫情防控，保障全民免费接种疫苗。扎实补齐公共卫生服务短板，公卫经费人均补助标准提高到79元。五是大力支持城市更新行动。积极筹措资金5.8亿元用于保障性安居工程，助推老旧小区改造升级、扩面提标，惠及居民近5万户，百姓生活环境更加宜居。六是稳步提升社会保障水平。累计发放困难群众救助补助资金2亿元，城市低保标准、特困人员供养标准分别提高到每人每月795元和1,695元，农村低保标准、特困人员供养标准分别提高到每人每年7,044元和10,600元。投入资金5.6亿元，城乡居民医疗保险政府补助标准增加到每人每年580元。为全市46万农牧民购买“政府救助保险”，提供最高22万元的保险保障。投入近16.5亿元支持20项民生好事实事落地落实，人民群众的获得感、幸福感、安全感不断提升。

4.强管理、促改革，财政运行活力凸显。一是深化预算管理制度改革。建立预算管理负面清单制度，明确改革目标和推进方向，细化完善落实举措，形成“1+5”财政管理新格局，预算硬约束更加严格。二是推进财政事权划分改革。出台基本公共服务领域市与旗县区共同财政事权和支出责任划分改革方案，逐步理顺“两个责任”，激发“两个活力”。三是完善土地出让收入分配机制。优化市与旗县区土地出让收入分配结构，调整完善使用范围，提升两个积极性。

总的看，2021年在市委的坚强领导下，在市人大、市政协的监督支持下，全市经济企稳回升，财政收入实现恢复性增长；但受全球疫情形势不确定性、大宗商品价格不合理上涨等因素影响，经济基础尚不牢固，当前财政工作面临的困难和挑战依然较多，主要体现在：传统产业转型升级压力大，新产业新动能新增长极对财政贡献尚未完全显现；财政收入总量相对较小，可用财力水平偏低，刚性支出持续加大，部分旗县区财政运行处于紧平衡状态；政府债务规模大、PPP项目支出责任重，防范化解政府债务风险任务艰巨；全面绩效管理有待进一步加强，资金使用效率有待进一步提高，等等。对此，我们将高度重视，切实采取有效措施加以改进。

二、2022年预算草案

预算编制的指导思想是：坚持以习近平新时代中国特色社会主义思想为指导，深入贯彻习近平总书记对内蒙古重要讲话重要指示批示精神，全面落实中央和自治区经济工作会议以及市委十三届一次、二次、三次全会精神，坚持稳中求进工作总基调，完整、准确、全面贯彻新发展理念，服务和融入新发展格局，以深化供给侧结构性改革为主线，以推动高质量发展为主题，以不断满足人民对美好生活的向往为根本目的，以推进“四基地两中心一高地一体系”建设为牵引，以“一业一策”三年行动计划为抓手，加大财源建设支持力度，更好统筹经济发展、民生保障和安全生产，在高质量发展中促进共同富裕。积极的财政政策要提升效能，更加注重精准、可持续，继续做好“六稳”、“六保”工作，加强保障和改善民生，全面推进乡村振兴，持续推进生态保护，积极稳妥防范化解重点领域风险。深入推进财税体制改革，加快财政支出标准化和预算管理一体化建设，创新财政投入方式，提升重大战略任务保障能力，激发市场主体活力，为建设繁荣昌盛、欣欣向荣的新时代中国特色社会主义现代化新包头提供有力的财政支撑。

基于以上指导思想，2022年预算编制遵循以下原则：

积极稳妥、更可持续。提质增效落实积极的财政政策，保证支出强度，加快支出进度，确保预算安排与部门履职需求相协调，与市委、市政府安排部署相统一，与财政可承受能力相适应，做到积极有为，更可持续。

优化结构、突出重点。优先足额保障“三保”支出及政策性支出，着力保障普惠性、基础性、兜底性民生支出，加力支持乡村振兴战略实施，持续助力环境保护和生态改善，推动山北地区加快发展，积极稳妥化解政府债务，实现财政资源与政策目标有效配置。

加强统筹，促进发展。强化综合预算及“零基”预算管理，盘活存量、用好增量，打破支出固化安排格局，集中财力支持财源建设和经济发展。支持做大做强做优产业基金，引领撬动社会资本投入，充分发挥财政资金倍数效应和产业基金杠杆作用，推动经济高质量发展。

厉行节约、有保有压。坚持勤俭办一切事业，大幅压减党和政府机关公用经费，各部门一般性支出预算总量只减不增，“三公”经费、会议费、培训费预算总量严格实行零增长，统筹更多资源支持补齐关键短板，聚焦保障重大战略任务和民生好事实事实施。

提升效能、突出绩效。牢固树立预算绩效理念，深入推进全方位、全过程、全覆盖预算绩效管理工作，对重大支出项目实行事前绩效评估、事中运行监控、事后重点评价的闭环管理。强化绩效评价结果同预算安排和政策退出挂钩机制，建立重大项目绩效督导问责机制，突出预算绩效导向。

（一）一般公共预算收支草案

1. 全市一般公共预算安排草案。综合考虑当前的经济形势和我市经济社会发展预期，以及财源建设贡献、减税降费等增减收因素，2022 年全市一般公共预算收入预期目标 172.7 亿元，增长 7% 以上。其中：税收 136.2 亿元（不含教育费附加收入），增长 9.7% 左右，占比 79%；非税 36.5 亿元，下降 1.4% 左右，占比 21%。

全市一般公共预算总收入 346.7 亿元，其中，当年一般公共预算收入 172.7 亿元，中央、自治区税收返还和体制结算补助、调入资金以及需列入 2022 年预算的提前下达转移支付资金 174 亿元。一般公共预算总支出 346.7 亿元，其中，一般公共预算支出 343.4 亿元，上解自治区支出 3.3 亿元。

2. 市本级一般公共预算安排草案。2022 年市本级一般公共预算收入预期目标 29.3 亿元，增长 7% 以上。

本级一般公共预算总收入 127 亿元，其中，当年一般公共预算收入 29.3 亿元，中央、自治区税收返还和体制结算补助净额 10.9 亿元，调入资金 11.9 亿元，旗县区上解收入 38.9 亿元，市本级留用提前下达转移支付资金 36 亿元。一般公共预算总支出 127 亿元，其中，一般公共预算支出 123.7 亿元（含提前下达转移支付支出 36 亿元），上解自治区支出 3.3 亿元。

（二）政府性基金预算安排草案

综合考虑 2022 年房地产政策和土地出让市场形势以及污水处理费、城市基础设施配套费、车辆通行费等收入情况，市本级政府性基金预算总收入 58.3 亿元，其中，当年政府性基金预算收入拟安排 58 亿元，主要为国有土地使用权出让收入 54 亿元、污水处理费 1 亿元、城市基础设施配套费 2 亿元、车辆通行费 1 亿元；市本级拟留用提前下达转移支付资金 0.3 亿元。按照“以收定支”原则，政府性基金总支出 58.3 亿元，其中，征地和拆迁补偿成本 34 亿元、债务还本付息 13 亿元、支持农业农村发展 1 亿元、产业发展引导资金 2 亿元、其他相关支出 4.3 亿元、调出资金 4 亿元。

（三）国有资本经营预算安排草案

市本级国有资本经营预算收入拟安排 880 万元。其中：股息利息收入 765 万元，利润收入 115 万元。按照“收支平衡”的原则，对应安排国有资本经营预算支出 880 万元，重点用于解决历史遗留问题及改革成本支出。

（四）社会保险基金预算安排草案

2022 年市本级社会保险基金预算收入安排

76.4 亿元，比上年增长 10.5%。其中：机关事业单位基本养老保险基金收入 21 亿元、城镇职工基本医疗保险基金收入 34.3 亿元、城乡居民基本医疗保险基金收入 12.2 亿元、城乡居民基本养老保险基金收入 6.1 亿元、失业保险基金收入 2.8 亿元。

2022 年市本级社会保险基金预算支出安排 70 亿元，比上年预算增长 5%。其中：机关事业单位基本养老保险基金支出 21 亿元、城镇职工基本医疗保险基金支出 31.1 亿元、城乡居民基本医疗保险基金支出 10.7 亿元、城乡居民基本养老保险基金支出 4.6 亿元、失业保险基金支出 2.6 亿元。

（五）市本级支出预算汇总安排情况

1. 预算资金安排情况。汇总以上一般公共预算、政府性基金预算和国有资本经营预算，2022 年市本级预算总财力为 107.80 亿元，其中，一般公共预算 87.70 亿元、政府性基金预算 20 亿元、国有资本经营预算 0.08 亿元。据此，按照“优化结构、重点突出”的原则统筹安排。

（1）基本支出 55.50 亿元。主要包括：人员经费 52.10 亿元、部门基本运转支出 3.40 亿元。

（2）保障基本民生 5.78 亿元。主要包括：

——困难群众救助及帮扶慰问资金 0.83 亿元。

——养老、医疗等社会保障类资金 3.74 亿元。

——高校、中职、普高助（奖）学金、义务教育、幼教补贴等教育类资金 1.21 亿元。

（3）防范化解政府债务 21 亿元。主要包括：偿还政府债券本息 18 亿元，PPP 支出责任及发行费 3 亿元。

（4）平安包头建设项目 3.03 亿元。主要包括：辅警、交通协管员工资等 1.09 亿元，司法及网络安全等支出 0.65 亿元，交通管理及打击电网诈骗等“平安包头”支出 0.42 亿元，公安局交通管理支队基层基础建设工程项目 0.35 亿元，驻包部队保障等支出 0.52 亿元。

（5）巩固拓展脱贫攻坚成果与乡村振兴有效衔接 1.89 亿元。主要包括：支持乡村振兴战略实施 1.10 亿元，大青山应急水源工程 0.30 亿元，草原生态建设资金 0.28 亿元，农业保险等农牧业发展资金 0.17 亿元，林业管护和水利监管等资金 0.04 亿元。

（6）支持生态环境治理 1.29 亿元。主要包括：污水处理 1 亿元，生活垃圾处理资金 0.15 亿元，环保监控等资金 0.14 亿元。

（7）支持推进碳达峰、碳中和 0.10 亿元。主要用于促进低能耗产业发展项目。

（8）实施“四基地两中心一高地一体系”6.85 亿元。主要包括：

——四个基地建设及功能提升 1.17 亿元。其中，招商引资激励扶持资金 1 亿元，企业上市奖补资金 0.12 亿元，工业企业智能化改造升级奖补资金 0.05 亿元。

——区域性服务中心安排 0.83 亿元。其中，事业运行及高质量发展 0.50 亿元，规划编制资金 0.26 亿元，商贸流通及服务业发展 0.05 亿元，就业启航计划 0.02 亿元。

——区域性创新中心安排 3.05 亿元。其中，产业引导资金 2 亿元，人才引进 0.89 亿元，科技兴蒙 0.10 亿元，科技研发 0.06 亿元。

——对外开放新高地安排 1.80 亿元。其中，公共交通 0.78 亿元，民用航空发展 0.50 亿元，城市形象宣传 0.52 亿元。

（9）支持社会事业发展方面 6.22 亿元。主要包括：

——教育发展资金 1.40 亿元。主要包括教育三项改革 0.85 亿元，教育质量提升及职教园区运行等项目 0.55 亿元。

——文化体育发展资金 0.38 亿元。主要包括巩固全国文明城市，公共文化、院团改革及体育事业发展等项目。

——卫生健康发展资金 0.47 亿元。主要包括疫情防控、基层卫生服务奖补、计划生育奖励扶助、基本公共卫生服务等项目。

——社会保障和就业资金 2.03 亿元。主要包括农牧民工工资应急周转金 0.05 亿元，“三支一扶”及创业担保贷款贴息资金 0.09 亿元，殡葬基本服务 0.15 亿元，社区工作者薪酬 0.20 亿元，环卫工工资 0.33 亿元，重点优抚及五险扩面等项目支出 0.37 亿元，福利院及老年大学等工作者薪酬 0.84 亿元。

——民族事业发展资金 0.07 亿元。主要包括民族团结进步创建、民族专项工作、民族教育等项目。

——改善营商环境 0.37 亿元。主要包括政务服务及食药监管等项目。

——综合治税保障 0.65 亿元。

——其他社会事业 0.85 亿元。主要包括人防、团妇、应急保障、自然资源、住房管理等项目。

（10）城市更新和功能提升 3 亿元。主要包括：园林绿化及市政基础设施维护 1.50 亿元，公路交通 1 亿元，城市基础设施及城市管理 0.50 亿元。

（11）党政机关履职及事业单位专项工作经费 1.34 亿元。

（12）预备费、机动金及中央自治区配套资金安排 1.80 亿元。用于应对自然灾害、突发事件等不可预见事项。

2. 拟争取和统筹资金安排计划。结合近两年争取及统筹资金情况，预计可争取到一般债券资金 30 亿元（其中市本级拟留用 22.90 亿元、拟转贷旗县区 7.10 亿元）、可统筹转移支付资金 11.20 亿元、盘活存量资金 10.50 亿元，共计 51.70 亿元。为此，对未能纳入预算资金安排范围的必保重点项目，拟统筹上述财政资金予以安排，预算执行中根据资金实际到位情况按程序拨付。

（1）实施“四基地两中心一高地一体系”20.02 亿元。主要包括：

——四个基地建设及功能提升资金 6 亿元。其中，转贷旗县区用于基地建设及功能提升 4 亿元，农产品食品加工示范基地 1 亿元，稀土产业发展扶持资金 0.80 亿元，工业企业智能化改造升级 0.20 亿元。

——区域性服务中心 3.90 亿元。其中，城市公共服务和品质提升 1.25 亿元，就业启航计划 1.50 亿元，高技能人才实训基地项目 0.30 亿元，智慧城市建设 0.46 亿元，城市规划展览馆升级改造 0.18 亿元，规划编制及云计算发展资金 0.15 亿元，事业运行及高质量发展 0.07 亿元。

——区域性创新中心 5.51 亿元。其中，科技兴蒙 2.10 亿元，稀土新材料创新中心 1.50 亿元，产业引导发展资金 1 亿元，稀土功能材料制造创新中心 0.75 亿元，科技研发 0.16 亿元。

——打造对外开放新高地 4.60 亿元。其中，公共交通 3.12 亿元，民用航空发展 1 亿元，京包高铁 0.28 亿元，陆路口岸经济发展建设 0.15 亿元，城市形象宣传 0.05 亿元。

（2）城市更新和功能提升 11.68 亿元。主要包括：

——城市更新及城乡经济发展 5 亿元。

——城市基础设施建设及城市管理 5.70 亿元。

——园林绿化及市政基础设施维护 0.48 亿元。其中，公园广场维护管理 0.10 亿元，道路、桥涵、设施管理及设备购置 0.38 亿元。

——110 国道工程款 0.50 亿元。

（3）生态环境治理 2.39 亿元。主要包括：沿黄生态治理 1 亿元，高污染治理 0.50 亿元，污染防治 0.14 亿元，污水处理 0.40 亿元，垃圾处理 0.30 亿元，环保监控等资金 0.05 亿元。

（4）支持推进碳达峰、碳中和 0.60 亿元。主要用于促进低能耗产业发展项目。

（5）巩固拓展脱贫攻坚成果与乡村振兴有效衔接 4.91 亿元。主要包括：乡村振兴战略实施 4 亿元（含转贷旗县区 3.10 亿元），林业管护和水利监管等资金 0.51 亿元，大青山应急水源工程 0.35 亿元，农业保险等农牧业发展资金 0.05 亿元。

（6）防范化解政府债务 9 亿元。主要包括：偿还债务本息 7 亿元，PPP 支出责任及发行费 2 亿元。

（7）平安包头 1.11 亿元。主要包括：雪亮工程 0.30 亿元，网络安全等支出 0.24 亿元，全市信创工程 0.22 亿元，交通管理科技信息化建设 0.20 亿元，公安监管场所整合项目配套费用 0.15 亿元。

（8）社会事业发展 1.99 亿元。主要包括：高等职业教育提质培优 0.56 亿元，居家社区养老服务等 0.43 亿元，疫情防控 0.20 亿元，旅游发展 0.22 亿元，公共数字文化、图书馆等文化支出 0.09 亿元，全民健康信息平台基础功能建设 0.06 亿元，自然资源等其他社会事业 0.43 亿元。

此外，按照《中华人民共和国预算法》规定，2022 年度开始后，市本级预算草案在本级人代会批准前，拟安排下列支出：上一年度结转的支出；参照上年同期预算支出安排必须支付的本年度部门基本支出、项目支出，以及对下级政府的转移性支出；法律规定必须履行支付义务的支出，以及用于自然灾害等突发事件处理的支出。

三、2022 年工作安排

2022 年是党的二十大召开之年，全市各级财政部门将坚持以习近平新时代中国特色社会主义思想为指导，全面贯彻落实党的十九大和十九届历次全会精神，紧紧围绕市第十三次党代会提出的发展目标，聚焦“四基地两中心一高地一体系”，对标一流、担当作为，全力以赴做好以下工作。

（一）在财源建设上谋求新突破。在不折不扣落实国家减税降费的基础上，持续抓好综合治税工作，确保应减尽减、应收尽收；推动包钢、包铝、稀土等传统工业加快转型升级步伐，支持实体经济发展，涵养基础税源；贯彻落实好《包头市推动经济高质量发展的若干政策措施》，全力支持招商引资、招才引智，培育引进一批辐射带动能力强的战略性新型产业，支持打造新的经济增长极，构筑持续稳定增长的税源结构，实现财政收入增幅与质量双提升。创新财政投入方式，运用贷款贴息、保费补贴、上市奖补、优化基金投放模式等方法，充分发挥财政资金倍数效应，积极支持“四基地两中心一高地一体系”建设，发展壮大财源。

（二）在重点保障上展现新担当。始终兜牢民生支出和“三保”底线，认真落实惠民补贴政策，集中财力保障教育、社保、就业、医疗等领域普惠性、基础性、兜底性民生支出。支持常态化疫情防控，保障 2022 年民生实事落地落实。加强土地出让收入管理，提升土地收益贡献率，提高用于农业农村比例，支持乡村振兴战略。聚力支持创新驱动、污染治理等国家重大战略任务实施。以产业基金和专项奖励等为抓手，支持发展绿色低碳产业，推动山北地区加快发展，支持建设自由贸易试验区、保税物流园区等开放平台和满都拉陆路口岸等开放载体，促进服务业发展壮大。积极落实、调整各类奖补政策，推动生活性服务业向高品质和多样化升级，增强消费对经济发展的基础性作用。支持生产性服务业向专业化和价值链高端延伸，重点打造区域性物流中心、金融中心。

（三）在资金争取上取得新成效。积极作为，创新举措，把争取资金作为重中之重来抓。精准把握上级资金投向，充实项目库，加大争取力度，力保上级补助收入增速高于盟市平均水平。力争在财力性转移支付，海绵城市、国家稀土创新中心、沿黄生态以及国家重大示范类项目等专项资金争取上取得新突破。加大清洁能源发展、林草低碳、无废示范城市等方面资金争取力度，助力我市打造“碳达峰、碳中和”先锋城市、模范城市。积极做好政府债务化解和消化暂付款等工作，最大限度争取各类奖补资金。聚焦全市高质量发展需求，积极争取用好新增债券资金，重点支持关键领域和薄弱环节，带动扩大有效投资。

（四）在预算执行上取得新进展。预算执行关系着重大战略任务的有效贯彻落实。坚持集中财力办大事，把紧日子过实过细，有所为有所不为，让有限的资金花在“刀刃上”，充分发挥资金的使用效力。创新财政投入模式，积极探索城市更新及城市管理多元投入渠道，发挥财政资金引导作用，鼓励社会资本参与城市建设。用好政府投资基金，加大产业基金投入力度，充分发挥政府资金的倍数效用，撬动更多社会资本支持科技创新和新能源、新材料、装备制造等重点产业发展。加快资金支出进度，建立奖惩考核机制、加大存量资金盘活力度、完善直达资金使用机制，压实支出主体责任，切实提升财政资金配置效率和使用效益。

（五）在防范风险上探索新招数。压实化债责任，坚决扛起防风险的政治责任，强化分级负责、属地管理，综合运用预算安排、土地出让、资产变现、市场化解等方式，多渠道、多领域筹集偿债资金，切实保障年度化解任务足额清偿。做实偿债举措，通过“资金 + 资产”、“债转股”、便利化金融工具、深化国企改革等有效举措，缓释刚兑风险、提升偿债能力，有效推动债务化解。尤其要抓住自治区化债政策机遇，全力打好债务风险降级攻坚战。强化风险意识，统筹好发展与安全，完善地方政府债务限额确定机制，强化政府债券项目申报和资金使用监管，切实提高防范化解风险能力。

（六）在深化改革上体现新作为。以党建引领全局，构建大预算、大国库、大监管、大资产、大综合工作体系，形成财政管理新格局，推动积极的财政政策不断提升效能。深化“放管服”改革，持续优化政府采购服务，深入打造惠企利民综合服务平台，拓展财政服务效能。深化预算管理改革，深入推进预算一体化、项目库规范化、财政支出标准化建设，稳步推进各领域财政事权和支出责任改革，深入实施绩效管理，突出预算绩效导向作用。深化财政支出改革，实施资金支付流程再造，建立健全各类专项资金财政管理制度，推动专项支出流程制度化、规范化、标准化。深化国有资产管理改革，加快推进“资产库”建设，建立市本级“公物仓”，激活并释放国有资产效能。深化财税体制改革，在保持现有财力格局总体稳定和均衡的基础上，稳步推进市县收入划分体制改革，着力促进市县经济社会高质量协调发展。

2022 年，我们将在市委的坚强领导下，在市人大的依法监督下，以锐意进取、永不懈怠的精神状态和敢闯敢干、一往无前的奋斗姿态，在收、支、管、防四个方面狠下功夫，确保积极的财政政策提升效能、更加精准、更可持续，为建设繁荣昌盛、欣欣向荣的新时代中国特色社会主义现代化新包头提供有力的财政支撑，以高质量发展的优异成绩迎接党的二十大胜利召开。

包头市2021年国民经济和社会发展统计公报

包头市统计局

（2022年3月31日）

2021年，全市以习近平新时代中国特色社会主义思想为指导，认真贯彻党的十九大和十九届历次全会精神，深入践行习近平总书记对内蒙古重要讲话重要指示批示精神，坚持稳中求进工作总基调，科学统筹推进疫情防控和经济社会发展，以“跑起来、抢时间、争一流”的精神状态，扎实做好各项工作，积极推进“四基地两中心一高地一体系”建设，全市经济持续稳定恢复，民生保障坚实有力，高质量发展取得新进展，实现“十四五”良好开局。

一、综合

初步核算，全年地区生产总值3293.0亿元，按可比价计算，比上年增长8.5%，两年平均增长5.7%。其中，第一产业增加值114.4亿元，增长4.0%；第二产业增加值1571.2亿元，增长11.7%；第三产业增加值1607.4亿元，增长6.4%。三次产业增加值占地区生产总值的比重分别为3.5%、47.7%和48.8%，对地区生产总值增长的贡献率分别为1.8%、57.6%和40.6%。全年人均地区生产总值121331元，比上年增长8.2%。

年末全市常住人口271.8万人，比上年末增加0.8万人。其中，城镇人口235.7万人，乡村人口36.1万人；常住人口城镇化率为86.7%，比上年提高0.6个百分点。

全年城镇新增就业4.6万人，比上年增长0.2%。其中，城镇失业人员再就业2.4万人，增长8.8%；就业困难人员再就业0.9万人。城镇登记失业率为3.87%。

全年居民消费价格比上年上涨0.3%。分类别看，八大类商品及服务价格呈现“三升五降”态势。其中，食品烟酒类价格上涨0.4%，教育文化和娱乐类价格上涨0.6%，交通和通信类价格上涨3.1%。

新发展动能加速成长。全市规模以上工业中，高技术制造业增加值比上年增长69.0%，增速高于规模以上工业54.9个百分点；计算机、通信和其他电子设备制造业增加值增长95.2%。全年规模以上服务业中，战略性新兴服务业企业营业收入比上年增长14.9%。全年高技术产业投资比上年增长1.1倍，其中高技术制造业投资增长2.4倍。限额以上批发和零售企业通过公共网络实现的商品零售额比上年增长2.6倍，限额以上住宿和餐饮企业通过公共网络实现的餐费收入增长1.3倍。全年新登记市场主体40200户，新登记企业12602户，年末市场主体总数238874户。

生态环境保护取得新成效。全年空气优良天数达到303天，达标比例为83%，$PM_{2.5}$浓度在全国168个重点城市中改善幅度位列第一，地表水国考断面水质优良比例达87.5%。

二、农牧业

全年农作物播种面积29.6万公顷，比上年下降3.9%。其中，粮食作物播种面积19.9万公顷，增长1.2%。在粮食作物中，小麦种植面积2.7万公顷，下降15.2%；玉米种植面积12.9万公顷，增长4.0%；马铃薯种植面积1.1万公顷，下降30.3%；其他谷物种植面积3.2万公顷，增长22.1%。

全年粮食总产量115.4万吨，比上年增长2.3%。其中玉米产量101.0万吨，比上年增加4.2万吨；小麦产量6.1万吨，下降0.9万吨；燕麦产量0.4万吨，下降0.1万吨；高粱产量2.5万吨，增加0.9万吨；荞麦产量1.6万吨，增加0.1万吨；马铃薯折粮产量3.3万吨，减少1.6万吨。

年末全市农牧业机械总动力158.7万千瓦，比上年同口径增长8.0%。农田有效灌溉面积15.2万公顷。

年末全市拥有各类农民专业合作社2065家；拥有市级以上农牧业产业化重点龙头企业215家，其中国家级5家、自治区级39家、市级171家。全市农畜产品行业拥有中国驰名商标11个。

三、工业和建筑业

全年全部工业增加值比上年增长12.1%，其中规模以上工业增加值增长14.1%。在规模以上工业中，分经济类型看，国有控股企业增加值增长5.9%；股份制企业增长14.2%，外商及港澳台商投资企业增长21.2%；私营企业增长23.3%。分轻、重工业看，轻工业增加值增长5.2%，重工业增长14.3%。分门类看，采矿业增长3.0%，制造业增长19.4%，电力、热力、燃气及水生产和供应业增长7.9%。分行业看，非金属矿物制品业增长96.5%，黑色金属冶炼和压延加工业增长4.1%，有色金属冶炼和压延加工业增长27.3%，电力、热力生产和供应业增长6.8%。

全年规模以上工业中，民营工业增加值增长27.6%；钢铁、铝业、装备制造业、稀土及电力五大产业增加值增长12.9%，其中铝业增长24.9%，装备制造业增长12.8%，稀土产业增长31.8%。

年末全市发电装机容量1700.2万千瓦，比上年增长1.6%。其中，火电装机容量1064.6万千瓦，增长0.5%；并网风电装机容量461.4万千瓦，增长0.6%；并网太阳能发电装机容量174.2万千瓦，增长12.1%。

全年规模以上工业企业营业收入4164.7亿元，比上年增长46.7%；利润总额364.0亿元，增长1.7倍；工业企业每百元营业收入中的成本比上年减少1.25元；营业收入利润率为8.8%，比上年提高4个百分点。年末规模以上工业企业资产负债率为54.9%，比上年末下降2.4个百分点。

全年建筑业增加值比上年增长10.4%。全市具有资质等级的总承包或专业承包建筑业企业119户。施工企业房屋建筑施工面积3669.6万平方米，增长17.0%；房屋竣工面积194.1万平方米，增长32.3%。

四、固定资产投资

全年固定资产投资（不含农户）比上年增长26.6%。其中，第一产业投资下降2.9%，第二产业投资增长88.2%，第三产业投资下降2.9%。民间投资增长25.5%，基础设施投资增长24.8%。

全年房地产开发投资192.5亿元，比上年下降20.1%。其中，住宅投资166.3亿元，下降10.6%；办公楼投资1.1亿元，增长28.3%；商业营业用房投资9.2亿元，下降54.9%。商品房销售面积311.4万平方米，下降28.2%；商品房销售额202.3亿元，下降27.9%。

五、国内贸易和对外经济

全年社会消费品零售总额1061.1亿元，比上年增长7.4%。按经营地统计，城镇消费品零售额1012.0亿元，增长7.6%；乡村消费品零售额49.1亿元，增长4.0%。按消费类型统计，商品零售额897.2亿元，增长5.1%；餐饮收入163.8亿元，增长

22.1%。

全年限额以上单位商品零售额中，粮油、食品类零售额比上年增长 11.1%，饮料类增长 15.8%，烟酒类增长 21.1%，服装、鞋帽、针纺织品类下降 4.6%，金银珠宝类增长 23.1%，书报杂志类增长 29.2%，文化办公用品类增长 41.3%，通讯器材类增长 21.5%，石油及制品类增长 25.0%，汽车类增长 11.8%。

全年海关进出口总额 246.1 亿元，比上年增长 55.5%。其中，出口总额 112.3 亿元，增长 70.7%；进口总额 133.8 亿元，增长 44.7%。从主要贸易方式看，一般贸易进出口额 228.0 亿元，增长 49.5%，占进出口总额的 92.6%；加工贸易进出口额 6.6 亿元，增长 204.6%；边境小额贸易进出口额 3.5 亿元，增长 162.8%。

按照商务部统计口径，全市外商直接投资金额 1564 万美元，比上年增长 5.9 倍。

六、交通运输、邮电业

全年公路货运量 12757.2 万吨，比上年增长 24.3%，公路货运周转量 214.6 亿吨公里，增长 19.4%。公路客运量 293.3 万人，增长 58.1%，公路客运周转量 1.8 亿人公里，下降 37.8%。民航客运吞吐量 133.7 万人次，比上年增长 13.4%；民航货邮总量 2927 吨，下降 28.8%。

年末全市机动车保有量 84.3 万辆，比上年末增长 5.0%；其中汽车保有量 80.8 万辆，增长 5.5%。私人汽车保有量 73.4 万辆，增长 5.6%，其中载客汽车 68.3 万辆，增长 5.6%。

全年邮政行业业务收入（不包括邮政储蓄银行直接营业收入）8.5 亿元，比上年增长 16.0%；业务总量 6.8 亿元，增长 26.3%。全市快递服务企业业务量 3040.7 万件，增长 27.0%；快递业务收入 6.1 亿元，增长 28.7%。

七、财政金融

全年全市一般公共预算收入 161.1 亿元，比上年增长 10.9%。其中，税收收入 124.1 亿元，增长 11.3%；非税收入 37.0 亿元，增长 9.8%。税收收入占一般公共预算收入的比重为 77.0%，比上年提高 0.2 个百分点。一般公共预算支出 335.7 亿元，按可比口径计算，比上年增长 8.8%。其中，教育支出增长 11.9%，科学技术支出增长 42.2%，节能环保支出增长 83.2%，交通运输支出增长 46.3%，住房保障支出增长 7.7%。

年末全市金融机构人民币各项存款余额 3721.7 亿元，比上年末增长 9.0%；其中，住户存款余额 2290.6 亿元，增长 11.5%；非金融企业存款余额 774.8 亿元，增长 4.3%；非银行业金融机构存款余额 305.7 亿元，增长 14.9%。金融机构人民币各项贷款余额 2700 亿元，比上年末增长 7.8%。其中，短期贷款余额 1073.5 亿元，增长 5.0%；中长期贷款余额 1626.1 亿元，增长 9.8%。

年末全市拥有保险公司 40 家，其中人身险公司 16 家，财产险公司 24 家。全年保险公司原保险保费收入 84.3 亿元，比上年增长 0.2%。其中财产险收入 19.1 亿元，下降 9.6%；人身险收入 65.2 亿元，增长 3.5%。全年保险赔付支出 28.1 亿元，比上年增长 19.4%。其中，财产险赔付 11.6 亿元，增长 5.7%；人身险赔付 16.5 亿元，增长 31.3%。

八、居民收入消费和社会保障

全年全体居民人均可支配收入 49353 元，比上年增长 7.6%。按常住地分，城镇常住居民人均可支配收入 54448 元，增长 6.8%；农村牧区常住居民人均可支配收入 22791 元，增长 10.0%。

全体居民人均生活消费支出 30108 元，比上年增长 13.1%。按常住地分，城镇常住居民人均生活消费支出 32547 元，增长 12.4%；农村牧区常住居民人均生活消费支出 14987 元，增长 13.5%。全体居民恩格尔系数为 28.5%，比上年下降 0.1 个百分点。其中，城镇居民恩格尔系数为 26.9%，农村牧区居民恩格尔系数为 29.0%。

年末全市参加基本医疗保险人数 209.4 万人，比上年末增长 0.8%。其中，参加城镇职工基本医疗保险人数 92.3 万人，增长 1.1%；参加城乡居民医疗保险人数 117.1 万人，增长 0.7%。参加养老保险人数 157.3 万人，增长 2.5%。其中，城镇职工养老保险参保人数 113.3 万人，增长 4.0%；城乡居民养老保险参保人数 44.0 万人，下降 1.0%。在城镇职工养老保险参保人数中，企业职工参保 63.8 万人，机关事业单位职工参保 7.7 万人，纳入统筹的离退休人员 41.8 万人。年末参加失业保险人数 44.5 万人，增长 2.3%。参加工伤保险人数 51.5 万人，增长 1.2%。

九、科学技术和教育

全年专利授权量 4493 件，比上年增长 47.8%，其中发明专利 428 件，实用新型专利 3886 件，外观设计专利 179 件。完成技术合同认定登记 214 份，成交额 9.52 亿元。全市 23 项科技成果获得自治区科学技术奖表彰。年末全市拥有高新技术企业 235 家，国家备案入库科技型中小企业 146 家。

年末全市有普通高等学校（包括高职院校）5 所，全年招收学生 2.7 万人，在校学生 8.7 万人，毕业生 2.3 万人。普通中专和职业高中（含成人中专）中等职业教育学校 18 所，在校学生 1.9 万人。普通高中 37 所，在校学生 3.9 万人。普通初中 60 所，在校学生 6.9 万人。普通小学 134 所，在校学生 15.3 万人。全市有幼儿园 370 所，在园幼儿 6.1 万人。小学适龄儿童入学率为 100%。初中阶段毛入学率为 110.3%，高中阶段毛入学率为 115.4%。

十、文化旅游、卫生健康和体育

年末全市共有专业艺术表演团体 3 个，群艺馆、文化馆 11 个，公共图书馆 10 个，国有博物馆 3 个，美术馆 1 个。有线数字电视用户 20 万户。年末广播节目综合人口覆盖率达 99.91%，电视节目综合人口覆盖率达 99.92%。年末全市共有综合档案馆 10 个，已开放各类档案 34.8 万卷（件）。

全市拥有 A 级旅游景区 26 个，其中国家 4A 级旅游景区 10 个，3A 级旅游景区 8 个。全市共有旅行社 91 家，其中拥有出境经营权的旅行社 20 家。接待国内旅游人数 1705.3 万人次。

年末全市共有医疗卫生机构 2096 个，其中医院 106 个，基层医疗卫生机构 1936 个，专业公共卫生机构 36 个，其他卫生机构 18 个。年末全市医疗卫生机构实有床位 20413 张，其中医院 17613 张，乡镇卫生院 1153 张；拥有卫生技术人员 27167 人，其中执业（助理）医师 10361 人，注册护士 12553 人。

年内参加自治区田径、游泳、篮球等 19 项青少年锦标赛，共获得 51 枚金牌、47 枚银牌、42 枚铜牌。

十一、城市建设

全年共实施城建重点项目 95 项，新增道路面积 70.9 万平方米；城市燃气普及率 100%，生活污水处理率为 96.6%；积极组织实施绿化工程，建成区绿化覆盖率达 44.7%；改造老旧小区 209 个、面积 569.7 万平方米，入选全国城市体检样本城市。

截至年底，全市公路通车里程达到 9687 公里，其中高速公路里程 140 公里，公路网密度为 34.9 公里 / 百平方公里。

十二、资源、环境

初步统计，全年总用水量 10.5 亿立方米，比上年下降 0.1%。其中生活用水量 1.3 亿立方米，增长 2.3%；工业用水量 2.8 亿立方米，下降 1.8%；农业用水量 5.9 亿立方米，增长 1.4%；生态环境用水量 0.5 亿立方米，下降 11.7%。

全年国土绿化造林面积 5.4 万公顷，其中人工造林 1.7 万顷，森林抚育 3.7 万公顷。完成草原保护修复任务 7 万公顷。年末全市拥有自治区级自然保护区 3 个，自然保护区面积 6.7 万公顷。

全年规模以上工业综合能源消费量比上年下降 0.1%。原煤消费量增长 1.4%，天然气消费量下降 8.6%，电力消费量增长 2.6%。

全市年平均气温为 8.4℃，年平均风速 2.9 米/秒，年降水总量 240.4 毫米，年日照时数 2978.9 小时，年平均相对湿度 58%。

注释：

[1] 本公报数据均为初步统计数；部分数据因四舍五入的原因，存在分项相加与合计项不等的情况。

[2] 地区生产总值、三次产业及相关行业增加值、人均地区生产总值绝对额按现价计算，增长速度按不变价格计算。

[3] 两年平均增速是指以 2019 年同期数为基数，采用几何平均的方法计算的增速。

[4] 居住类价格包括租赁房房租、住房保养维修及管理、水电燃料等价格。

[5] 高技术制造业包括医药制造业，航空、航天器及设备制造业，电子及通信设备制造业，计算机及办公设备制造业，医疗仪器设备及仪器仪表制造业，信息化学品制造业。

[6] 规模以上服务业统计范围包括：年营业收入 2000 万元及以上的交通运输、仓储和邮政业，信息传输、软件和信息技术服务业，水利、环境和公共设施管理业，卫生行业法人单位；年营业收入 1000 万元及以上的房地产业（不含房地产开发经营），租赁和商务服务业，科学研究和技术服务业，教育行业法人单位；以及年营业收入 500 万元及以上的居民服务、修理和其他服务业，文化、体育和娱乐业，社会工作行业法人单位。

[7] 战略性新兴服务业包括新一代信息技术产业、高端装备制造产业、新材料产业、生物产业、新能源汽车产业、新能源产业、节能环保产业和数字创意产业等八大产业中的服务业相关行业，以及新技术与创新创业等相关服务业。2021 年战略性新兴服务业企业营业收入增速按可比口径计算。

[8] 高技术产业投资包括医药制造、航空航天器及设备制造等六大类高技术制造业投资和信息服务、电子商务服务等九大类高技术服务业投资。

[9] 网上零售额是指通过公共网络交易平台（主要从事实物商品交易的网上平台，包括自建网站和第三方平台）实现的商品和服务零售额。

[10] 装备制造业包括金属制品业，通用设备制造业，专用设备制造业，汽车制造业，铁路、船舶、航空航天和其他运输设备制造业，电气机械和器材制造业，计算机、通信和其他电子设备制造业，仪器仪表制造业。

[11] 火电包括燃煤发电量，燃油发电量，燃气发电量，余热、余压、余气发电量，垃圾焚烧发电量，生物质发电量。

[12] 民间固定资产投资是指具有集体、私营、个人性质的内资企事业单位以及由其控股（包括绝对控股和相对控股）的企业单位建造或购置固定资产的投资。

[13] 基础设施投资包括交通运输、邮政业，电信、广播电视和卫星传输服务业，互联网和相关服务业，水利、环境和公共设施管理业投资。

[14] 房地产业投资除房地产开发投资外，还包括建设单位自建房屋以及物业管理、中介服务和其他房地产投资。

[15] 原保险保费收入是指保险企业确认的原保险合同保费收入。

[16] 中等职业教育包括普通中专、成人中专、职业高中和技工学校。

[17] 规模以上工业综合能源消费量增速按当量值计算。

资料来源：本公报中城镇新增就业、登记失业率、社会保障数据来自人力资源和社会保障局；价格指数、居民收入消费、粮食作物播种面积、粮食产量数据来自国家统计局包头调查队；空气质量数据来自生态环境局；农牧业机械总动力数据来自农牧局；农田有效灌溉面积、水资源数据来自水务局；农民专业合作社、市级以上农牧业产业化重点龙头企业等数据来自农牧局；发电装机容量数据来自工信局；进出口数据来自包头海关；外商直接投资金额数据来自商务局；公路运输、公路里程数据来自交通运输局；民航数据来自内蒙古自治区民航机场集团有限责任公司包头分公司；汽车保有量数据来自公安局交通管理支队车辆管理所；邮政业务量、快递业务量数据来自邮政管理局和电信部门；财政数据来自财政局；金融数据来自中国人民银行包头市中心支行；保险业数据来自中国银行保险监督管理委员会包头监管分局；医疗保障数据来自医疗保险服务中心；注册企业数、专利数据来自市场监督管理局；技术交易额、科技资金等科技数据来自科学技术局；教育数据来自教育局；艺术表演团体、文化馆、公共图书馆、博物馆、广播电视、旅游数据来自文化旅游广电局；档案数据来自档案馆；医疗卫生数据来自卫生健康委员会；体育数据来自体育局；城市建设数据来自住房和城乡建设局；造林面积等数据来自林业和草原局；气候数据来自气象局；其他数据均来自包头市统计局。

第二部分　统计资料

1 行政区划和自然资源

资料整理：杨烨坤

1-1 行政区划（2021 年）

单位：个

地　　区	乡（苏木）	镇	街道办事处	居民委员会	村民委员会
全　市	**10**	**29**	**46**	**279**	**527**
稀土高新区		1	2	16	9
东河区		2	12	66	49
昆都仑区		2	13	78	24
青山区		2	8	56	21
石拐区	1	1	5	4	17
白云矿区			2	4	
九原区	1	3	4	29	56
土默特右旗	3	5		13	201
固阳县		6		6	73
达尔罕茂明安联合旗	5	7		7	77

1-2 土地面积和人口密度（2021 年）

地　　区	土地面积（平方公里）	年末常住人口（万人）	密度（人/平方公里）
全　市	**27768**	**271.78**	**98**
稀土高新区	116	19.26	1660
东河区	470	48.37	1029
昆都仑区	301	78.95	2623
青山区	280	53.69	1918
石拐区	761	2.39	31
白云矿区	303	2.26	69
九原区	734	24.97	340
土默特右旗	2368	23.56	99
固阳县	5025	11.61	23
达尔罕茂明安联合旗	17410	6.72	4

1-3　自 然 资 源（2021 年）

指　　标	单　　位	2021
地理位置		
东 经		109°51'
北 纬		40°40'
海 拔	米	1067.2
森林资源		
森林面积	千公顷	510.87
森林覆盖率	%	18.40
活立木蓄积量	万立方米	370.5
草原资源		
草场面积	千公顷	1890.27
水资源利用		
水资源取用水总量	亿立方米	10.53
地表水源供水量	亿立方米	6.36
地下水源供水量	亿立方米	3.54
再生水	亿立方米	0.63
矿产资源		
煤炭保有量	亿吨	66.72
铁矿保有量	亿吨	13.53
铜矿保有量	万吨	10.98
石墨保有量（晶质）	亿吨	0.14
水泥用灰岩保有量（矿石）	亿吨	4.25

1-4　气象情况（2020-2021年）

指　　标	单　　位	2020	2021
年平均气温	℃	7.3	8.4
年最高气温	℃	36.2	35.6
年最低气温	℃	-25.2	-24.3
年降水总量	毫米	313.6	240.4
年最大风速	米／秒	19.0	16.1
平均风速	米／秒	2.8	2.9
年日照时数	小时	3167.5	2978.9
年平均相对湿度	%	59.4	58.0
全年沙尘天气	次	9	13

1-5　分月气象情况（2021年）

月　份	月平均气温（℃）	月平均相对湿度（%）	月降水量（毫米）	月日照时数（小时）	月平均风速（米／秒）
一　月	-9.7	52.0	0.4	223.9	2.9
二　月	-1.9	51.0	5.6	225.9	2.7
三　月	4.7	56.0	10.4	222.8	2.9
四　月	9.9	56.0	25.9	229.6	3.3
五　月	17.0	39.0	16.4	299.0	3.9
六　月	21.8	50.0	59.2	280.9	3.1
七　月	24.5	65.0	42.4	302.7	3.1
八　月	20.6	68.0	61.8	276.5	2.6
九　月	18.1	69.0	6.9	230.3	2.6
十　月	7.2	57.0	2.3	224.3	2.4
十一月	-2.0	63.0	5.0	221.9	2.8
十二月	-9.7	68.0	4.1	241.1	2.2

主要统计指标解释

行政区划　指国家对行政区域的划分。根据宪法规定，我国的行政区域划分如下：(1)全国分为省、自治区、直辖市；(2)省、自治区分为自治州(盟)、县(旗)、自治县(旗)、市；(3)自治州分为县、自治县、市；(4)旗、县、自治县(旗)分为乡、民族乡、镇；(5)直辖市和较大的市分为区、县(旗)；(6)国家在必要时设立的特别行政区。

自然资源　指人类可以直接从自然界获得，并用于生产和生活的物质资源。自然资源一般可以分成可再生资源和非再生资源两大类。可再生资源指在较短时间内可以再生、可以循环利用的资源，包括土地资源、水资源、气候资源、生物资源和海洋资源等。非再生资源指在使用后不能再生的资源，包括矿产资源和地热能源。

草场面积　指牧区和农区用于放牧牲畜或割草，植被盖度在5%以上的草原、草坡、草山等面积。包括天然的和人工种植或改良的草地面积。

水资源　水在自然界中以固体、液体和气态三种聚集状态存在，分布于海洋、陆地(包括土壤)以及大气之中，通过水循环形成水资源。水资源包括经人类控制并直接可供灌溉、发电、给水、航运、养殖等用途的地表水和地下水，以及江河、湖泊、井、泉、潮汐、港湾和养殖水域等。水资源是发展国民经济不可缺少的重要自然资源。

地表水和地下水　陆地上的水因空间分布不同，可以分为地表水和地下水。地表水指分别存在于河流、湖泊、沼泽、冰川和冰盖等水体中水分的总称，又称陆地水。地下水指储存在地面以下饱和岩土孔隙、裂隙及溶洞中的水。

矿产资源　矿产指由地质作用形成，富集于地壳中或出露于地表达到工农业利用要求的有用矿物。矿产是一种重要的自然资源，是社会发展的重要物质基础。

气候　指地球与大气之间长期能量交换与质量交换所形成的一种自然环境状态，它是多种因素综合作用的结果。气候既是人类生活和生产的环境要素之一，又是供给人类生活和生产的重要资源。气温、降水、湿度等气象要素的多年平均值是用来描述一个地区气候状况的主要参数，而各种气象要素某年、某月的平均值(或总量)则可以反映出该时期天气气候状况的重要特征。

气温　指空气的温度，我国一般以摄氏度(℃)为单位表示。气象观测的温度表是放在离地面约1.5米处通风良好的百叶箱里测量的。因此，通常说的气温指的是离地面1.5米处百叶箱中的温度。其统计计算方法为：

月平均气温是将全月各日的平均气温相加，除以该月的天数而得。

年平均气温是将12个月的月平均气温累加后除以12而得。

相对湿度　指空气中实际所含水蒸汽密度和同温度下饱和水蒸汽密度的百分比值。其统计方法与气温相同。

降水量　指从天空降落到地面的液态或固态(经融化后)水，未经蒸发、渗透、流失而在地面上积聚的深度。其统计计算方法为：

月降水量是将全月各日的降水量累加而得。

年降水量是将12个月的月降水量累加而得。

日照时数　指太阳实际照射地面的时间。其统计方法与降水量相同。

2 综　合

资料整理：尤普荣

2-1 平均每天主要社会经济活动

指　　标	2000 年	2005 年	2010 年	2015 年	2020 年	2021 年
全市每天创造的财富						
生产总值（万元）	**7320**	**19199**	**36471**	**53638**	**75881**	**90219**
第一产业	467	945	1805	2613	2889	3135
第二产业	4086	9069	14986	20924	31892	43046
#工业	3713	7721	11694	15237	23858	33450
第三产业	2767	9185	19681	30101	41100	44038
一般公共预算收入（万元）	428	1601	3813	6912	3978	4412
一般公共预算支出（万元）	593	2133	5615	10774	10393	9196
主要工农业产品产量						
粮食（吨）	1515	2323	2684	2984	3089	3161
油料（吨）	203	84	88	172	342	235
原煤（吨）	10286	8933	61233	52620	45913	49823
发电量（万千瓦时）	1359	2760	7180	12646	21330	22081
粗钢（吨）	10950	20293	30484	40539	58351	60055
钢材（吨）	9738	19178	30668	38548	55391	56293
每天其他经济活动						
社会消费品零售额（万元）	2759	6400	14629	23250	27063	29070
进出口总额（万美元）	86	256	535	425	622	1058
#出口总额	47	143	330	243	260	483
金融机构存款余额（万元）	6380	18601	46729	74238	93546	101965
#住户存款余额	4183	10671	20568	35835	56296	62756
金融机构贷款余额（万元）	4843	9226	28419	60069	68598	73973
每天人口变动						
出生人口（人）	66	51	56	44	43	35
死亡人口（人）	26	25	22	19	18	31
人口自然增长（人）	40	26	34	25	25	4

注：1. 2015 年金融机构存贷款余额分项内容均发生变化，2015 年之前为城乡居民年末储蓄余额，2015 年及以后为住户存款余额；
2. 2020 年及之前年份出生、死亡、人口自然增长数据来源于卫健委。

2-2 国民经济和社会发

<table>
<tr><th rowspan="2">指　　标</th><th colspan="6">总 量 指 标</th></tr>
<tr><th>1978 年</th><th>1990 年</th><th>2000 年</th><th>2010 年</th><th>2020 年</th><th>2021 年</th></tr>
<tr><td>人口</td><td></td><td></td><td></td><td></td><td></td><td></td></tr>
<tr><td>年末总人口（万人）</td><td>160.68</td><td>185.57</td><td>229.43</td><td>265.61</td><td>271.03</td><td>271.78</td></tr>
<tr><td>城镇人口</td><td>108.02</td><td>135.03</td><td>157.65</td><td>211.13</td><td>233.49</td><td>235.71</td></tr>
<tr><td>乡村人口</td><td>52.66</td><td>50.54</td><td>71.78</td><td>54.48</td><td>37.54</td><td>36.07</td></tr>
<tr><td>就业</td><td></td><td></td><td></td><td></td><td></td><td></td></tr>
<tr><td>年末就业人员数（万人）</td><td>69.78</td><td>102.39</td><td>110.50</td><td>134.04</td><td>130.80</td><td>131.11</td></tr>
<tr><td>#城镇非私营单位在岗职工人数</td><td>42.64</td><td>62.99</td><td>40.39</td><td>31.85</td><td>32.13</td><td>31.64</td></tr>
<tr><td>国民经济核算</td><td></td><td></td><td></td><td></td><td></td><td></td></tr>
<tr><td>生产总值（亿元）</td><td>9.52</td><td>45.05</td><td>277.05</td><td>1331.20</td><td>2769.65</td><td>3293.00</td></tr>
<tr><td>第一产业</td><td>1.02</td><td>4.93</td><td>17.04</td><td>65.87</td><td>105.45</td><td>114.44</td></tr>
<tr><td>第二产业</td><td>6.38</td><td>26.44</td><td>149.14</td><td>546.99</td><td>1164.07</td><td>1571.17</td></tr>
<tr><td>第三产业</td><td>2.12</td><td>13.68</td><td>110.87</td><td>718.34</td><td>1500.14</td><td>1607.39</td></tr>
<tr><td>人均生产总值（元）</td><td>594</td><td>2447</td><td>12203</td><td>50549</td><td>102296</td><td>121331</td></tr>
<tr><td>财政收支</td><td></td><td></td><td></td><td></td><td></td><td></td></tr>
<tr><td>一般公共预算收入（亿元）</td><td>1.61</td><td>7.59</td><td>15.62</td><td>139.18</td><td>145.18</td><td>161.05</td></tr>
<tr><td>一般公共预算支出（亿元）</td><td>1.03</td><td>6.22</td><td>21.65</td><td>204.96</td><td>379.33</td><td>335.66</td></tr>
<tr><td>农林牧渔业</td><td></td><td></td><td></td><td></td><td></td><td></td></tr>
<tr><td>总产值（亿元）</td><td>1.23</td><td>6.86</td><td>28.71</td><td>118.14</td><td>188.27</td><td>204.78</td></tr>
<tr><td>主要农畜产品产量</td><td></td><td></td><td></td><td></td><td></td><td></td></tr>
<tr><td>粮食（万吨）</td><td>17.20</td><td>35.60</td><td>55.30</td><td>97.98</td><td>112.74</td><td>115.36</td></tr>
<tr><td>油料（万吨）</td><td>0.60</td><td>4.90</td><td>7.41</td><td>3.21</td><td>12.49</td><td>8.57</td></tr>
<tr><td>工业</td><td></td><td></td><td></td><td></td><td></td><td></td></tr>
<tr><td>主要产品产量</td><td></td><td></td><td></td><td></td><td></td><td></td></tr>
<tr><td>原煤（万吨）</td><td>303.71</td><td>476.77</td><td>375.45</td><td>2235.00</td><td>1675.84</td><td>1818.53</td></tr>
<tr><td>发电量（亿千瓦小时）</td><td>20.45</td><td>44.19</td><td>49.60</td><td>262.06</td><td>778.54</td><td>805.97</td></tr>
<tr><td>粗钢（万吨）</td><td>89.23</td><td>261.90</td><td>399.67</td><td>1112.67</td><td>2129.80</td><td>2192.00</td></tr>
<tr><td>成品钢材（万吨）</td><td>55.53</td><td>146.64</td><td>355.42</td><td>1119.40</td><td>2021.78</td><td>2054.70</td></tr>
<tr><td>水泥（万吨）</td><td>2.49</td><td>14.98</td><td>46.93</td><td>476.18</td><td>339.53</td><td>336.30</td></tr>
<tr><td>电解铝（万吨）</td><td>1.93</td><td>5.91</td><td>11.84</td><td>87.13</td><td>255.65</td><td>260.90</td></tr>
<tr><td>焦炭（万吨）</td><td>125.66</td><td>180.09</td><td>195.28</td><td>569.96</td><td>630.60</td><td>672.72</td></tr>
</table>

注：2000 年以后年末总人口为常住人口，2011-2019 年人口根据第七次全国人口普查数据进行修订。

展总量与速度指标

速度指标（%）								
指数（2021年比以下各年）					平均增长速度			
1978年	1990年	2000年	2010年	2020年	1979-2021年	1991-2000年	2001-2010年	2011-2021年
169.1	146.5	118.5	102.3	100.3	1.2	2.1	1.5	0.2
218.2	174.6	149.5	111.6	101.0	1.8	1.6	3.0	1.0
68.5	71.4	50.3	66.2	96.1	-0.9	3.6	-2.7	-3.7
187.9	128.0	118.7	92.5	100.2	1.5	0.8	2.5	-0.7
74.2	50.2	78.3	99.3	98.5	-0.7	-4.3	-2.3	-0.1
10400.5	3860.1	1091.8	226.0	108.5	11.5	13.5	17.1	7.7
1047.5	446.3	245.5	138.3	104.0	5.7	6.2	5.9	3.0
13056.3	5436.0	1484.5	267.3	111.7	12.0	13.9	18.7	9.3
13366.1	3595.9	923.7	206.1	106.4	12.2	14.6	16.2	6.8
6789.7	2903.4	832.1	218.8	108.2	10.2	12.3	15.3	7.4
10008.9	2121.2	1031.2	115.7	110.9	11.3	7.5	24.5	1.3
32487.7	5400.8	1550.1	163.8	88.5	14.4	13.3	25.2	4.6
2358.5	1063.2	576.8	166.8	108.8	7.6	6.3	13.2	4.8
670.7	324.0	208.6	117.7	102.3	4.5	4.5	5.9	1.5
1428.3	174.9	115.7	267.0	68.6	6.4	4.2	-8.0	9.3
598.8	381.4	484.4	81.4	108.5	4.2	-2.4	19.5	-1.9
3941.2	1823.9	1624.9	307.6	103.5	8.9	1.2	18.1	10.8
2456.6	837.0	548.5	197.0	102.9	7.7	4.3	10.8	6.4
3700.2	1401.2	578.1	183.6	101.6	8.8	9.3	12.2	5.7
13506.0	2245.0	716.6	70.6	99.0	12.1	12.1	26.1	-3.1
13518.1	4414.6	2203.5	299.4	102.1	12.1	7.2	22.1	10.5
535.3	373.5	344.5	118.0	106.7	4.0	0.8	11.3	1.5

2-2 续

指　　标	总量指标					
	1978年	1990年	2000年	2010年	2020年	2021年
运输、邮电						
公路客运量（万人）	123	306	950	1406	186	293
公路货运量（万吨）	634	2271	6800	16928	10262	12757
公路旅客周转量（亿人公里）	0.59	2.20	7.10	16.93	2.96	1.84
公路货物周转量（亿吨公里）	0.92	7.01	25.10	454.37	179.77	214.60
全市固定电话用户（万户）	1.52	4.20	35.43	38.86	19.06	21.42
国内贸易						
社会消费品零售总额（亿元）	3.78	17.85	100.71	533.97	987.80	1061.06
对外经济贸易						
进出口总额（万美元）		982	31527	195303	227000	386044
#出口总额（万美元）		792	17189	120403	95000	176169
金融						
金融机构各项存款余额（亿元）	3.10	29.01	232.88	1705.62	3414.43	3721.71
#城乡居民储蓄存款余额（亿元）	0.61	18.50	152.68	750.75	2054.82	2290.59
金融机构各项贷款余额（亿元）	6.72	33.77	176.78	1037.29	2503.81	2700.03
教育						
专任教师数（人）						
普通高等学校	342	1022	1331	2655	4683	4415
普通中专	583	883	727	1209	911	996
普通中学	7020	8270	8219	9038	10346	10669
小学	7615	9306	9754	8810	9429	9514
在校学生数（万人）						
普通高等学校	0.19	0.47	1.22	5.64	8.67	8.72
普通中专	0.36	0.63	1.47	2.60	1.52	1.72
普通中学	17.58	10.48	13.23	13.49	10.66	10.81
小学	23.58	15.67	16.47	14.29	14.98	15.31
卫生						
卫生医疗机构数（个）	382	498	854	2017	1993	2096
医疗机构床位数（张）	6571	8319	9462	12791	19996	20413
卫生技术人员数（人）	8830	13505	14639	17023	25503	27167
人民生活						
城镇居民人均可支配收入（元）		1305	5436	25862	50981	54448
农村牧区居民人均可支配收入（元）		640	2548	8766	20710	22791
物价指数（上年=100）						
居民消费价格总指数（%）	100.2	102.8	102.6	102.8	101.1	100.3

注：1. 从2009年开始，交通部门公路运输数据统计口径调整，从2011年开始邮电业务总量计算方法调整；
2. 2014年起城乡居民收入数据为城乡一体化住户调查数据，之前年度为旧口径数据，农村牧区居民人均可支配收入为农牧民人均纯收入。

表

速度指标（%）								
指数（2021 年比以下各年）					平均增长速度			
1978 年	1990 年	2000 年	2010 年	2020 年	1979-2021 年	1991-2000 年	2001-2010 年	2011-2021 年
238.5	95.8	30.9	20.9	158.1	2.0	12.0	4.0	-13.3
2012.2	561.7	187.6	75.4	124.3	7.2	11.6	9.5	-2.5
310.0	83.5	25.9	10.9	62.2	2.7	12.4	9.1	-18.3
23288.1	3063.5	854.9	47.2	119.4	13.5	13.6	33.6	-6.6
1411.2	509.9	60.4	55.1	112.4	6.3	23.8	0.9	-5.3
28039.9	5944.7	1053.6	198.7	107.4	14.0	18.9	18.2	6.4
	39312.0	1224.5	197.7	170.1		41.5	20.0	6.4
	22243.6	1024.9	146.3	185.4		36.0	21.5	3.5
120229.7	12829.9	1598.1	218.2	109.0	17.9	23.2	22.0	7.4
375199.3	12384.7	1500.2	305.1	111.5	21.1	23.5	17.3	10.7
40164.0	7995.5	1527.3	260.3	107.8	15.0	18.0	19.4	9.1
1290.9	432.0	331.7	166.3	94.3	6.1	2.7	7.1	4.7
170.8	112.8	137.0	82.4	109.3	1.3	-1.9	5.2	-1.7
152.0	129.0	129.8	118.0	103.1	1.0	-0.1	1.0	1.5
124.9	102.2	97.5	108.0	100.9	0.5	0.5	-1.0	0.7
4615.7	1874.8	717.5	154.8	100.6	9.3	10.1	16.6	4.1
475.7	273.5	116.6	66.0	113.1	3.7	8.9	5.9	-3.7
61.5	103.2	81.7	80.2	101.5	-1.1	2.4	0.2	-2.0
64.9	97.7	93.0	107.2	102.2	-1.0	0.5	-1.4	0.6
548.7	420.9	245.4	103.9	105.2	4.0	5.5	9.0	0.3
310.7	245.4	215.7	159.6	102.1	2.7	1.3	3.1	4.3
307.7	201.2	185.6	159.6	106.5	2.6	0.8	1.5	4.3
11203.3	4172.3	1001.6	210.5	108.0		15.3	16.9	8.1
11687.7	3561.1	894.5	260.0	118.9		14.8	13.2	10.1
646.0	335.2	146.7	122.5	100.3	4.4	8.6	1.8	1.9

2-3　社会经济主要指标人均水平

指　　标	2000 年	2005 年	2010 年	2015 年	2020 年	2021 年
全市生产总值（元）	12203	28766	50549	73111	102296	121332
第一产业	750	1416	2501	3561	3895	4217
第二产业	6569	13588	20770	28520	42994	57890
#工业	5969	11568	16207	20769	32163	44985
第三产业	4884	13762	27277	41029	55407	59225
一般公共预算收入（元）	688	2398	5285	9422	5362	5934
一般公共预算支出（元）	954	3196	7783	14686	14010	12368
农牧业生产						
粮食产量（千克）	244	348	372	407	416	425
油料产量（千克）	32.6	12.6	12.2	23.5	46.1	31.6
主要工业产品产量						
原煤（吨）	1.65	1.34	8.49	7.17	6.19	6.70
发电量（千瓦小时）	2184	4135	9951	17237	28755	29696
粗钢（吨）	1.76	3.04	4.23	5.53	7.87	8.08
钢材（吨）	1.57	2.87	4.25	5.25	7.47	7.57
社会消费品零售额（元）	4435	9589	20276	31691	36484	39095
进出口总额（美元）	139	383	742	580	838	1422
#出口	76	214	457	332	351	649
千人拥有电话部数（部）	234	625	1097	1294	1370	1407
千人拥有卫生技术人员（人）	6.4	5.7	6.5	7.8	9.4	10.0
千人拥有病床数（张）	4.2	4.0	4.9	6.0	7.4	7.5
人民生活						
在岗职工平均工资（元）	7517	19805	41403	59573	86333	94042
城镇居民人均可支配收入（元）	5436	13218	25862	38098	50981	54448
城镇居民人均消费性支出（元）	4257	10056	20994	27269	28957	32547
农村牧区居民人均可支配收入（元）	2548	4667	8766	13667	20710	22791
农村牧区居民人均生活消费性支出（元）	1626	2952	6132	10099	13205	14987
住户存款余额（元）	6723	15987	28508	48845	75894	84398

注：2000 年及以后各年人均指标按常住人口计算，之前年份按户籍人口计算。

2-4 国民经济主要比例关系

单位：%

指　　标	2000年	2005年	2010年	2015年	2020年	2021年
从业人员中三次产业的比例						
第一产业	23.2	24.9	15.3	14.8	14.3	13.7
第二产业	31.3	29.1	29.9	26.3	24.9	24.9
第三产业	45.5	46.0	54.8	58.9	60.8	61.4
生产总值中三次产业的比例						
第一产业	6.2	4.9	4.9	4.9	3.8	3.5
第二产业	53.8	47.2	41.1	39.0	41.4	47.7
第三产业	40.0	47.9	54.0	56.1	54.8	48.8
工业总产值中轻重工业比例						
轻工业	23.4	18.0	18.2	6.4	3.1	2.8
重工业	76.6	82.0	81.8	93.6	96.9	97.2
农业总产值中农林牧渔业的比例						
农　业	64.6	41.4	35.6	34.3	35.5	35.4
林　业	2.4	0.9	0.9	0.5	0.4	0.4
牧　业	31.8	54.0	60.1	63.3	62.0	62.1
渔　业	1.2	1.0	0.8	0.7	0.6	0.6
农林牧渔服务业		2.7	2.6	1.2	1.5	1.5
固定资产投资中三次产业比例						
第一产业	2.5	1.3	2.4	2.4	1.9	1.5
第二产业	52.9	60.1	51.0	47.7	32.3	48.0
第三产业	44.6	38.6	46.6	49.9	65.8	50.5
一般公共预算收入占生产总值比例	6.2	8.3	10.5	12.9	5.2	4.9
进出口总额占生产总值比例	10.2	8.7	9.9	5.1	5.6	7.5

注：从2015年起，工业总产值轻重比例为规模以上工业总产值轻重比例。

2-5　国民经济和社会发展主要指标占自治区比重（2021 年）

指　　标	自治区	包头市	包头市占自治区比重（%）
年末总人口（万人）	**2400.00**	**271.78**	**11.3**
年末城镇非私营单位就业人员（万人）	**267.69**	**31.64**	**11.8**
生产总值（亿元）	**20514.19**	**3293.00**	**16.1**
第一产业	2225.23	114.44	5.1
第二产业	9374.19	1571.17	16.8
#工业	7911.88	1220.91	15.4
第三产业	8914.77	1607.39	18.0
一般公共预算收入（亿元）	**2349.95**	**161.05**	**6.9**
一般公共预算支出（亿元）	**5239.57**	**335.66**	**6.4**
主要工业产品产量			
原煤（万吨）	106990.45	1818.53	1.7
发电量（亿千瓦时）	6119.93	805.97	13.2
生铁（万吨）	2347.43	1975.16	84.1
粗钢（万吨）	3117.89	2192.04	70.3
钢材（万吨）	2957.55	2054.70	69.5
铝材（万吨）	240.14	31.98	13.3
多晶硅（万吨）	6.66	4.53	68.1
主要农畜产品产量和年末牲畜存栏数			
粮食（万吨）	3840.30	115.36	3.0
油料（万吨）	213.90	8.57	4.0
肉类总产量（万吨）	277.32	16.95	6.1
牛奶（万吨）	673.24	49.63	7.4
大牲畜存栏（万头）	871.31	19.31	2.2
羊存栏（万只）	6138.17	272.23	4.4
猪存栏（万只）	565.20	17.30	3.1

2-5 续 表

指 标	自治区	包头市	包头市占自治区比重（%）
公路旅客周转量（亿人公里）	**34.20**	**1.84**	**5.4**
公路货物周转量（亿吨公里）	**2218.50**	**214.60**	**9.7**
金融机构各项存款余额（亿元）	**27534.03**	**3721.71**	**13.5**
金融机构各项贷款余额（亿元）	**24965.01**	**2700.03**	**10.8**
社会消费品零售总额（亿元）	**5060.31**	**1061.06**	**21.0**
进出口总额（亿美元）	**191.36**	**38.60**	**20.2**
# 出口总额	74.01	17.60	23.8
教育			
普通高校在校学生数（万人）	50.68	8.72	17.2
普通中学在校学生数（万人）	107.65	10.81	10.0
高中	41.10	3.88	9.4
初中	66.55	6.93	10.4
小学在校学生数（万人）	140.85	15.31	10.9
卫生			
医疗卫生机构床位数（万张）	16.66	2.04	12.3
卫生技术人员（万人）	21.17	2.72	12.8
人民生活			
城镇居民人均可支配收入（元）	44377	54448	
农村牧区居民人均可支配收入（元）	18337	22791	
在岗职工工资总额（亿元）	2373.13	294.92	12.4
在岗职工平均工资（元）	93266	94042	
住户存款（亿元）	17145.24	2290.59	13.4

主要统计指标解释

可比价格　指计算各种总量指标所采用的扣除了价格变动因素的价格，可进行不同时期总量指标的对比。按可比价格计算总量指标有两种方法：一种是直接用产品产量乘某一年的不变价格计算；另一种是用价格指数进行缩减。

不变价格　指以同类产品某年的平均价格作为固定价格，用于计算各年的产品价值。按不变价格计算的产品价值消除了价格变动因素，不同时期对比可以反映生产的发展速度。新中国成立后，随着工农业产品价格水平的变化，国家统计局先后五次制定了全国统一的工业产品不变价格和农业产品不变价格。从1952年到1957年使用1952年工（农）业产品不变价格，从1957年到1970年使用1957年不变价格，从1971年到1980年使用1970年不变价格，从1981年到1990年使用1980年不变价格，从1991年开始使用1990年不变价格。从2001年开始，每五年开始更换一次不变价格，如从2001年到2005年使用2000年不变价格，2006年到2010年使用2005年不变价格，2011年到2015年使用2010年不变价格，依此类推。

平均增长速度　我国计算平均增长速度有两种方法：一种是习惯上经常使用的“水平法”，又称几何平均法，是以间隔期最后一年的水平同基期水平对比来计算平均每年增长（或下降）速度；另一种是“累计法”，又称代数平均法或方程法，是以间隔期内各年水平的总和同基期水平对比来计算平均每年增长（或下降）速度。在一般正常情况下，两种方法计算的平均每年增长速度比较接近，但在经济发展不平衡、出现大起大落时，两种方法计算的结果差别较大。

本年鉴内所列的平均增长速度，除固定资产投资用“累计法”计算外，其余均用“水平法”计算。从某年到某年平均增长速度的年份，均不包括基期年在内。如新中国成立后四十三年的平均增长速度是以1949年为基期计算的，则写为1950—1992年平均增长速度，其余类推。

3 国民经济核算

资料整理：张福霞 嘎力巴

3-1 生产总值

单位：万元

年 份	生产总值	第一产业	第二产业			第三产业	人均生产总值（元）
				工 业	建筑业		
1952	7544	5387	1003			1154	190
1953	7463	4434	1719			1310	181
1954	12595	6724	3862			2009	286
1955	13765	6081	5352			2332	273
1956	24471	7719	12956			3796	387
1957	22965	5594	14290			3081	321
1958	31957	6363	23042			2552	413
1959	59498	9003	45571			4924	619
1960	72473	8419	53493			10561	572
1961	37253	6412	21346			9495	278
1962	31295	6445	16854			7996	255
1963	37564	7394	21269			8901	350
1964	47236	8352	28577			10307	438
1965	61234	7603	41314			12317	551
1966	69173	7602	46567			15004	604
1967	49564	8407	30119			11038	419
1968	52089	6945	33842			11302	427
1969	58005	8212	37113			12680	472
1970	83705	9860	59320			14525	659
1971	88231	8690	60587			18954	675
1972	80437	8643	55367			16427	588
1973	76303	9567	53996			12740	542
1974	67861	9738	48248			9875	472
1975	81031	9434	57690			13907	555
1976	74329	8667	53076			12586	504
1977	84235	9819	59628			14788	565
1978	95167	10228	63827	59328	4499	21112	594
1979	107645	11622	70099	65046	5053	25924	668
1980	110281	10944	75328	70812	4516	24009	681
1981	121695	12751	81151	74740	6411	27793	749
1982	144014	14894	97502	90085	7417	31618	877
1983	167979	16339	113317	103241	10076	38323	1013
1984	190838	19316	123489	114998	8491	48033	1140
1985	217685	21009	135694	123095	12599	60982	1277
1986	235671	18446	146663	126349	20314	70562	1356
1987	250864	18420	156417	141398	15019	76027	1425
1988	316467	36210	182968	164276	18692	97289	1773
1989	378511	33364	235704	215918	19786	109443	2088

3-1 续 表

单位：万元

年 份	生产总值	第一产业	第二产业			第三产业	人均生产总值（元）
				工 业	建筑业		
1990	450519	49334	264355	243945	20410	136830	2447
1991	529533	47042	322266	296821	25445	160225	2848
1992	661022	61859	398968	359859	39109	200195	3535
1993	1007052	72597	650388	574983	75405	284067	5337
1994	1247996	95069	777230	684872	92358	375697	6530
1995	1492352	123602	889463	797530	91933	479287	7732
1996	1806477	148958	1081969	980052	101917	575550	9264
1997	2053697	157077	1204496	1097144	107352	692124	10371
1998	2195773	156547	1238550	1134197	104353	800676	10956
1999	2331931	161056	1280134	1184726	95408	890741	11512
2000	2770486	170361	1491389	1355223	136166	1108736	12203
2001	3061498	165005	1616811	1477988	138823	1279682	13216
2002	3537719	177781	1820529	1633801	186728	1539409	15029
2003	4684998	197539	2159982	1880596	279386	2327477	19666
2004	5931875	285015	2733653	2370522	363131	2913207	24620
2005	7007714	344897	3310137	2818185	491952	3352680	28766
2006	7782221	375775	3679753	3130638	549115	3726693	31555
2007	9371085	457664	4087654	3458237	629417	4825767	37415
2008	11290660	521199	4906377	4004217	902160	5863084	44348
2009	12364057	549175	5203416	4111593	1091823	6611466	47763
2010	13311974	658669	5469868	4268158	1201710	7183437	50549
2011	15588406	782245	6447353	4740913	1706440	8358808	58636
2012	16861887	857681	7037482	5180544	1856938	8966724	63325
2013	17896477	926147	7408506	5474542	1933964	9561824	67106
2014	18715245	937186	7589158	5550904	2038254	10188901	70033
2015	19577900	953702	7637296	5561559	2075737	10986902	73111
2016	20924438	863290	8092858	5879907	2212951	11968290	77980
2017	22870240	840743	8728710	6439835	2288875	13300787	85016
2018	25110900	911900	9674600	7234600	2440000	14524400	93121
2019	27144692	964003	10664800	8154800	2510000	15515889	100460
2020	27696516	1054464	11640679	8708054	2932625	15001373	102296
2021	32930001	1144382	15711746	12209080	3502666	16073873	121331

注：1. 本表按可比价格计算；

2. 根据第四次全国经济普查结果对 2000-2018 年数据进行了修订，并根据第七次全国人口普查修订后的人口数据对 2011-2019 年人均生产总值进行了修订；

3. 从 2013 年开始，三次产业分类依据国家统计局 2012 年制定的《三次产业划分规定》执行，其中开采辅助活动、金属制品及机械和设备修理业归入第三产业；

4. 2020 年数据为最终核实数。

3-2 生产总值构成

单位：%

年 份	生产总值	第一产业	第二产业	工 业	建筑业	第三产业
1952	100	71.4	13.3			15.3
1953	100	59.4	23.0			17.6
1954	100	53.3	30.7			16.0
1955	100	44.2	38.9			16.9
1956	100	31.5	53.0			15.5
1957	100	24.4	62.2			13.4
1958	100	19.9	72.1			8.0
1959	100	15.1	76.6			8.3
1960	100	11.6	73.8			14.6
1961	100	17.2	57.3			25.5
1962	100	20.6	53.9			25.5
1963	100	19.7	56.6			23.7
1964	100	17.7	60.5			21.8
1965	100	12.4	67.5			20.1
1966	100	11.0	67.3			21.7
1967	100	17.0	60.7			22.3
1968	100	13.3	65.0			21.7
1969	100	14.1	64.0			21.9
1970	100	11.8	70.9			17.3
1971	100	9.8	68.7			21.5
1972	100	10.8	68.8			20.4
1973	100	12.5	70.8			16.7
1974	100	14.3	71.1			14.6
1975	100	11.6	71.2			17.2
1976	100	11.7	71.4			16.9
1977	100	11.7	70.8			17.5
1978	100	10.7	67.1	62.4	4.7	22.2
1979	100	10.8	65.1	60.4	4.7	24.1
1980	100	9.9	68.3	64.2	4.1	21.8
1981	100	10.5	66.7	61.4	5.3	22.8
1982	100	10.3	67.8	62.6	5.2	21.9
1983	100	9.7	67.5	61.5	6.0	22.8
1984	100	10.1	64.7	60.3	4.4	25.2
1985	100	9.7	62.3	56.5	5.8	28.0
1986	100	7.8	62.2	53.6	8.6	30.0
1987	100	7.3	62.4	56.4	6.0	30.3
1988	100	11.5	57.8	51.9	5.9	30.7
1989	100	8.8	62.2	57.0	5.2	29.0

3-2 续 表

单位 :%

年 份	生产总值	第一产业	第二产业			第三产业
				工 业	建筑业	
1990	100	10.9	58.7	54.2	4.5	30.4
1991	100	8.9	60.9	56.1	4.8	30.2
1992	100	9.4	60.3	54.4	5.9	30.3
1993	100	7.2	64.6	57.1	7.5	28.2
1994	100	7.6	62.3	54.9	7.4	30.1
1995	100	8.3	59.6	53.4	6.2	32.1
1996	100	8.2	59.9	54.3	5.6	31.9
1997	100	7.6	58.7	53.5	5.2	33.7
1998	100	7.1	56.4	51.6	4.8	36.5
1999	100	6.9	54.9	50.8	4.1	38.2
2000	100	6.2	53.8	48.9	4.9	40.0
2001	100	5.4	52.8	48.3	4.5	41.8
2002	100	5.0	51.5	46.2	5.3	43.5
2003	100	4.2	46.1	40.1	6.0	49.7
2004	100	4.8	46.1	40.0	6.1	49.1
2005	100	4.9	47.2	40.2	7.0	47.9
2006	100	4.8	47.3	40.2	7.1	47.9
2007	100	4.9	43.6	36.9	6.7	51.5
2008	100	4.6	43.5	35.5	8.0	51.9
2009	100	4.4	42.1	33.3	8.8	53.5
2010	100	4.9	41.1	32.1	9.0	54.0
2011	100	5.0	41.4	30.5	10.9	53.6
2012	100	5.1	41.7	30.7	11.0	53.2
2013	100	5.2	41.4	30.6	10.8	53.4
2014	100	5.0	40.6	29.7	10.9	54.4
2015	100	4.9	39.0	28.4	10.6	56.1
2016	100	4.1	38.7	28.1	10.6	57.2
2017	100	3.7	38.2	28.2	10.0	58.1
2018	100	3.6	38.5	28.8	9.7	57.9
2019	100	3.5	39.3	30.1	9.2	57.2
2020	100	3.8	42.0	31.4	10.6	54.2
2021	100	3.5	47.7	37.1	10.6	48.8

注：1. 本表按可比价格计算；
2. 根据第四次全国经济普查结果对 2000-2018 年数据进行了修订，并根据第七次全国人口普查修订后的人口数据对 2011-2019 年人均生产总值进行了修订；
3. 从 2013 年开始，三次产业分类依据国家统计局 2012 年制定的《三次产业划分规定》执行，其中开采辅助活动、金属制品及机械和设备修理业归入第三产业；
4. 2020 年数据为最终核实数。

3-3 生产总值指数（上年 =100）

单位 :%

年份	生产总值	第一产业	第二产业	工业	建筑业	第三产业	人均生产总值
1952							
1953	97.2	91.8	184.0			107.9	93.4
1954	162.2	145.2	231.3			148.2	151.3
1955	112.6	98.9	152.4			113.9	98.2
1956	178.7	128.7	245.2			165.4	142.9
1957	87.8	68.2	103.4			78.2	77.6
1958	147.4	107.8	181.2			84.3	136.4
1959	166.8	142.5	169.5			192.0	134.1
1960	130.0	99.1	126.5			196.7	98.6
1961	52.3	77.5	40.9			84.6	43.5
1962	82.8	99.5	77.0			84.3	90.4
1963	118.7	111.8	126.0			109.8	135.4
1964	121.2	113.1	124.6			119.8	120.6
1965	124.4	84.9	138.1			121.8	120.6
1966	125.5	99.6	131.6			122.6	121.6
1967	69.3	118.0	60.9			72.8	67.2
1968	102.9	84.1	108.5			102.3	99.7
1969	106.1	109.5	102.9			112.2	105.3
1970	154.8	115.7	181.3			115.3	149.9
1971	111.8	103.5	111.8			116.3	108.5
1972	90.8	99.2	90.8			86.8	86.9
1973	95.1	110.2	95.1			86.9	92.4
1974	89.5	104.6	88.5			77.3	86.8
1975	119.8	97.5	119.8			140.9	117.8
1976	90.1	92.9	91.4			90.5	90.5
1977	113.7	107.5	113.7			117.9	112.7
1978	117.8	93.3	124.6			107.5	116.7
1979	110.7	121.1	106.8	106.6	109.2	118.3	110.1
1980	93.3	85.5	95.1	96.4	79.1	91.9	92.8
1981	102.7	113.0	96.7	94.7	127.4	115.0	102.3
1982	118.2	113.7	120.6	121.0	116.1	114.9	117.0
1983	113.1	106.8	113.3	111.7	132.4	115.2	111.8
1984	107.5	115.1	103.0	105.3	79.7	115.0	106.5
1985	111.1	114.8	107.8	105.0	145.6	117.2	109.1
1986	106.7	81.4	109.5	104.0	163.4	111.7	104.6
1987	103.1	84.4	105.8	111.1	73.4	103.6	101.8
1988	112.9	150.2	107.4	106.7	114.3	112.7	111.3
1989	113.1	95.9	120.8	123.3	99.3	105.3	111.3

3-3 续 表

单位 :%

年 份	生产总值	第一产业	第二产业			第三产业	人均生产总值
				工 业	建筑业		
1990	113.3	126.3	107.2	107.2	108.0	121.4	111.6
1991	107.1	92.7	108.4	108.0	112.8	109.8	106.0
1992	117.0	134.2	115.2	112.2	150.1	115.2	116.4
1993	121.1	105.0	123.0	119.3	155.1	123.0	120.0
1994	115.2	103.7	118.6	119.0	115.9	112.1	113.7
1995	112.0	105.1	113.3	115.8	96.3	111.3	110.9
1996	114.5	111.0	116.5	117.9	105.3	111.2	113.3
1997	115.0	103.9	115.7	116.6	107.6	116.3	113.2
1998	112.4	101.3	111.3	113.0	95.2	117.4	111.1
1999	109.7	105.3	107.9	109.4	91.0	114.3	108.5
2000	111.2	103.8	109.6	109.9	105.1	115.6	110.3
2001	111.9	98.3	107.3	107.9	101.5	120.1	109.6
2002	116.6	115.0	115.9	113.2	144.4	117.7	114.8
2003	119.2	107.4	120.4	116.0	157.3	119.1	117.8
2004	121.3	111.9	127.6	128.5	121.6	114.9	119.9
2005	121.3	102.6	129.9	131.1	123.0	111.7	120.0
2006	118.1	103.6	121.0	123.1	109.2	116.8	116.7
2007	118.1	103.5	120.0	121.2	112.6	117.5	116.3
2008	116.9	105.9	118.2	118.9	113.2	116.5	115.0
2009	114.5	104.2	115.6	114.7	122.2	114.0	112.6
2010	113.1	107.6	112.8	112.8	112.5	113.8	111.2
2011	114.6	105.7	116.6	117.0	115.3	113.9	113.5
2012	109.4	106.0	111.2	112.3	107.0	108.3	109.2
2013	108.2	103.7	109.4	110.7	104.6	107.5	108.0
2014	108.1	101.3	109.5	110.4	105.8	107.5	107.9
2015	107.8	102.3	108.1	108.4	106.8	108.0	107.6
2016	107.4	100.2	107.0	106.9	107.1	108.4	107.2
2017	105.3	103.1	104.0	105.8	99.3	106.2	105.0
2018	106.7	103.7	107.7	110.2	100.7	106.2	106.4
2019	106.0	101.1	108.2	110.4	101.4	104.8	105.8
2020	103.0	102.0	109.9	108.1	115.9	98.2	102.7
2021	108.5	104.0	111.7	112.1	110.4	106.4	108.2

注：1. 本表按可比价格计算；
2. 根据第四次全国经济普查结果对 2000-2018 年数据进行了修订，并根据第七次全国人口普查修订后的人口数据对 2011-2019 年人均生产总值进行了修订；
3. 从2013年开始，三次产业分类依据国家统计局2012年制定的《三次产业划分规定》执行，其中开采辅助活动、金属制品及机械和设备修理业归入第三产业；
4. 2020 年数据为最终核实数。

主要统计指标解释

国内生产总值 指按市场价格计算的一个国家(或地区)所有常住单位在一定时期内生产活动的最终成果。国内生产总值有三种表现形式,即价值形态、收入形态和产品形态。从价值形态看,它是所有常住单位在一定时期内生产的全部货物和服务价值与同期投入的全部非固定资产货物和服务价值的差额,即所有常住单位的增加值之和;从收入形态看,它是所有常住单位在一定时期内创造并分配给常住单位和非常住单位的初次收入之和;从产品形态看,它是所有常住单位在一定时期内最终使用的货物和服务价值与货物和服务净出口价值之和。在实际核算中,国内生产总值有三种核算方法,即生产法、收入法和支出法。

对于一个地区来说,称为地区生产总值或地区 GDP。

三次产业 三次产业的划分是世界上较为常用的产业结构分类,但各国的划分不尽一致。根据《国民经济行业分类》(GB/T 4754—2017),三次产业的范围如下:

第一产业是指农、林、牧、渔业(不含农、林、牧、渔专业及辅助性活动)。

第二产业是指采矿业(不含开采专业及辅助性活动),制造业(不含金属制品、机械和设备修理业),电力、热力、燃气及水生产和供应业,建筑业。

第三产业即服务业,是指除第一产业、第二产业以外的其他行业。第三产业包括:批发和零售业,交通运输、仓储和邮政业,住宿和餐饮业,信息传输、软件和信息技术服务业,金融业,房地产业,租赁和商务服务业,科学研究和技术服务业,水利、环境和公共设施管理业,居民服务、修理和其他服务业,教育,卫生和社会工作,文化、体育和娱乐业,公共管理、社会保障和社会组织,国际组织,以及农、林、牧、渔业中的农、林、牧、渔专业及辅助性活动,采矿业中的开采专业及辅助性活动,制造业中的金属制品、机械和设备修理业。

4 人口

资料整理：王婷

4-1 历年年末户籍总人口及其构成

单位：万人

年 份	年 末 总人口	年平均 人 口	按性别分		按农业、非农业分		按城乡分	
			男	女	农业人口	非农业人口	市镇人口	乡村人口
1949	35.79	35.47	20.44	15.35	24.37	11.42	16.79	19.00
1952	43.00	42.47	24.60	18.40	31.02	11.98	18.53	24.47
1957	80.16	75.49	46.43	33.73	36.63	43.53	51.61	28.55
1962	113.08	129.46	63.49	49.59	47.83	65.25	76.35	36.73
1966	123.02	121.58	68.12	54.90	53.26	69.76	84.29	38.73
1967	127.53	125.27	70.28	57.25	53.25	74.28	88.50	39.03
1968	131.09	129.31	72.10	58.99	54.91	76.18	90.83	40.26
1969	133.89	132.49	73.96	59.93	56.76	77.13	92.25	41.64
1970	136.20	134.70	75.75	60.45	58.57	77.63	93.15	43.05
1971	141.76	138.73	77.65	64.11	60.24	81.52	97.62	44.14
1972	147.86	145.00	80.03	67.83	61.97	85.89	102.52	45.34
1973	150.85	149.33	81.70	69.15	64.01	86.84	104.12	46.73
1974	154.42	152.63	83.14	71.28	66.68	87.74	106.47	47.95
1975	156.20	155.32	83.75	72.45	68.00	88.20	106.05	50.15
1976	157.86	157.03	84.65	73.21	69.60	88.26	106.93	50.93
1977	159.90	158.88	85.42	74.48	71.18	88.72	107.90	52.00
1978	160.68	160.31	85.68	75.00	71.96	88.72	108.02	52.66
1979	161.64	161.13	85.72	75.92	70.82	90.82	109.69	51.95
1980	162.10	161.86	86.07	76.03	71.02	91.08	110.07	52.03
1981	162.91	162.51	85.96	76.95	70.60	92.31	110.61	52.30
1982	165.33	164.13	87.16	78.17	72.20	93.13	112.23	53.10
1983	166.47	165.88	87.82	78.65	72.61	93.86	113.34	53.13
1984	168.40	167.44	88.73	79.67	73.81	94.59	114.39	54.01
1985	172.43	170.63	90.61	81.82	73.61	98.82	118.37	54.06
1986	175.05	173.73	92.00	83.05	75.22	99.83	124.19	50.86
1987	176.99	176.04	92.61	84.38	74.53	102.46	125.94	51.05
1988	180.03	178.49	94.18	85.85	75.00	105.03	129.22	50.81
1989	182.61	181.36	95.58	87.03	76.06	106.55	131.45	51.16
1990	185.57	184.12	96.93	88.64	77.11	108.46	135.03	50.54

4-1 续 表

单位：万人

年份	年末总人口	年平均人口	按性别分		按农业、非农业分		按城乡分	
			男	女	农业人口	非农业人口	市镇人口	乡村人口
1991	186.27	185.92	97.28	88.99	76.74	109.53	135.42	50.85
1992	187.75	187.01	98.00	89.75	77.50	110.25	136.59	51.16
1993	189.75	188.75	98.94	90.81	77.42	112.33	138.92	50.83
1994	192.49	191.12	100.28	92.21	77.88	114.61	141.60	50.89
1995	194.01	193.23	100.99	93.02	78.17	115.84	143.19	50.82
1996	196.23	195.12	101.97	94.26	78.53	117.70	145.63	50.60
1997	198.92	197.57	103.20	95.72	79.39	119.53	148.07	50.85
1998	201.12	200.02	104.31	96.81	79.95	121.17	150.93	50.19
1999	203.01	202.06	105.13	97.88	79.84	123.17	152.98	50.03
2000	204.31	203.66	105.52	98.79	78.89	125.42	154.81	49.50
2001	206.16	205.24	106.33	99.83	78.85	127.31	160.85	45.31
2002	208.02	207.09	107.17	100.85	78.48	129.54	162.78	45.24
2003	209.33	208.68	107.67	101.66	78.03	131.30		
2004	210.24	209.79	107.81	102.43	77.73	132.51		
2005	209.32	209.78	107.23	102.09	76.35	132.97		
2006	212.41	210.87	108.66	103.75	78.62	133.79		
2007	214.60	213.51	109.55	105.05	80.12	134.48		
2008	217.76	216.18	111.13	106.63	82.18	135.58		
2009	219.59	218.68	111.69	107.90	83.28	136.31		
2010	219.80	219.70	111.55	108.25	83.32	136.48		
2011	221.75	220.78	112.46	109.29	84.26	137.49		
2012	223.45	222.60	113.04	110.41	85.14	138.31		
2013	225.02	224.24	113.68	111.34	85.79	139.23		
2014	223.71	224.36	112.84	110.87	85.01	138.70		
2015	223.86	223.79	112.75	111.11	67.08	156.78		
2016	223.70	223.78	112.56	111.14	74.32	149.38		
2017	223.61	223.66	112.17	111.44	74.64	148.97		
2018	223.68	223.64	111.98	111.70	74.39	149.29		
2019	224.56	224.12	112.29	112.27	74.43	150.13		
2020	224.08	224.32	111.94	112.14	73.35	150.73		
2021	224.08	224.08	111.86	112.22	72.57	151.51		

注：2015年公安部门户籍人口取消了非农业和农业人口分组，更改为城镇和乡村人口分组。

4-2 人口出生率、死亡率、自然增长率

年 份	出生		死亡		自然增长		人口机械增长率（‰）
	出生人数（万人）	出生率（‰）	死亡人数（万人）	死亡率（‰）	人 数（万人）	增长率（‰）	
1949	1.15	32.42	0.44	12.40	0.71	20.02	
1952	1.51	35.55	0.48	11.30	1.03	24.25	
1957	3.49	46.23	0.58	7.68	2.91	38.55	
1962	5.37	41.48	1.03	7.96	4.34	33.52	
1966	3.38	27.80	0.80	6.58	2.58	21.22	
1967	3.53	28.18	0.69	5.51	2.84	22.67	
1968	4.35	33.64	0.69	5.34	3.66	28.30	
1969	4.17	31.47	0.71	5.36	3.46	26.12	
1970	3.91	29.03	0.72	5.35	3.19	23.68	
1971	3.76	27.10	0.71	5.12	3.05	21.99	
1972	3.91	26.97	0.72	4.97	3.19	22.00	
1973	3.73	24.98	0.67	4.49	3.06	20.49	
1974	3.08	20.18	0.74	4.85	2.34	15.33	
1975	3.00	19.31	0.77	4.96	2.23	14.36	
1976	2.70	17.19	0.69	4.39	2.01	12.80	
1977	2.45	15.42	0.72	4.53	1.73	10.89	
1978	2.28	14.22	0.70	4.37	1.58	9.86	
1979	1.98	12.29	0.71	4.41	1.27	7.88	
1980	1.84	11.37	0.73	4.51	1.11	6.86	
1981	2.13	13.11	0.77	4.74	1.36	8.37	
1982	2.63	16.02	0.80	4.87	1.83	11.15	
1983	2.05	12.36	0.75	4.52	1.30	7.84	
1984	2.98	17.80	0.71	4.24	2.27	13.56	
1985	2.24	13.14	0.75	4.40	1.49	8.74	
1986	2.67	15.37	0.75	4.32	1.92	11.05	
1987	2.90	16.47	0.68	3.86	2.22	12.61	8.68
1988	2.98	16.70	0.74	4.15	2.24	12.55	7.25
1989	2.99	16.49	0.72	3.97	2.27	12.52	2.42
1990	3.39	18.41	0.95	5.16	2.44	13.25	6.19

注：本表数据为公安户籍统计数。

4-2 续 表

年 份	出生		死亡		自然增长		人口机械增长率（‰）
	出生人数（万人）	出生率（‰）	死亡人数（万人）	死亡率（‰）	人 数（万人）	增长率（‰）	
1991	2.99	16.08	0.80	4.30	2.19	11.78	-1.56
1992	3.44	18.39	0.83	4.44	2.61	13.96	
1993	3.04	16.11	0.92	4.87	2.12	11.23	0.30
1994	3.02	15.80	0.89	4.66	2.13	11.14	3.87
1995	2.84	14.70	0.97	5.02	1.87	9.68	1.35
1996	2.91	14.90	0.95	4.88	1.96	10.02	3.10
1997	2.91	14.72	0.95	4.82	1.96	9.90	3.96
1998	2.72	13.59	1.02	5.11	1.70	8.48	2.72
1999	2.75	13.63	0.83	4.09	1.93	9.54	6.54
2000	3.33	16.37	1.17	5.73	2.16	10.64	3.82
2001	2.41	11.74	0.68	3.32	1.73	8.42	2.82
2002	2.39	11.53	0.72	3.50	1.66	8.03	5.45
2003	1.51	7.25	0.67	3.23	0.84	4.02	2.34
2004	1.79	8.52	1.49	7.12	0.30	1.40	2.05
2005	1.63	7.75	1.66	7.94	-0.03	-0.19	0.64
2006	1.57	7.45	0.74	3.51	0.83	3.94	9.44
2007	2.07	9.70	0.76	3.56	1.31	6.14	3.87
2008	2.02	7.97	0.83	3.29	1.18	4.68	8.28
2009	2.19	8.00	1.31	3.00	0.88	5.00	2.29
2010	2.32	10.56	2.41	10.97	-0.09	-0.41	1.69
2011	1.99	8.98	0.69	3.10	1.30	5.88	2.94
2012	2.12	9.52	0.89	4.00	1.23	5.52	2.10
2013	2.05	9.11	1.03	4.56	1.02	4.55	2.45
2014	2.45	10.98	1.19	5.32	1.26	5.66	0.38
2015	1.72	7.69	1.00	4.47	0.72	3.22	0.45
2016	2.18	9.74	1.45	6.48	0.73	3.26	-1.07
2017	2.03	9.08	2.35	10.51	-0.32	-1.43	2.26
2018	1.76	7.87	1.59	7.11	0.17	0.76	-0.45
2019	1.86	8.28	0.94	4.19	0.92	4.09	-0.09
2020	1.76	7.86	1.55	6.91	0.21	0.95	-3.03
2021	1.26	5.62	1.13	5.04	0.13	0.58	-0.62

4-3 年末户籍总人口及人口变动（2020-2021 年）

指　　标	2020	2021	2021 年比 2020 年增长（%、± 千分点）
年末总户数（万户）	**91.50**	**92.19**	**0.75**
年末总人口（万人）	**224.08**	**224.08**	**0.00**
#蒙古族	9.66	9.74	0.83
其他少数民族	7.07	7.08	0.14
按性别分			
男	111.94	111.86	-0.07
女	112.14	112.22	0.07
按农业、非农业分			
农业人口	73.35	72.57	-1.06
非农业人口	150.73	151.51	0.52
人口自然变动			
出生人口（万人）	1.76	1.26	-28.41
男	0.91	0.64	-29.67
女	0.85	0.62	-27.06
死亡人口（万人）	1.55	1.13	-27.10
出生率（‰）	7.86	5.62	-2.24
死亡率（‰）	6.91	5.04	-1.87
自然增长率（‰）	0.95	0.58	-0.37
人口迁移变动			
省内迁入（万人）	1.46	1.35	-7.53
省外迁入（万人）	0.43	0.48	11.63
迁往省内（万人）	1.76	1.05	-40.34
迁往省外（万人）	0.81	0.92	13.58
迁入率（‰）	8.43	8.17	-0.26
迁出率（‰）	11.46	8.79	-2.67
机械增长率（‰）	-3.03	-0.62	2.41

4-4　民族人口及构成（2020-2021 年）

单位：人

项　目	2020	2021	构成（%）	
			2020	2021
汉　族	2073591	2072586	92.54	92.49
少数民族	167244	168171	7.46	7.51
蒙古族	96579	97367	4.31	4.35
回族	37290	37235	1.66	1.66
满族	28405	28555	1.27	1.27
朝鲜族	869	872	0.04	0.04
达斡尔族	1041	1041	0.05	0.05
鄂温克族	153	164	0.01	0.01
鄂伦春族	35	34		
壮族	317	326	0.01	0.01
藏族	174	172	0.01	0.01
锡伯族	347	350	0.02	0.02
苗族	352	353	0.02	0.02
土家族	358	357	0.02	0.02
彝族	220	226	0.01	0.01
维吾尔族	26	32		
其他少数民族	1078	1087	0.05	0.05

注：本表数据为公安户籍统计数。

4−5 历年年末民族人口数

年 份	在人口总数中							
	汉族（万人）	蒙古族（万人）	回族（万人）	满族（万人）	朝鲜族（人）	达斡尔族（人）	鄂温克族（人）	鄂伦春族（人）
1949	32.68	0.73	0.59	0.06				
1952	38.76	0.90	0.63	0.09				
1957	74.09	1.31	0.98	0.09	503	77		
1962	103.74	1.75	1.94	0.13	333	150	3	
1966	112.49	2.10	1.70	0.25	401	252	15	
1967	116.75	2.19	1.81	0.28	443	258	12	
1968	119.96	2.22	1.82	0.26	356	220	8	
1969	122.53	2.27	1.84	0.25	359	220	8	
1970	124.54	2.34	1.91	0.25	359	213	8	
1971	136.72	2.41	2.21	0.33	373	251	9	
1972	142.61	2.50	2.26	0.40	387	274	13	
1973	145.46	2.55	2.35	0.41	388	305	14	12
1974	148.83	2.65	2.43	0.40	462	287	9	1
1975	150.39	2.79	2.49	0.43	435	338	14	10
1976	152.10	2.78	2.46	0.43	414	257	17	6
1977	154.06	2.83	2.47	0.44	388	294	12	9
1978	154.85	2.82	2.45	0.45	356	333	6	11
1979	155.38	3.02	2.53	0.59	422	341	8	11
1980	155.58	3.10	2.55	0.75	413	361	10	10
1981	156.11	3.27	2.59	0.80	407	392	6	13
1982	157.79	3.60	2.78	1.01	448	415	11	14
1983	158.72	3.72	2.82	1.07	440	412	17	10
1984	160.69	3.77	2.76	1.05	437	401	14	20
1985	164.51	3.86	2.79	1.12	530	431	33	13
1986	166.82	4.00	2.80	1.26	434	459	41	15
1987	168.08	4.28	3.01	1.42	530	485	41	17
1988	171.11	4.33	2.96	1.46	509	486	31	14
1989	173.48	4.47	2.90	1.57	518	526	30	27
1990	176.07	4.65	3.02	1.63	532	514	34	14

注：本表数据为公安户籍统计数。

4-5 续 表

年份	在人口总数中							
	汉族（万人）	蒙古族（万人）	回族（万人）	满族（万人）	朝鲜族（人）	达斡尔族（人）	鄂温克族（人）	鄂伦春族（人）
1991	176.46	4.82	3.07	1.71	529	532	39	14
1992	177.64	4.92	3.17	1.81	553	593	42	14
1993	179.24	5.17	3.24	1.85	566	525	54	14
1994	181.67	5.37	3.27	1.94	640	639	57	16
1995	182.94	5.48	3.31	2.01	640	651	59	16
1996	184.88	5.69	3.35	2.05	655	661	52	18
1997	187.35	5.82	3.38	2.10	663	664	60	13
1998	189.21	6.03	3.45	2.15	686	656	59	18
1999	190.81	6.26	3.44	2.19	689	685	60	24
2000	191.86	6.42	3.49	2.22	712	718	70	21
2001	193.39	6.69	3.49	2.26	725	760	80	25
2002	195.11	6.80	3.50	2.27	726	770	87	23
2003	196.25	6.93	3.52	2.29	736	780	78	25
2004	196.97	7.09	3.53	2.30	744	781	91	23
2005	195.98	7.17	3.51	2.30	743	769	83	22
2006	198.95	7.26	3.50	2.31	751	783	74	23
2007	200.91	7.43	3.53	2.34	771	785	78	25
2008	203.79	7.63	3.57	2.37	787	779	86	28
2009	205.17	7.96	3.62	2.44	787	800	92	31
2010	205.15	8.13	3.64	2.46	792	802	102	29
2011	206.86	8.31	3.67	2.50	797	825	106	30
2012	208.25	8.53	3.69	2.55	816	858	111	29
2013	209.53	8.73	3.72	2.60	827	879	119	33
2014	208.05	8.85	3.72	2.64	840	913	124	33
2015	208.06	8.96	3.72	2.67	851	916	131	31
2016	207.70	9.11	3.72	2.72	850	950	132	32
2017	207.40	9.26	3.77	2.71	856	974	137	32
2018	207.30	9.40	3.73	2.77	857	986	139	33
2019	208.00	9.53	3.73	2.80	867	1010	142	35
2020	207.36	9.66	3.73	2.84	869	1041	153	35
2021	207.26	9.74	3.72	2.86	872	1041	164	34

4-6　年末常住人口（2000-2021年）

项　目	2000	2001	2002	2003	2004	2005	2006
年末总户数（万户）	**77.78**	**79.27**	**80.59**	**81.75**	**83.01**	**84.91**	**86.84**
年末总人口（万人）	**229.43**	**233.86**	**236.93**	**239.52**	**242.35**	**244.88**	**248.37**
按性别分							
男	119.08	121.33	120.74	121.76	125.10	126.14	128.03
女	110.35	112.53	116.19	117.76	117.25	118.74	120.34
按城乡分							
城镇人口	157.65	161.41	164.24	166.67	172.82	176.31	181.48
乡村人口	71.78	72.45	72.69	72.85	69.53	68.57	66.89
城镇化率（%）	68.71	69.02	69.32	69.59	71.31	72.00	73.07
按旗县区分							
稀土高新区	12.57	13.16	13.60	6.12	6.44	6.50	6.56
东河区	43.71	44.43	44.87	44.62	45.30	45.40	45.90
昆都仑区	43.93	44.82	45.64	55.20	56.07	56.47	57.20
青山区	33.92	34.59	35.03	38.70	39.65	40.28	41.13
石拐区	5.12	5.08	4.90	4.92	4.94	4.87	4.84
白云矿区	2.57	2.59	2.52	2.44	2.44	2.44	2.43
九原区	28.25	29.07	29.68	27.38	27.65	27.73	28.19
土默特右旗	31.97	32.43	32.70	31.99	31.93	31.53	31.64
固阳县	17.37	17.60	17.74	17.61	17.67	17.68	17.74
达尔罕茂明安联合旗	10.02	10.17	10.26	10.23	10.26	10.10	10.13

4-6 续

项　　目	2007	2008	2009	2010	2011	2012	2013
年末总户数（万户）	**88.31**	**90.05**	**95.38**	**100.23**	**101.95**	**103.28**	**105.50**
年末总人口（万人）	**252.56**	**256.63**	**261.09**	**265.61**	**266.09**	**266.46**	**266.92**
按性别分							
男	130.03	131.50	133.91	137.16	137.15	137.08	136.99
女	122.53	125.13	127.18	128.45	128.94	129.38	129.93
按城乡分							
城镇人口	188.66	194.78	203.39	211.13	214.38	217.81	220.94
乡村人口	63.90	61.85	57.70	54.48	51.71	48.65	45.98
城镇化率（%）	74.70	75.90	77.90	79.49	80.57	81.74	82.77
按旗县区分							
稀土高新区	10.07	12.20	12.52	11.98	12.55	13.24	13.99
东河区	46.02	49.72	50.66	51.30	51.12	50.78	50.31
昆都仑区	57.88	63.22	64.36	72.88	73.28	73.79	74.24
青山区	41.82	45.70	46.69	48.22	48.65	48.97	49.45
石拐区	4.23	4.69	4.26	3.58	3.37	3.25	3.13
白云矿区	2.43	2.46	2.55	2.61	2.58	2.55	2.52
九原区	28.50	15.18	16.15	19.68	20.18	20.62	21.12
土默特右旗	31.06	30.69	30.82	27.65	27.33	27.01	26.74
固阳县	17.44	17.32	17.24	17.56	17.01	16.46	15.89
达尔罕茂明安联合旗	10.16	12.20	11.96	10.15	10.02	9.79	9.53

注：2011-2019 年为根据第七次全国人口普查结果修订后数据。

表

2014	2015	2016	2017	2018	2019	2020	2021
107.45	**108.95**	**111.47**	**113.66**	**115.85**	**117.60**	**119.40**	**116.22**
267.55	**268.02**	**268.64**	**269.38**	**269.94**	**270.47**	**271.03**	**271.78**
137.04	137.04	137.08	137.18	137.19	137.22	137.42	137.93
130.51	130.98	131.56	132.20	132.75	133.25	133.61	133.85
222.94	224.42	227.25	230.13	231.47	232.48	233.49	235.71
44.61	43.60	41.39	39.25	38.47	37.99	37.54	36.07
83.33	83.73	84.59	85.43	85.75	85.95	86.16	86.73
14.76	15.68	16.31	16.97	17.38	17.82	18.45	19.26
49.75	49.15	48.85	48.69	48.57	48.49	48.42	48.37
74.97	75.63	76.45	77.41	77.98	78.61	78.79	78.95
49.97	50.43	50.88	51.50	52.27	52.84	53.54	53.69
3.02	2.89	2.77	2.65	2.58	2.53	2.47	2.39
2.46	2.43	2.41	2.38	2.34	2.30	2.27	2.26
21.61	22.29	22.86	23.55	23.83	24.22	24.56	24.97
26.37	25.96	25.52	24.92	24.57	24.11	23.73	23.56
15.38	14.77	14.16	13.42	12.91	12.34	11.85	11.61
9.26	8.79	8.43	7.89	7.51	7.21	6.95	6.72

主要统计指标解释

人口数　指一定时点、一定地区范围内的有生命的个人的总和。

年度统计的年末人口数指每年12月31日24时的人口数。

户籍人口　指公民依《中华人民共和国户口登记条例》已在其经常居住地的公安户籍管理机关登记了常住户口的人，这类人口不管其是否外出，也不管外出时间长短，只要在某地注册有常住户口，则为该地区的户籍人口。

常住人口　指实际经常居住在某地区半年以上的人口。按人口普查和抽样调查规定，还包括户口在外地，但在本地居住半年以上者，或离开户口地半年以上而调查时在本地居住的人口；调查时居住在本地，但在任何地方都没有登记常住户口，如手持户口迁移证、出生证、退伍证、劳改劳教释放证等尚未办理常住户口的人。

城镇人口和乡村人口的划分　城镇人口是指居住在城镇范围内的全部人口；乡村人口是除上述人口以外的全部人口。

历年城乡人口数据是按照当时国家《关于统计上划分城乡的规定》计算的。

出生率（又称粗出生率）　指在一定时期内（通常为一年）平均每千人所出生的人数的比率，一般用千分率表示。本资料中的出生率指年出生率，其计算公式为：

出生率＝年出生人数/年平均人数×1000‰

式中：出生人数指活产婴儿，即胎儿脱离母体时（不管怀孕月数），有过呼吸或其他生命现象。年平均人数指年初、年底人口数的平均数，也可用年中人口数代替。

死亡率（又称粗死亡率）　指在一定时期内（通常为一年）一定地区的死亡人数与同期平均人数（或期中人数）之比，一般用千分率表示。本资料中的死亡率指年死亡率，其计算公式为：

死亡率＝年死亡人数/年平均人数×1000‰

人口自然增长率　指在一定时期内（通常为一年）人口自然增加数（出生人数减死亡人数）与该时期内平均人数（或期中人数）之比，一般用千分率表示。计算公式为：

人口自然增长率＝(本年出生人数－本年死亡人数)/年平均人数×1000‰＝人口出生率－人口死亡率

5 就业与工资

资料整理：丁慧芬

5-1 就业基本情况（2015-2021年）

项　　目	2015	2016	2017	2018	2019	2020	2021
就业人员合计（万人）	**133.02**	**132.57**	**132.33**	**132.04**	**131.47**	**130.80**	**131.11**
第一产业	19.72	19.52	19.35	19.17	18.95	18.72	17.90
第二产业	35.00	34.87	34.60	34.13	33.91	32.50	32.70
第三产业	78.30	78.18	78.38	78.74	78.62	79.58	80.51
就业人员构成（%）							
第一产业	14.83	14.72	14.62	14.52	14.41	14.31	13.65
第二产业	26.31	26.30	26.15	25.85	25.79	24.85	24.94
第三产业	58.86	58.98	59.23	59.63	59.80	60.84	61.41
城镇非私营就业人员（万人）	**40.15**	**38.86**	**35.97**	**34.69**	**34.09**	**34.31**	**33.43**
国有单位	12.71	12.51	12.77	13.88	12.32		
城镇集体单位	1.15	1.12	0.59	0.50	0.27		
其他单位	26.29	25.23	22.61	20.31	21.50		
城镇登记失业人数（万人）	**5.13**	**5.38**	**5.52**	**5.46**	**5.41**	**5.41**	**5.43**
城镇登记失业率（%）	**3.88**	**3.89**	**3.87**	**3.86**	**3.86**	**3.88**	**3.87**

注：1. 1998 年及以后城镇单位从业人员、职工人数统计口径有调整，详见本篇指标解释；
2. 2020 年就业人员及分产业数据由自治区统计局推算并反馈，2010-2019 年数据同时进行修订（下同）。

5-2　按三次产业划分的年末就业人员

年 份	就业人员（万人）			构成（%）		
		第一产业	第二产业	第三产业	第一产业	第二产业	第三产业
1957	28.24	16.68	9.06	2.50	59.06	32.08	8.86
1965	44.06	22.26	18.30	3.50	50.52	41.53	7.95
1970	50.84	24.15	22.55	4.14	47.50	44.35	8.15
1975	65.19	27.20	27.88	10.11	41.72	42.77	15.51
1978	69.78	25.57	30.68	13.53	36.64	43.97	19.39
1980	77.99	26.08	35.27	16.64	33.44	45.22	21.34
1985	92.41	30.13	43.13	19.15	32.60	46.67	20.73
1986	95.38	30.00	44.78	20.60	31.45	46.95	21.60
1987	96.28	30.55	44.41	21.32	31.73	46.13	22.14
1988	99.01	30.47	46.09	22.45	30.77	46.55	22.68
1989	101.09	31.24	46.29	23.56	30.90	45.79	23.31
1990	102.39	31.82	46.70	23.87	31.08	45.61	23.31
1991	106.92	33.46	48.42	25.04	31.29	45.29	23.42
1992	109.34	32.82	50.43	26.09	30.02	46.12	23.86
1993	108.20	31.51	49.71	26.98	29.12	45.94	24.94
1994	113.63	31.40	52.22	30.01	27.63	45.96	26.41
1995	112.77	32.64	50.95	29.18	28.94	45.18	25.88
1996	111.41	32.57	49.05	29.79	29.23	44.03	26.74
1997	113.34	31.99	46.58	34.77	28.22	41.10	30.68
1998	105.66	32.57	39.17	33.92	30.82	37.07	32.11
1999	101.84	32.40	37.66	31.78	31.82	36.98	31.20

5-2　续　表

年份	就业人员（万人）	第一产业	第二产业	第三产业	构成（%）		
					第一产业	第二产业	第三产业
2000	110.50	25.59	34.66	50.25	23.16	31.37	45.47
2001	109.99	31.58	33.81	44.60	28.71	30.74	40.55
2002	111.07	32.60	32.90	45.57	29.35	29.62	41.03
2003	112.53	30.83	33.35	48.35	27.40	29.64	42.96
2004	114.24	30.62	32.55	51.07	26.80	28.49	44.71
2005	118.38	29.55	34.40	54.43	24.96	29.06	45.98
2006	121.68	27.17	39.18	55.33	22.33	32.20	45.47
2007	127.76	25.16	39.96	62.64	19.69	31.28	49.03
2008	133.18	22.40	40.22	70.56	16.82	30.20	52.98
2009	137.67	21.27	43.13	73.27	15.45	31.33	53.22
2010	134.04	20.57	40.06	73.41	15.35	29.89	54.76
2011	133.82	20.40	39.41	74.01	15.24	29.45	55.31
2012	133.63	20.23	38.38	75.02	15.14	28.72	56.14
2013	133.43	20.06	37.32	76.05	15.04	27.97	56.99
2014	133.19	19.89	35.23	78.08	14.93	26.45	58.62
2015	133.02	19.72	35.00	78.30	14.83	26.31	58.86
2016	132.57	19.52	34.87	78.18	14.72	26.30	58.98
2017	132.33	19.35	34.60	78.38	14.62	26.15	59.23
2018	132.04	19.17	34.13	78.74	14.52	25.85	59.63
2019	131.47	18.95	33.91	78.62	14.41	25.79	59.80
2020	130.80	18.72	32.50	79.58	14.31	24.85	60.84
2021	131.11	17.90	32.70	80.51	13.65	24.94	61.41

注：2003年以后就业人员中不包括社会自由就业人员（后同）。

5-3 按行业分年末

年份	合计	农林牧渔业	采矿业	制造业	电力、燃气及水的生产和供应业	建筑业	交通运输仓储和邮政业	信息传输、计算机服务和软件业	批发和零售业
1985	92.41	30.13	35.00			8.13	4.05		7.19
1986	95.38	30.00	35.64			9.14	4.68		7.27
1987	96.28	30.55	35.39			9.02	4.67		7.65
1988	99.01	30.47	37.09			9.00	4.77		8.12
1989	101.09	31.24	37.88			8.41	5.10		8.35
1990	102.39	31.82	38.36			8.34	5.09		8.64
1991	106.92	33.46	39.71			8.71	5.18		9.32
1992	109.34	32.82	40.87			9.56	5.26		9.84
1993	108.20	31.51	2.73	35.07	1.15	10.76	5.20		11.08
1994	113.63	31.40	2.73	38.64	0.96	9.89	5.83		11.89
1995	112.77	32.64	2.27	37.46	0.97	10.25	5.67		11.43
1996	111.41	32.57	2.40	36.06	1.07	9.52	5.53		11.94
1997	113.34	31.99	2.25	34.52	1.09	8.72	5.94		14.84
1998	105.66	32.57	1.81	29.19	1.16	7.01	5.42		13.91
1999	101.84	32.39	1.40	27.57	1.19	7.50	4.77		12.31
2000	110.50	25.59	1.34	26.61	1.25	5.46	5.51		24.58
2001	109.99	31.58	1.38	26.19	1.36	4.88	4.73		23.10
2002	111.07	32.60	1.49	25.45	1.23	4.73	4.51		24.87
2003	112.53	31.09	1.47	25.67	1.19	5.02	4.53	0.85	6.27
2004	114.24	30.89	1.58	24.48	1.23	5.27	5.68	0.98	8.21
2005	118.38	29.55	1.70	25.50	1.35	5.85	8.01	0.96	11.56
2006	121.68	27.17	3.61	27.96	1.33	6.27	8.39	0.97	11.64
2007	127.76	25.16	3.79	28.23	1.37	6.57	10.11	1.23	12.89
2008	133.18	22.40	3.66	27.81	1.29	7.46	11.75	1.68	14.40
2009	137.67	21.27	3.59	28.05	1.35	9.14	12.54	1.78	15.81
2010	134.04	20.57	3.60	25.80	1.49	9.17	12.79	1.78	16.02

注：1993年前采矿业数据为全部工业数据（包含采矿业、制造业、电力煤气及水的生产供应业）（后同）。

就业人员（1985-2010年）

单位：万人

住宿和餐饮业	金融业	房地产业	租赁和商务服务业	科学研究、技术服务和地质勘查业	水利、环境和公共设施管理业	居民服务和其他服务业	教育	卫生、社会保障和社会福利业	文化、体育和娱乐业	公共管理和社会组织
	0.34	1.68		0.34	0.24		2.77	0.92		1.61
	0.41	1.82		0.35	0.25		2.38	0.91		2.53
	0.44	2.01		0.36	0.19		2.52	0.93		2.54
	0.50	2.18		0.36	0.20		2.45	0.96		2.91
	0.53	2.20		0.38	0.29		2.99	1.06		2.66
	0.57	2.24		0.39	0.36		2.70	0.98		2.90
	0.61	2.35		0.44	0.35		2.74	0.99		3.06
	0.64	2.44		0.32	0.34		2.76	1.00		3.49
	0.71	0.10		0.35	0.64	1.34	2.52	0.90		4.14
	0.76	0.19		0.51	0.44	2.37	2.73	0.89		4.40
	0.80	0.17		0.48	0.42	2.36	2.71	0.81		4.33
	0.87	0.12		0.46	0.43	2.43	2.74	0.94		4.33
	0.88	0.30		0.45	0.43	3.03	2.77	0.95		5.18
	0.92	0.30		0.49	0.34	3.42	2.75	0.94		5.43
	0.88	0.27		0.48	0.32	3.92	2.70	0.97		5.17
	0.93	0.28		0.44	0.32	11.99	2.70	0.99		2.51
	1.01	0.27		0.43	0.32	8.29	2.71	0.98		2.76
	0.89	0.19		0.40	0.31	8.17	2.68	1.08		2.47
20.94	0.86	0.17	0.78	0.59	0.62	6.31	2.34	1.00	0.53	2.30
20.08	0.83	0.18	0.76	0.58	0.65	6.59	2.41	1.01	0.58	2.25
17.73	0.85	0.20	0.77	0.55	0.66	6.40	2.66	1.10	0.61	2.37
17.86	0.91	0.22	0.79	0.56	0.71	6.44	2.77	1.14	0.61	2.33
19.17	1.08	0.82	1.04	0.58	0.72	7.15	3.08	1.61	0.78	2.38
18.68	1.34	1.20	2.23	0.93	0.78	8.77	3.49	1.83	1.06	2.42
19.36	1.73	1.23	2.18	0.87	1.26	7.60	4.43	1.84	0.86	2.78
17.11	1.88	1.48	2.57	1.12	0.97	7.57	4.53	1.87	0.99	2.73

5-4 按行业分年末城镇

年 份	合 计	农林牧渔 业	采矿业	制造业	电力、燃气及水的生产和供应业	建筑业	交通运输仓储和邮政业	信息输、计算机服务和软件业	批发和零售业
1985	61.09	1.39	33.50			7.89	3.95		7.04
1986	61.68	1.47	34.05			7.82	3.34		7.08
1987	61.78	1.45	32.93			8.44	3.52		7.37
1988	64.41	1.46	34.33			8.55	3.30		7.82
1989	65.89	1.45	35.47			7.93	3.77		8.02
1990	67.94	1.54	37.00			7.95	4.11		8.27
1991	71.14	1.52	38.66			8.39	4.40		8.77
1992	73.01	1.48	39.51			8.96	4.24		9.42
1993	71.28	1.19	2.33	33.42	1.15	9.91	4.86		9.67
1994	76.61	1.31	2.72	37.23	0.96	8.96	4.41		11.05
1995	74.16	1.39	2.15	35.79	0.97	9.14	4.37		10.43
1996	70.86	1.43	2.21	33.07	1.02	7.60	3.96		11.39
1997	73.33	1.44	2.15	32.10	1.04	7.13	4.42		13.89
1998	65.40	1.39	1.72	27.15	1.13	5.45	3.94		12.95
1999	60.69	1.41	1.32	25.38	1.18	4.85	3.36		11.20
2000	66.85	1.00	1.18	24.54	1.20	2.97	3.01		20.09
2001	68.10	1.26	1.19	23.53	1.32	3.48	3.47		20.55
2002	67.54	1.31	1.38	22.67	1.23	3.28	3.25		20.41
2003	68.70	1.30	1.43	22.84	1.19	3.20	3.39	0.83	2.65
2004	69.45	1.37	1.44	22.03	1.23	3.45	3.82	0.94	4.03
2005	72.35	0.74	1.53	22.71	1.35	3.75	5.83	0.90	6.98
2006	76.36	0.61	2.50	24.13	1.33	3.90	6.48	0.88	7.37
2007	87.97	0.62	3.41	25.40	1.35	4.79	8.30	1.11	8.60
2008	98.60	0.51	3.33	26.26	1.26	5.83	9.44	1.38	12.52
2009	106.87	0.54	3.33	25.51	1.33	7.45	10.62	1.69	14.72
2010	108.13	0.61	3.54	23.58	1.48	7.92	11.69	1.75	15.91

就业人员（1985–2010 年）

单位：万人

住宿和餐饮业	金融业	房地产业	租赁和商务服务业	科学研究、技术服务和地质勘查业	水利、环境和公共设施管理业	居民服务和其他服务业	教育	卫生、社会保障和社会福利业	文化、体育和娱乐业	公共管理和社会组织
	0.34	1.67		0.34	0.24		2.39	0.86		1.48
	0.40	1.83		0.35	0.25		2.38	0.91		1.80
	0.47	2.00		0.36	0.19		2.30	0.87		1.88
	0.50	2.18		0.36	0.20		2.44	0.94		2.33
	0.52	2.20		0.38	0.29		2.78	0.99		2.09
	0.57	2.24		0.39	0.36		2.49	0.91		2.11
	0.60	2.35		0.44	0.35		2.54	0.92		2.20
	0.64	2.44		0.31	0.34		2.57	0.94		2.16
	0.70	0.10		0.35	0.64	1.34	2.51	0.88		2.23
	0.76	0.19		0.51	0.44	2.04	2.73	0.88		2.42
	0.79	0.17		0.48	0.42	2.15	2.70	0.82		2.39
	0.87	0.12		0.45	0.43	2.40	2.63	0.93		2.35
	0.85	0.29		0.46	0.43	3.01	2.71	0.95		2.46
	0.91	0.30		0.49	0.34	3.41	2.71	0.93		2.58
	0.88	0.27		0.48	0.31	3.91	2.68	0.96		2.50
	0.93	0.28		0.44	0.31	4.73	2.69	0.98		2.50
	0.85	0.27		0.43	0.32	5.02	2.69	0.96		2.76
	0.89	0.19		0.40	0.31	6.00	2.68	1.08		2.46
18.51	0.86	0.17	0.39	0.58	0.62	4.71	2.31	1.00	0.43	2.29
17.61	0.83	0.17	0.39	0.55	0.64	4.84	2.40	1.01	0.45	2.25
15.07	0.85	0.18	0.39	0.55	0.64	4.37	2.62	1.07	0.47	2.35
15.41	0.91	0.19	0.40	0.54	0.68	4.41	2.73	1.13	0.46	2.30
17.36	1.08	0.51	0.67	0.59	0.68	5.92	3.04	1.61	0.56	2.37
17.50	1.31	1.08	1.49	0.74	0.75	6.71	3.49	1.83	0.75	2.42
18.44	1.70	1.20	1.91	0.87	1.26	6.72	4.40	1.84	0.58	2.76
16.92	1.87	1.48	2.25	1.12	0.95	7.23	4.53	1.87	0.71	2.72

5-5 城镇就业及失业人数

年份	当年需要安置人数（人）	当年新增就业人数（人）	年末城镇失业人数（人）	登记失业率（%）
1980	61861	35780	26081	5.25
1981	72917	50854	22063	4.23
1982	80442	33591	46851	8.23
1983	72988	31031	41677	7.36
1984	61774	31020	23424	4.14
1985	53357	26007	26245	4.42
1986	55112	31664	23448	3.88
1987	54665	21641	31314	5.04
1988	55455	16693	37880	5.79
1989	57314	10562	44584	6.69
1990	54950	16800	37002	5.51
1991	55867	17000	37914	5.30
1992	55589	24480	29441	4.12
1993	43249	17319	25574	3.00
1994	35484	10199	25285	3.34
1995	33879	6674	27205	3.81
1996	35045	7667	26866	3.70
1997	31288	8132	20875	2.83
1998	29823	7898	21794	3.02
1999	21265	2416	18847	2.65

5-5 续 表

年 份	当年需要安置人数（人）	当年新增就业人数（人）	年末城镇失业人数（人）	登 记 失业率（%）
2000	24256	3844	20412	3.40
2001	29119	2231	26812	4.01
2002	37109	5068	32041	4.30
2003	37885	38180	31746	4.50
2004	106494	72796	33698	4.67
2005	106933	105725	30945	3.97
2006	105491	105610	31829	3.87
2007	145780	113932	33116	3.82
2008	135723	99768	35739	3.87
2009	93089	85953	41924	3.88
2010	117091	73352	39203	3.88
2011	93271	53041	40369	3.87
2012	86916	41620	36771	3.87
2013		41485	48722	3.87
2014		41362	49604	3.87
2015		42059	51253	3.88
2016		42267	53763	3.89
2017		43106	55240	3.87
2018		43130	54614	3.86
2019		44947	54080	3.86
2020		45602	55948	3.88
2021		45711	60688	3.87

注：1. 本表数据由就业局提供；
2. 2003 年及以后年份的“当年就业人数”中包括持优惠证的下岗职工。

5-6 城镇非私营单位职工工资总额和平均工资

年份	职工工资总额（万元）				职工平均工资（元）			
	合计	国有单位	城镇集体单位	其他单位	合计	国有单位	城镇集体单位	其他单位
1949	65	65			271	271		
1950	115	115			230	230		
1952	387	387			362	362		
1957	9347	9347			782	782		
1962	14067	13658	409		663	693	269	
1965	15175	14144	1031		741	769	496	
1970	17262	15591	1671		674	694	527	
1975	22961	18880	4081		674	694	598	
1978	27427	21818	5609		655	727	423	
1980	37311	28176	9134		788	868	614	
1985	58947	43377	15570		1074	1193	841	
1990	114096	85748	28146	202	1893	2085	1476	2244
1991	131511	98329	32501	681	2104	2288	1693	2003
1992	159536	117302	40969	1265	2473	2659	2068	2144
1993	222975	168186	52337	2452	3328	3647	2633	2452
1994	298468	225802	62971	9695	4496	5027	3363	3564
1995	313407	227407	69820	16179	4938	5398	4050	3946
1996	330304	246197	69234	14873	5312	5809	4292	4053
1997	342181	261676	62080	18424	5813	6612	4159	4221
1998	298452	133791	46357	118304	6178	6080	4655	7240
1999	299566	122355	37818	139393	6736	6861	4927	7350

5-6 续 表

年 份	职工工资总额（万元）				职工平均工资（元）			
	合计	国有单位	城镇集体单位	其他单位	合计	国有单位	城镇集体单位	其他单位
2000	311025	125137	33840	152047	7517	7945	5262	7921
2001	327986	136178	33831	157977	8384	9366	6490	8156
2002	369801	155009	28060	186732	10212	11360	7368	9989
2003	471324	201602	33426	236296	13417	15165	8974	13048
2004	565169	250429	39029	275711	16173	19166	11301	14964
2005	676236	304463	41536	330237	19805	23492	13100	18333
2006	757428	337708	43664	376056	22815	26584	14931	21402
2007	883220	375231	45152	462837	26867	30483	16989	25847
2008	1044468	441416	51533	551519	31780	35805	20249	30653
2009	1186242	516559	65521	604162	36723	41291	25952	34988
2010	1323917	584560	71517	667841	41403	46112	29496	39576
2011	1714634	666253	77650	970731	47059	52403	35734	45047
2012	1881466	733400	72032	1076034	51646	59643	38292	48355
2013	2203988	816660	59796	1327532	53100	64871	39830	48421
2014	2198848	760363	50347	1388138	56246	64802	39560	53212
2015	2280522	877560	47757	1355205	59573	71940	42274	54310
2016	2373214	951729	51019	1370466	63987	79008	46483	57233
2017	2369047	994742	37284	1337021	69706	80989	68892	63178
2018	2463780	1140593	34723	1288464	75318	84544	71860	68764
2019	2616295	1087072	20456	1508767	81889	90092	78135	76894
2020	2766367				86333			
2021	2949246				94042			

注：1998 年及以后年度职工工资总额、平均工资为城镇单位在岗职工的工资总额和平均工资（后同）。

5-7 按行业分城镇非私营单位

年 份	合 计	农林牧渔业	采矿业	制造业	电力、燃气及水的生产和供应业	建筑业	交通运输仓储和邮政业	信息输、计算机服务和软件业	批发和零售业
1978	655	532	671	745		836	739		640
1979	667	500	738	648		817	760		682
1980	788	639	835	910		954	889		754
1985	1074	726	971	1086		1236	1075		843
1986	1223	761	1008	1244		1341	1309		990
1987	1338	827	1114	1358		1532	1367		1037
1988	1545	934	1349	1573		1788	1590		1182
1989	1695	953	1458	1761		1882	1764		1282
1990	1893	1144	1387	1996		2128	1842		1367
1991	2104	1236	1678	2210		2528	1945		1514
1992	2473	1555	1712	2519		3225	2366		1663
1993	3328	2758	3326	3460	4380	4352	3013		1896
1994	4496	2087	4667	4597	6655	5655	3698		2369
1995	4938	2077	5197	5003	7552	6216	4221		2386
1996	5312	2342	5500	5579	5770	6242	4769		2634
1997	5813	4334	5343	6086	9390	6423	4777		2581
1998	6178	3845	5834	6127	10905	6120	5993		3618
1999	6736	4151	4982	6768	12107	6188	6536		3832
2000	7517	4126	6835	7536	13949	6206	7120		4280
2001	8384	4616	7535	8061	14807	6568	6888		4500
2002	10212	6952	8461	10192	15121	7575	7884		5067
2003	13417	9565	9202	13183	21172	9590	9763	15167	8110
2004	16173	10561	11726	15055	30575	13015	11423	17964	9649
2005	19805	13482	13310	17960	35763	14470	19874	25806	15071
2006	22815	14780	15374	20987	40866	16861	18952	23787	16011
2007	26867	16727	17617	25370	45661	20853	21473	28822	17729
2008	31780	18536	19402	30324	48492	23679	26403	38739	22483
2009	36723	22237	26605	34418	49911	28235	27046	32669	26172
2010	41403	25846	36216	39478	56948	32132	29389	38553	28790

职工平均工资（1978–2010 年）

单位：元

住宿和餐饮业	金融业	房地产业	租赁和商务服务业	科学研究、技术服务和地质勘查业	水利、环境和公共设施管理业	居民服务和其他服务业	教育	卫生、社会保障和社会福利业	文化、体育和娱乐业	公共管理和社会组织
	662			694		686	599			735
	687			848		695	628			617
	763			863		783	694			844
	1158			1261	1439	888	1223	1116		1169
	1302			1460	1553	1017	1317	1282		1345
	1299			1606	1573	1216	1437	1309		1448
	1494			1814	1786	1276	1699	1594		1641
	1634			2023	1996	1528	1216	1726		1686
	1804	1279		2205	2283	1516	1890	1839		1839
	1917	1546		2319	2389	1712	1958	1938		1974
	2557	1618		2639	2723	2169	2422	2393		2511
	4320	2300		3772	3824	2437	3492	3520		3600
	7727	4617		5727	4313	3397	4643	4911		5020
	6549	5216		5941	3969	3819	5098	5588		5440
	6641	4882		6351	4448	3610	5810	5925		5884
	9396	5963		6890	4883	4501	6509	6825		6867
	9093	7281		7217	6015	5210	6896	7567		7296
	9156	7196		7709	6910	5863	7852	7972		7899
	9803	7832		9062	7145	5968	8867	9071		8944
	10764	8633		10629	8851	6783	11278	10472		11428
	11625	8805		12761	10627	7649	13545	12840		13628
8307	12882	11004	13735	17122	14110	9664	17961	16228	14342	19029
9850	16498	14884	16286	18113	14845	11406	22232	19606	20470	23920
11069	23691	22282	20888	23700	22224	12929	25747	22568	26528	27905
12163	30435	25530	19196	27657	24191	15259	29551	27146	26768	30017
13876	38310	28209	21678	28975	25524	18308	32530	30216	30578	34881
19147	48389	30368	29921	30607	25511	26089	39770	34424	35378	41237
22471	59341	36060	34213	36015	28341	30738	46779	42019	38421	47666
23760	61178	38286	37431	36918	31704	33002	51787	44999	42570	51820

5-8 按行业分城镇非私营单位

行　业	2011	2012	2013	2014
合　计	**47059**	**51646**	**53100**	**56246**
农、林、牧、渔业	32704	38399	40861	39784
采矿业	46745	50949	61636	62085
制造业	45977	50481	52557	56407
电力、燃气及水的生产和供应业	59859	70634	73717	77376
建筑业	37552	35420	35956	43026
批发和零售业	34090	42026	44738	41921
交通运输、仓储和邮政业	37968	43928	44547	43403
住宿和餐饮业	30378	32042	32064	33741
信息传输、软件和信息技术服务业	41787	50866	50883	58134
金融业	80024	60603	95177	98722
房地产业	43425	46191	39209	38959
租赁和商务服务业	42909	48144	39219	38559
科学研究和技术服务业	42651	48769	68760	69760
水利、环境和公共设施管理业	36674	40259	42125	46170
居民服务、修理和其他服务业	36734	37777	37782	41010
教育	56921	64782	69124	68383
卫生和社会工作	50518	54743	63492	65407
文化、体育和娱乐业	50472	55974	54726	59545
公共管理、社会保障和社会组织	57512	60477	64290	60180

职工平均工资（2011-2021 年）

单位：元

2015	2016	2017	2018	2019	2020	2021
59573	**63987**	**69706**	**75318**	**81889**	**86333**	**94042**
45849	50385	51842	50704	74642	72597	67821
62075	65270	87421	93100	107016	106266	133863
57072	59766	68091	74676	82289	82210	97577
81333	82740	89973	91615	104497	115219	115507
42073	44518	50531	52434	56865	61044	70052
43553	47656	50855	59023	62119	62957	67878
51562	53884	58049	62324	73913	85449	105879
34330	36326	41383	45198	46114	47296	56838
65707	67926	76412	82614	81738	94689	114637
98718	102346	103710	112457	122681	128524	144131
38517	41355	42569	44589	55274	62424	69773
41004	39908	41420	42627	58489	58219	58789
74039	72147	75094	79518	82303	83638	96532
52725	55269	47124	44938	60755	65455	70750
39291	33892	33219	34617	40120	41523	49849
81096	90198	93910	97210	94272	97176	99625
70308	83218	87075	92192	83352	89764	96743
63036	69527	67166	73465	72744	77267	77951
66256	73137	75432	77591	84301	87043	85378

5-9　按行业分城镇非私营单位就业人员（2021 年）

单位：人

行　　业	就业人员	# 女性	在岗职工	其他就业人员
总　计	**334319**	**130917**	**316354**	**17965**
按国民经济行业分组				
农、林、牧、渔业	605	101	605	
采矿业	10758	2150	10758	
制造业	88124	17486	87131	994
电力、燃气及水的生产和供应业	13457	4151	13405	52
建筑业	24458	3799	22865	1593
批发和零售业	12038	6882	11684	353
交通运输、仓储和邮政业	10642	3407	10348	294
住宿和餐饮业	4363	2722	3633	730
信息传输、软件和信息技术服务业	4196	2031	4156	40
金融业	20540	13039	11797	8743
房地产业	9081	4295	8130	951
租赁和商务服务业	10246	3330	9828	417
科学研究和技术服务业	7727	2814	7578	149
水利、环境和公共设施管理业	5411	1707	5043	369
居民服务、修理和其他服务业	912	545	859	53
教育	37749	26372	36912	837
卫生和社会工作	22786	16107	22378	408
文化、体育和娱乐业	3691	1935	3586	105
公共管理、社会保障和社会组织	47536	18046	45657	1879

5-10 按行业分城镇非私营单位工资总额（2021 年）

单位：万元

行　业	单位就业人员工资总额	在岗职工工资总额	其他就业人员工资总额
总　计	**3032706**	**2949246**	**83460**
按国民经济行业分组			
农、林、牧、渔业	3898	3898	
采矿业	144743	144743	
制造业	846882	841514	5368
电力、燃气及水的生产和供应业	156532	156396	136
建筑业	159721	149523	10198
批发和零售业	80284	78564	1720
交通运输、仓储和邮政业	112353	110351	2002
住宿和餐饮业	22133	20507	1626
信息传输、软件和信息技术服务业	47531	47254	277
金融业	214038	174415	39623
房地产业	61738	57826	3912
租赁和商务服务业	61015	59506	1509
科学研究和技术服务业	71714	70523	1191
水利、环境和公共设施管理业	35317	33975	1342
居民服务、修理和其他服务业	4537	4280	257
教育	368502	365087	3415
卫生和社会工作	213780	212439	1341
文化、体育和娱乐业	25008	24719	289
公共管理、社会保障和社会组织	402980	393726	9254

5-11 按行业分城镇非私营单位年末就业人员及平均工资(2021年)

单位：人、元

行业	就业人员	平均工资
总计	**334319**	**90763**
按国民经济行业分组		
农、林、牧、渔业	605	67821
采矿业	10758	133863
制造业	88124	97052
电力、燃气及水的生产和供应业	13457	115187
建筑业	24458	68026
批发和零售业	12038	66687
交通运输、仓储和邮政业	10642	103832
住宿和餐饮业	4363	51253
信息传输、软件和信息技术服务业	4196	114147
金融业	20540	95360
房地产业	9081	66561
租赁和商务服务业	10246	58072
科学研究和技术服务业	7727	96484
水利、环境和公共设施管理业	5411	67093
居民服务、修理和其他服务业	912	49784
教育	37749	98138
卫生和社会工作	22786	95738
文化、体育和娱乐业	3691	75646
公共管理、社会保障和社会组织	47536	83860

主要统计指标解释

就业人员 指从事一定社会劳动并取得劳动报酬或经营收入的人员，包括在岗职工、再就业的离退休人员、私营业主、个体户主、私营和个体就业人员、乡镇企业就业人员、农村就业人员、其他就业人员（包括民办教师、宗教职业者、现役军人等）。这一指标反映了一定时期内全部劳动力资源的实际利用情况，是研究我国基本国情国力的重要指标。

各单位的就业人员 指在各级国家机关、政党机关、社会团体及企业、事业单位中工作，取得工资或其他形式的劳动报酬的全部人员。包括在岗职工、再就业的离退休人员、民办教师以及在各单位中工作的外方人员和港澳台方人员、兼职人员、借用的外单位人员和第二职业者。不包括离开本单位仍保留劳动关系的职工。各单位的从业人员反映了各单位实际参加生产或工作的全部劳动力。

城镇私营和个体就业人员 城镇私营从业人员指在工商管理部门注册登记，其经营地址设在县城关镇（含城关镇）以上的私营企业从业人员，包括私营企业投资者和雇工。城镇个体就业人员指在工商管理部门注册登记，并持有城镇户口或在城镇长期居住，经批准从事个体工商经营的从业人员，包括个体经营者和在个体工商户劳动的家庭帮工和雇工。

城镇登记失业人员 指有非农业户口，在一定的劳动年龄内（16岁以上及男50岁以下、女45岁以下），有劳动能力，无业而要求就业，并在当地就业服务机构进行求职登记的人员。

城镇登记失业率 指城镇登记失业人员与城镇单位就业人员（扣除使用的农村劳动力、聘用的离退休人员、港澳台及外商人员）、城镇单位中的不在岗职工、城镇私营业主、个体户主、城镇私营企业和个体就业人员、城镇登记失业人员之和的比。计算公式为：

城镇登记失业率＝城镇登记失业人数/((城镇单位就业人员－使用的农村劳动力－聘用的离退休人员－港澳台及外商人员)＋不在岗职工＋城镇私营业主＋个体户主＋城镇私营企业和个体就业人员＋城镇登记失业人数)×100%

职工 指在国有经济、城镇集体经济、联营经济、股份制经济、外商和港、澳、台投资经济、其他经济单位及其附属机构工作，并由其支付工资的各类人员，不包括下列人员：(1)乡镇企业就业人员；(2)私营企业就业人员；(3)城镇个体劳动者；(4)离休、退休、退职人员；(5)再就业的离、退休人员；(6)民办教师；(7)在城镇单位中工作的外方人员和港、澳、台人员；(8)其他按有关规定不列入职工统计范围的人员。(1998年以后的数据均为在岗职工数据，其他相关指标如职工工资总额，职工平均工资等指标也从1998年按此口径进行了相应调整)。

在岗职工 指在本单位工作并由单位支付工资的人员，以及有工作岗位，但由于学习、病伤产假等原因暂未工作，仍由单位支付工资的人员。

工资总额 指各单位在一定时期内直接支付给本单位全部职工的劳动报酬总额。

工资总额的计算原则应以直接支付给职工的全部劳动报酬为根据。各单位支付给职工的劳动报酬以及其他根据有关规定支付的工资，不论是计入成本的还是不计入成本的，不论是按国家规定列入计征奖金税项目的，还是未列入计征奖金税项目的，不论是以货币形式支付的还是以实物形式支付的，均包括在工资总额内。

平均工资　指企业、事业、机关单位的职工在一定时期内平均每人所得的货币工资额。它表明一定时期职工工资收入的高低程度，是反映职工工资水平的主要指标。计算公式为：

平均工资＝报告期实际支付的全部职工工资总额/报告期全部职工平均人数

6 价格指数

资料整理：刘光明　刘羽　吕瑞霞

6-1 各种价格指数

上年 =100

年 份	居民消费价格指数	商品零售价格指数
1953	105.5	105.1
1954	103.9	103.6
1955	101.9	101.9
1956	97.2	98.4
1957	103.3	103.8
1958	98.1	98.2
1959	100.2	100.5
1960	108.1	109.0
1961	105.5	106.2
1962	99.7	99.9
1963	100.9	101.4
1964	96.9	96.6
1965	98.2	98.1
1966	99.4	99.4
1967	100.9	101.1
1968	100.0	100.1
1969	100.0	100.0
1970	99.4	99.4
1971	99.7	99.7
1972	99.9	99.8
1973	100.4	100.4
1974	100.3	100.4
1975	100.0	100.0
1976	100.1	100.1
1977	99.7	99.6
1978	100.2	100.2
1979	101.8	101.8
1980	104.1	104.4
1981	101.7	101.2
1982	101.0	101.0
1983	100.8	100.7
1984	102.1	102.0
1985	109.6	109.3
1986	105.1	104.7

6-1 续 表

上年 =100

年 份	居民消费价格指数	商品零售价格指数
1987	108.9	109.2
1988	117.7	117.4
1989	113.4	113.9
1990	102.8	102.8
1991	105.5	106.5
1992	108.8	108.9
1993	116.7	115.4
1994	125.1	118.2
1995	115.7	114.3
1996	108.0	106.4
1997	105.1	102.6
1998	99.6	98.1
1999	101.6	97.6
2000	102.6	99.0
2001	100.0	100.2
2002	99.5	99.3
2003	101.4	98.9
2004	103.0	102.3
2005	101.7	101.8
2006	101.5	101.4
2007	103.7	102.6
2008	104.9	105.0
2009	99.8	98.9
2010	102.8	102.2
2011	105.2	104.5
2012	103.1	102.1
2013	102.8	101.8
2014	101.8	100.2
2015	100.9	100.7
2016	100.7	100.1
2017	101.6	101.6
2018	101.2	101.5
2019	101.9	101.2
2020	101.1	100.1
2021	100.3	103.9

6-2 各种价格定基指数

1978 年 =100

年 份	居民消费价格指数	商品零售价格指数
1978	100.0	100.0
1979	101.8	101.8
1980	106.0	106.2
1981	107.7	107.4
1982	108.8	108.5
1983	109.7	109.3
1984	112.0	111.4
1985	122.7	121.8
1986	129.0	127.5
1987	140.5	138.3
1988	165.3	163.5
1989	187.5	186.2
1990	192.7	191.4
1991	203.3	203.9
1992	221.2	222.0
1993	258.2	256.2
1994	323.0	302.8
1995	373.7	346.1
1996	403.5	368.3
1997	424.1	377.8
1998	422.4	370.6
1999	429.2	361.7
2000	440.3	358.1
2001	440.3	358.8
2002	438.1	356.3
2003	444.3	352.4
2004	457.6	360.5
2005	465.4	367.0
2006	472.4	372.2
2007	489.8	381.8
2008	513.8	400.9
2009	512.8	396.5
2010	527.2	405.2
2011	554.6	423.5
2012	571.8	432.6
2013	587.8	440.4
2014	598.4	441.3
2015	603.8	444.1
2016	608.0	444.5
2017	617.7	451.6
2018	625.1	458.4
2019	637.0	463.9
2020	644.0	464.4
2021	645.9	482.5

6-3 居民消费价格分类指数（2012-2015年）

上年=100

指　　标	2012	2013	2014	2015
居民消费价格总指数	**103.1**	**102.8**	**101.8**	**100.9**
非食品价格指数	102.7	101.5	100.9	101.2
服务项目价格指数	104.5	103.7	102.8	100.5
扣除鲜菜鲜果总指数	103.0	102.5	101.6	100.9
消费品价格指数	102.7	102.5	101.4	101.0
食品	**104.0**	**105.8**	**103.8**	**100.1**
粮食	103.1	106.2	107.1	101.7
淀粉及制品	87.5	93.2	98.0	98.9
干豆类及豆制品	101.2	107.2	103.0	105.7
油脂	104.8	103.1	99.8	99.1
肉禽及其制品	105.4	108.0	98.9	100.4
食用畜肉及副产品	104.8	110.2	98.4	99.4
禽	100.4	98.4	99.4	102.1
加工肉禽	111.5	103.3	100.8	104.4
蛋	97.3	101.9	110.1	87.1
水产品	110.7	106.8	104.7	100.1
鱼	106.9	102.1	98.7	97.9
其他水产品	115.2	112.1	110.8	102.2
菜	108.9	109.6	98.2	101.8
#鲜菜	110.7	109.9	97.5	102.0
调味品	102.1	106.8	99.8	101.3
糖	103.0	98.9	100.7	97.8
茶及饮料	101.4	103.0	99.3	98.0
茶叶	100.0	100.0	100.0	100.0
饮料	102.2	104.6	99.0	96.9
干鲜瓜果	104.5	108.1	113.7	100.4
#鲜果	101.1	109.6	116.4	99.7
糕点饼干面包	105.5	100.9	100.5	99.6
液体乳及乳制品	101.9	110.7	122.6	101.0
在外用膳食品	103.1	103.0	100.8	100.5

6-3 续 表 1

上年 =100

指　　标	2012	2013	2014	2015
其他食品	102.8	102.8	98.4	99.5
烟酒及用品	**104.8**	**102.2**	**101.1**	**102.5**
烟草	100.9	101.8	101.8	105.0
酒	110.0	102.8	101.1	99.4
衣着	**101.4**	**101.8**	**101.2**	**104.9**
服装	101.0	102.1	99.2	104.5
男式服装	100.0	102.5	96.7	107.8
女式服装	102.8	102.5	100.9	102.8
儿童服装	98.6	99.9	99.9	102.0
衣着材料	110.2	109.8	104.3	101.4
鞋袜帽	101.7	100.2	106.9	106.7
鞋	102.1	100.1	108.5	107.9
袜子	99.8	99.9	100.0	100.0
帽子	100.0	101.6	98.6	102.3
衣着加工服务费	104.8	103.6	108.6	99.6
家庭设备用品及维修服务	**103.8**	**100.5**	**100.2**	**101.5**
耐用消费品	104.4	99.8	99.7	101.8
家具	102.9	102.8	101.5	104.6
家庭设备	105.7	97.2	98.2	99.3
室内装饰品	102.2	100.7	100.0	100.0
床上用品	100.4	100.2	97.7	98.2
家庭日用杂品	101.7	100.6	100.9	101.1
家庭服务及加工维修服务	117.4	109.0	107.4	106.5
医疗保健和个人用品	**103.8**	**102.9**	**102.9**	**100.7**
医疗保健	103.7	103.1	101.2	100.7
医疗器具及用品	97.1	103.3	100.6	100.0
中药材及中成药	108.6	104.0	102.0	101.9
西药	103.8	105.1	101.8	100.4
保健器具及用品	101.0	100.8	100.2	99.9
医疗保健服务	100.1	100.1	100.0	100.0

6-3 续 表2

上年 =100

指 标	2012	2013	2014	2015
个人用品及服务	103.9	102.4	100.9	100.8
化妆美容用品	101.2	100.3	99.5	100.1
清洁化妆用品	102.6	101.3	99.1	100.4
个人饰品	99.4	96.5	95.5	99.1
个人服务	114.6	112.7	109.0	103.2
交通和通信	**100.6**	**97.3**	**98.6**	**99.2**
交通	101.0	96.8	99.4	98.1
交通工具	99.6	94.2	98.9	100.8
车用燃料及零配件	103.7	98.6	97.6	83.7
车辆使用及维修费	101.1	101.5	102.4	100.9
市区公共交通费	109.0	100.9	100.7	100.9
城市间交通费	100.1	100.1	100.0	100.0
通信	99.2	99.0	96.3	102.6
通信工具	99.4	96.5	84.0	110.9
通信服务	99.1	99.8	100.0	100.5
娱乐教育文化用品及服务	**101.8**	**100.9**	**100.8**	**100.2**
文娱用耐用消费品及服务	95.9	95.2	96.7	100.2
教育	100.4	101.2	100.5	100.4
教材及参考书	100.0	100.0	99.9	99.6
教育服务	100.4	101.3	100.5	100.4
文化娱乐类	103.0	101.8	100.0	100.5
文化娱乐用品	102.6	96.9	98.9	99.7
书报杂志	101.6	100.1	100.0	100.0
文娱费	103.7	105.2	100.6	101.1
旅游	109.3	103.0	105.5	99.2
居住	**104.4**	**103.7**	**102.1**	**100.3**
建房及装修材料	101.1	100.2	99.0	100.2
住房租金	101.2	101.4	101.7	98.6
自有住房	107.9	106.7	104.8	100.5
水、电、燃料	100.7	100.5	98.9	99.9

6-4　居民消费价格分类指数（2016-2020 年）

上年 =100

指　　标	2016	2017	2018	2019	2020
居民消费价格总指数	**100.7**	**101.6**	**101.2**	**101.9**	**101.1**
非食品价格指数	100.4	102.3	100.9	100.9	99.7
服务价格指数	100.0	102.0	100.8	101.0	99.1
扣除鲜菜鲜果价格指数	100.5	101.6	101.0	101.8	101.3
消费品价格指数	101.2	101.4	101.4	102.4	102.3
食品烟酒	**101.6**	**100.0**	**101.9**	**104.3**	**105.0**
食品	102.2	99.8	102.4	106.9	106.4
粮食	100.8	101.6	101.3	101.5	99.1
薯类	116.4	94.0	105.6	99.8	97.8
豆类	100.6	98.2	98.4	99.6	93.9
食用油	105.3	98.9	99.5	104.5	111.5
菜	116.3	93.5	106.3	99.3	103.8
# 鲜菜	117.3	93.0	106.9	99.0	104.3
畜肉类	104.9	96.4	101.1	122.2	129.4
# 猪肉	118.5	85.5	89.5	150.7	155.2
牛肉	96.8	104.3	109.6	110.4	113.0
羊肉	94.9	106.0	112.4	110.0	106.5
禽肉类	99.7	98.7	105.0	113.8	96.0
鸡	98.1	97.6	107.7	117.2	89.9
鸭	108.2	103.8	100.9	114.6	99.9
其他禽肉及制品	100.1	99.2	100.7	105.3	110.2
水产品	102.0	103.4	100.5	101.3	99.6
淡水鱼	100.8	103.7	95.8	96.3	106.6
海水鱼	105.3	101.9	104.1	104.7	98.7
虾蟹类	100.9	104.4	103.7	101.7	92.8
其他水产品及制品	101.3	103.6	98.7	105.4	99.7
蛋类	93.5	96.8	110.1	105.6	93.3
奶类	100.2	100.3	100.6	100.1	98.9
干鲜瓜果类	95.4	109.6	104.2	106.7	89.7
# 鲜果	93.7	112.7	105.2	108.8	86.6
糖果糕点类	99.8	102.4	100.0	99.3	98.4
调味品	100.6	101.3	99.7	100.6	98.7
其他食品类	93.8	100.2	102.5	100.9	100.4
茶及饮料	99.0	100.6	100.6	100.0	98.8
# 茶叶	100.0	100.1	98.1	100.0	89.7
果汁饮料	98.7	98.8	100.4	100.4	103.0
烟酒	99.2	100.2	101.5	102.3	99.0
烟草	103.1	99.0	101.3	101.9	99.7

注：2016 年起，国家统计局对《居民消费价格调查项目》重新分类（后同）。

6-4 续 表1

上年 =100

指 标	2016	2017	2018	2019	2020
酒类	94.9	101.7	101.7	102.8	98.2
在外餐饮	100.7	100.6	100.5	97.4	102.9
衣着	**101.1**	**100.3**	**100.9**	**100.7**	**99.7**
服装	101.3	100.6	100.4	100.7	99.7
男式服装	100.5	100.5	100.0	100.8	100.8
女式服装	102.2	100.8	100.6	100.8	100.3
儿童服装	100.1	99.8	100.7	100.5	93.9
服装材料	100.8	100.5	101.3	99.8	99.0
其他衣着及配件	99.4	102.9	104.2	100.6	99.3
袜子	100.0	105.3	108.8	101.4	99.8
帽子	98.9	100.9	100.5	100.0	99.3
其他衣着配件	99.4	101.4	101.0	99.9	97.8
衣着加工服务费	101.3	98.7	104.6	107.9	99.7
衣着洗涤保养	105.3	102.2	105.0	100.9	99.8
衣着加工	100.3	97.8	104.4	109.9	99.7
鞋类	101.0	98.8	101.5	100.0	99.9
鞋	99.7	98.3	102.0	100.0	99.9
男鞋	99.7	96.5	102.5	100.0	98.0
女鞋	99.5	99.9	101.7	100.0	102.8
童鞋	100.4	99.7	100.4	100.0	95.8
鞋类加工服务	107.3	101.2	99.8	100.0	100.0
居住	**100.8**	**100.6**	**100.9**	**100.4**	**100.1**
租赁房房租	97.9	104.0	105.0	102.5	98.4
公房房租	100.0	100.0	100.0	100.0	100.0
私房房租	97.8	104.2	105.3	102.7	98.3
住房保养维修及管理	100.0	100.5	101.6	101.8	100.6
住房装潢材料	99.9	100.8	102.4	101.1	100.3
物业管理费	100.0	100.0	100.0	100.0	100.0
住房装潢维修	100.0	100.0	100.0	104.4	101.6
水电燃料	103.9	100.1	99.9	100.5	99.7
电	100.0	100.0	100.0	100.0	100.0
燃气	100.0	99.9	99.1	104.1	104.0
管道燃气	100.0	100.0	103.3	109.6	100.0
液化石油气	100.0	99.9	95.9	99.4	107.7
取暖费	100.0	100.0	100.0	100.0	100.0
其他燃料	105.8	101.1	99.8	100.0	93.5
自有住房	100.0	100.6	100.8	100.0	100.3

6-4 续 表2

上年 =100

指 标	2016	2017	2018	2019	2020
生活用品及服务	**99.2**	**99.8**	**101.0**	**101.6**	**99.4**
家具及室内装饰品	99.8	100.2	100.2	100.6	99.6
家具	99.7	100.3	100.2	100.7	99.5
室内装饰品	100.5	99.2	100.0	99.8	99.9
家用器具	97.5	97.7	103.3	102.6	96.7
大型家用器具	97.5	97.5	103.2	101.9	97.2
小家电	97.1	98.7	103.7	106.6	94.1
家用纺织品	97.5	99.9	101.3	99.7	101.2
床上用品	97.2	99.9	101.6	100.0	101.7
窗帘门帘	100.0	100.0	100.0	100.0	100.0
其他家用纺织品	98.2	100.0	100.0	96.6	97.1
家庭日用杂品	99.8	100.1	100.1	103.2	99.9
洗涤卫生用品	99.8	100.1	99.9	103.7	99.9
厨具餐具茶具	101.2	100.5	100.0	101.9	99.0
家用手工工具	100.7	101.7	100.0	107.4	102.3
其他家庭日用杂品	98.9	99.5	100.6	102.4	100.5
个人护理用品	99.5	100.1	100.4	99.9	99.5
化妆品	99.8	100.1	99.9	99.9	99.7
其他护理用品类	99.1	100.1	101.3	99.9	99.2
家庭服务	105.8	105.9	101.1	100.0	103.9
家政服务	105.2	96.9	101.0	101.0	99.4
家庭维修服务	106.1	109.7	101.2	99.6	105.6
交通和通信	**98.6**	**101.4**	**101.1**	**99.4**	**95.4**
交通	98.3	101.8	101.6	99.5	94.6
交通工具	97.7	98.7	94.8	96.5	100.0
交通工具用燃料	96.1	110.2	112.8	94.3	86.6
汽油	95.4	110.9	113.7	93.9	85.3
柴油	95.1	113.8	114.0	93.9	84.8
其他车用能源	106.2	100.0	100.0	100.0	104.7
交通工具使用和维修	102.3	100.1	100.3	100.0	102.2
交通费	100.2	101.1	105.7	109.7	88.0
市内公共交通	100.0	100.0	100.0	100.0	100.0
出租汽车	102.7	100.0	100.0	100.0	100.0
飞机票	99.1	104.6	118.8	132.3	64.0
火车票	100.0	100.0	104.4	102.6	100.7
长途汽车	100.0	100.0	100.0	100.0	100.0
其他交通费	100.0	100.0	100.0	100.0	100.0
通信	99.3	100.5	100.1	99.3	97.4

6-4 续 表 3

上年 =100

指　　标	2016	2017	2018	2019	2020
通信工具	97.5	101.5	100.1	97.5	91.0
通信服务	100.0	100.1	100.0	100.0	100.0
邮递服务	100.0	100.0	100.0	100.0	100.0
教育和文化娱乐	**99.2**	**102.2**	**100.6**	**101.2**	**99.5**
教育	**100.4**	**101.8**	**100.3**	**100.2**	**101.1**
教育用品	100.3	100.0	100.5	103.1	100.0
教育服务	100.4	101.8	100.3	100.2	101.1
文化娱乐	**97.5**	**102.7**	**100.9**	**102.7**	**97.3**
文娱耐用消费品	98.8	98.6	99.8	100.7	98.2
其他文娱用品	100.0	100.5	101.1	101.5	97.2
文化娱乐服务	100.1	100.0	100.0	100.0	98.7
旅游	95.1	106.6	101.7	105.0	96.5
旅行社收费	107.1	109.8	102.5	106.4	95.7
其他旅游	76.9	100.0	100.0	101.4	98.6
医疗保健	**103.0**	**110.3**	**101.5**	**102.2**	**101.3**
药品及医疗器具	**105.7**	**114.6**	**103.0**	**105.2**	**105.2**
中药	106.1	115.1	99.6	106.5	104.2
西药	109.4	121.4	106.2	107.4	107.2
滋补保健品	102.9	106.6	101.2	102.2	104.1
医疗卫生器具	99.1	110.9	102.1	98.7	102.3
保健器具	99.3	96.5	100.0	100.1	100.2
医疗服务	**100.6**	**106.2**	**100.0**	**99.1**	**96.8**
综合医疗类	101.5	116.7	100.0	97.4	94.6
诊断类	100.0	100.5	100.0	99.8	97.0
治疗类	100.5	105.5	100.0	100.0	100.0
康复类	100.0	100.0	100.0	96.9	65.2
中医医疗服务类	100.0	100.0	100.0	100.8	108.7
其他医疗服务	100.0	100.0	100.0	100.0	100.0
其他用品和服务	**101.3**	**101.5**	**99.9**	**102.6**	**103.2**
其他用品类	**102.5**	**101.7**	**98.9**	**103.6**	**109.0**
首饰手表	103.4	102.3	98.6	104.9	112.6
其他杂项用品	99.7	100.0	100.0	99.8	98.3
其他服务类	**100.5**	**101.4**	**100.6**	**101.9**	**98.8**
旅馆住宿	98.3	95.8	101.4	99.2	93.8
美容美发洗浴	103.3	108.6	102.3	105.7	100.5
养老服务	100.0	100.0	100.0	100.0	100.0
金融保险	100.0	100.0	100.0	101.2	98.5
其他服务类	100.0	100.0	100.0	100.0	100.0

6-5 居民消费价格分类指数（2021年）

上年=100

指　　标	2021	指　　标	2021
居民消费价格总指数	**100.3**	**烟酒**	**100.9**
非食品价格指数	100.3	卷烟	100.6
服务价格指数	100.2	酒类	101.4
扣除鲜菜鲜果价格指数	100.0	**在外餐饮**	**101.7**
消费品价格指数	100.3	**衣着**	**99.0**
食品烟酒	**100.4**	**服装**	**98.6**
食品	**99.9**	男式服装	99.8
粮食	100.2	女式服装	98.0
薯类	98.3	儿童服装	96.6
豆类	110.1	衣着材料及配件	98.1
食用油	100.0	袜子	97.4
菜及食用菌	109.2	帽子	96.7
#鲜菜	109.9	其他衣着材料及配件	103.9
畜肉类	90.9	衣着服务费	102.3
#猪肉	68.6	衣着洗涤保养	101.2
牛肉	104.1	其他衣着服务	104.1
羊肉	107.3	**鞋类**	**100.6**
禽肉类	99.4	鞋	100.6
鸡	99.3	男鞋	99.7
鸭	94.9	女鞋	103.1
其他禽肉及制品	100.0	童鞋	94.4
水产品	110.4	鞋类服务	100.0
淡水鱼	128.0	**居住**	**99.6**
海水鱼	91.7	**租赁房房租**	**101.1**
虾蟹类	107.4	公房房租	100.0
其他水产品及制品	99.6	私房房租	101.2
蛋类	116.1	**住房保养维修及管理**	**101.0**
奶类	100.1	住房装潢材料	101.3
干鲜瓜果类	102.4	住房维修管理费用	100.8
#鲜果	102.7	**水电燃料**	**99.8**
糖果糕点类	98.6	水	100.0
调味品	100.6	电	100.0
其他食品类	100.5	燃气	103.0
茶及饮料	**99.3**	管道燃气	102.2
#茶叶	89.4	液化石油气	104.3
果汁饮料	110.4	其他水电燃料类	99.0
		其他水电燃料类	99.0
		自有住房	**99.3**

注：2021年国家统计局对《居民消费价格调查项目》重新分类（后同）。

6-5 续 表

上年=100

指　标	2021	指　标	2021
生活用品及服务	**99.7**	**通信**	**100.2**
家具及室内装饰品	**101.2**	通信工具	97.3
家具	101.3	通信服务	101.7
室内装饰品	100.2	邮递服务	100.0
家用器具	**100.4**	**教育文化娱乐**	**100.6**
大型家用器具	100.0	**教育**	**101.7**
小家电	102.4	教育用品	101.1
家用纺织品	**99.5**	教育服务	101.8
床上用品	100.6	**文化娱乐**	**99.1**
窗帘门帘	100.0	文娱耐用消费品	99.6
其他家用纺织品	92.4	其他文娱用品	94.9
家庭日用杂品	**98.8**	文化娱乐服务	103.0
洗涤卫生用品	99.9	旅游	98.2
厨具餐具茶具	95.7	旅行社收费	97.5
其他家庭日用杂品	98.3	其他旅游	100.0
个人护理用品	**98.6**	**医疗保健**	**99.3**
化妆品	98.3	**药品及医疗器具**	**97.9**
其他护理用品类	99.4	中药	100.6
家庭服务	**101.0**	西药	99.0
家政服务	106.2	滋补保健品	101.3
母婴护理服务	103.8	医疗卫生器具	80.5
家庭维修服务	96.5	保健器具	99.6
其他家庭服务	102.1	**医疗服务**	**100.2**
交通通信	**103.1**	综合医疗类	101.1
交通	**104.1**	诊断类	100.0
交通工具	99.3	治疗类	100.0
交通工具用燃料	117.0	康复类	100.0
汽油	117.7	中医医疗服务类	100.0
柴油	119.5	其他医疗保健服务	98.5
其他车用能源	100.1	**其他用品及服务**	**98.1**
交通工具使用和维修	99.7	**其他用品**	**98.1**
交通费	102.7	首饰手表	99.0
市内公共交通	100.0	母婴用品	97.9
出租汽车	100.0	其他杂项用品	95.3
飞机票	112.7	**其他服务**	**98.1**
火车票	96.8	在外住宿	102.6
长途汽车	100.0	美容美发洗浴	100.3
网约车	94.7	养老服务	104.2
交通工具租赁费	100.0	金融及保险服务	93.9
其他交通费	100.0	中介法律及其他服务	100.0

6-6　商品零售价格分类指数（2012-2015年）

上年=100

指　　标	2012	2013	2014	2015
商品零售价格总指数	**102.1**	**101.8**	**100.2**	**100.7**
食品	**103.9**	**105.8**	**103.8**	**100.1**
粮食	103.1	106.2	107.1	101.7
淀粉及制品	87.5	93.2	98.0	98.9
干豆类及豆制品	101.2	107.2	103.0	105.7
油脂	104.8	103.1	99.8	99.1
肉禽及其制品	105.4	108.0	98.9	100.4
食用畜肉及副产品	104.8	110.2	98.4	99.4
禽	100.4	98.4	99.4	102.1
肉禽加工制品	111.5	103.3	100.8	104.4
蛋	97.3	101.9	110.1	87.1
水产品	110.7	106.8	104.7	100.1
鱼	106.9	102.1	98.7	97.9
其他水产品	115.2	112.1	110.8	102.2
菜	108.9	109.6	98.2	101.8
鲜菜	110.7	109.9	97.5	102.0
调味品	102.1	106.8	99.8	101.3
糖	103.0	98.9	100.7	97.8
干鲜瓜果	104.5	108.1	113.7	100.4
糕点饼干面包	105.5	100.9	100.5	99.6
液体乳及乳制品	101.9	110.7	122.6	101.0
在外用膳食品	103.1	103.0	100.8	100.5
其他食品	102.8	102.8	98.4	99.5
饮料、烟酒	**104.2**	**102.4**	**100.6**	**101.7**
茶及饮料	101.4	103.0	99.3	98.0
茶叶	100.0	100.0	100.0	100.0
饮料	102.2	104.6	99.0	96.9
烟草	100.9	101.8	101.0	105.0
酒	112.6	103.0	101.0	99.2
服装、鞋帽	**101.1**	**101.6**	**101.0**	**104.9**
服装	101.0	102.1	99.2	104.5
男式服装	100.0	102.5	96.7	107.8
女式服装	102.8	102.5	100.9	102.8
儿童服装	98.6	99.9	99.9	102.0
鞋袜帽	101.7	100.2	106.9	106.7
鞋	102.1	100.1	108.5	107.9
袜子	99.8	99.9	100.0	100.0
帽子	100.0	101.6	98.6	102.3

6-6 续 表

上年 =100

指　　标	2012	2013	2014	2015
其他	96.7	99.5	100.0	100.0
纺织品	102.4	102.5	97.6	98.5
衣着材料	110.8	111.5	105.5	101.9
床上用品	100.3	99.9	95.2	97.3
家用电器及音像器材	**100.1**	**96.6**	**97.2**	**99.4**
家庭设备	102.4	97.2	98.4	100.1
文娱用耐用消费品	96.4	95.3	94.8	98.1
音像器材	100.0	100.0	100.0	100.0
文化办公用品	**97.8**	**97.8**	**99.6**	**101.2**
日用品	**102.2**	**101.3**	**99.8**	**102.8**
日用百货	102.7	100.5	99.6	109.6
日用杂品	96.5	100.1	100.8	101.1
洗涤用品	104.6	102.7	99.8	99.9
其他日用品	100.6	100.2	99.5	99.9
体育娱乐用品	**99.4**	**100.0**	**100.0**	**100.0**
体育用品	96.6	99.4	99.9	100.0
娱乐用品	102.1	100.5	100.0	100.0
交通、通信用品	**99.7**	**97.6**	**94.6**	**102.5**
交通运输机械	99.8	97.6	98.1	100.1
通信器材	99.6	97.5	88.3	107.3
家具	**104.2**	**103.1**	**102.1**	**104.5**
化妆品	**102.1**	**100.5**	**98.5**	**100.3**
金银珠宝	**97.4**	**90.3**	**88.4**	**98.3**
中西药品及医疗保健用品	**104.0**	**103.7**	**101.4**	**100.5**
医疗器具及用品	97.1	103.3	100.6	100.0
中药材及中成药	108.6	104.0	102.0	101.9
西药	103.2	105.1	101.7	99.9
保健品及器具	101.0	100.8	100.2	99.9
书报杂志及电子出版物	**100.8**	**100.1**	**99.9**	**99.4**
教材及参考书	100.0	100.0	99.7	99.1
书报杂志	101.6	100.1	100.0	100.0
电子音像制品	100.6	100.1	100.2	98.7
燃料	**103.7**	**100.5**	**95.9**	**94.1**
煤炭及制品	102.4	87.0	83.5	91.1
石油及制品	104.0	103.9	98.6	94.6
建筑材料及五金电料	**100.8**	**100.0**	**99.7**	**99.9**
建筑装潢材料	100.9	99.9	99.4	99.8
五金电料	100.5	100.3	101.0	100.0

6-7　商品零售价格分类指数（2016-2020 年）

上年 =100

指　　标	2016	2017	2018	2019	2020
商品零售价格总指数	**100.1**	**101.6**	**101.5**	**101.2**	**100.1**
食品	**102.7**	**99.5**	**102.4**	**105.0**	**105.6**
粮食	100.8	101.6	101.3	101.5	99.1
薯类	116.4	94.0	105.6	99.8	97.8
豆类	100.6	98.2	98.4	99.6	93.9
食用油	105.3	98.9	99.5	104.5	111.5
菜	116.3	93.5	106.3	99.3	103.8
# 鲜菜	117.3	93.0	106.9	99.0	104.3
畜肉类	104.9	96.4	101.1	122.2	129.4
# 猪肉	118.5	85.5	89.5	150.7	155.2
牛肉	96.8	104.3	109.6	110.4	113.0
羊肉	94.9	106.0	112.4	110.0	106.5
禽肉类	99.7	98.7	105.0	113.9	95.9
# 鸡	98.1	97.6	107.7	117.2	89.9
鸭	108.2	103.8	100.9	114.6	99.9
水产品	102.0	103.4	100.5	101.3	99.5
# 淡水鱼	100.8	103.7	95.8	96.3	106.6
海水鱼	105.3	101.9	104.1	104.7	98.7
蛋类	93.5	96.8	110.2	105.6	93.3
奶类	100.2	100.3	100.6	100.1	98.9
干鲜瓜果类	95.4	109.6	104.2	106.7	89.7
# 鲜瓜果	93.7	112.7	105.2	108.8	86.6
糖果糕点类	99.7	102.3	100.1	99.3	98.1
调味品	101.2	101.1	99.8	100.5	98.6
其他食品类	96.8	100.8	104.1	100.7	100.2
在外餐饮	100.7	100.6	100.5	97.4	102.9
饮料、烟酒	**100.0**	**100.0**	**101.2**	**101.9**	**98.8**
茶及饮料	98.7	100.5	99.8	99.7	96.5
烟草	103.1	99.0	101.3	101.9	99.7
酒类	94.9	101.7	101.7	102.9	98.2
服装、鞋帽	**100.8**	**100.2**	**100.9**	**100.6**	**99.7**
服装	101.3	100.6	100.4	100.7	99.8
男士服装	100.6	100.5	100.0	100.8	100.9
女士服装	102.2	100.8	100.6	100.8	100.3
儿童服装	100.1	99.8	100.7	100.5	93.9
鞋帽袜	99.6	99.2	102.5	100.1	99.8
鞋	99.7	98.3	102.0	100.0	99.9
袜子	100.0	105.3	108.8	101.4	99.8
帽子	98.9	100.9	100.5	100.0	99.3

注：2016 年起，国家统计局对《商品零售价格调查项目》重新分类（后同）。

6-7 续 表

上年 =100

指　　标	2016	2017	2018	2019	2020
其他衣着配件	99.4	101.4	101.0	99.9	97.8
纺织品	**97.6**	**100.0**	**101.6**	**100.0**	**101.4**
服装材料	100.8	100.5	101.3	99.8	99.0
床上用品	97.2	99.9	101.6	100.0	101.7
家用电器及音像器材	**97.0**	**98.0**	**101.2**	**101.3**	**96.5**
家庭设备	97.6	97.7	102.8	101.9	95.5
文娱用耐用消费品	97.9	98.1	98.9	101.5	98.4
专业音像器材	91.4	99.2	100.1	97.3	96.0
文化办公用品	**100.3**	**100.8**	**100.6**	**99.6**	**97.6**
日用品	**99.9**	**99.7**	**100.5**	**102.2**	**99.6**
日用百货	98.8	99.6	101.4	102.9	99.6
厨具餐具茶具	101.2	100.5	100.0	101.9	99.0
清洗用品	101.0	100.2	100.6	106.2	101.3
其他日用品	99.8	99.3	100.0	99.9	99.0
体育娱乐用品	**99.5**	**99.4**	**100.0**	**99.3**	**96.7**
体育户外用品	97.7	95.3	100.0	100.0	98.8
娱乐用品	99.7	99.9	100.0	99.2	96.5
交通、通信用品	**97.8**	**99.3**	**95.9**	**96.8**	**98.1**
交通运输机械	97.9	98.8	94.9	96.6	99.8
通信器材	97.5	101.4	100.3	97.6	91.3
家具	**99.7**	**99.8**	**100.1**	**100.9**	**99.8**
化妆品	**100.2**	**100.4**	**100.1**	**99.9**	**99.9**
金银饰品	**104.4**	**102.9**	**98.1**	**106.2**	**115.8**
中西药品及医疗保健用品	**106.3**	**115.1**	**103.1**	**105.7**	**105.5**
医疗卫生器具	99.1	110.9	102.1	98.7	102.3
中药	106.1	115.1	99.6	106.5	104.2
西药	109.4	121.4	106.2	107.4	107.2
保健器具及用品	102.1	104.2	100.9	101.7	103.3
书报杂志及电子出版物	**99.6**	**100.6**	**102.4**	**106.2**	**99.2**
教材及参考书	100.3	100.0	100.5	103.1	100.0
书报杂志	100.2	101.8	106.7	114.0	100.0
计算机办公软件	97.5	100.0	100.0	100.0	96.3
燃料	**96.7**	**110.3**	**111.7**	**96.7**	**89.6**
煤炭及制品	98.5	111.7	111.8	100.9	94.0
石油及制品	96.0	109.8	111.7	95.2	87.8
建筑材料及五金电料	**99.7**	**100.7**	**102.1**	**101.6**	**100.6**
建筑装潢材料	99.9	100.8	102.6	101.1	100.4
五金水暖	99.2	100.5	100.5	103.3	101.3

6-8　商品零售价格分类指数（2021 年）

上年 =100

指　　标	2021	指　　标	2021
商品零售价格总指数	**103.9**	其他衣着配件	103.9
食品	**100.2**	**纺织品**	**100.5**
粮食	100.1	服装材料	99.1
薯类	98.3	床上用品	100.6
豆类	109.8	**家用电器及音像器材**	**99.8**
食用油	100.3	家庭设备	100.0
菜及食用菌	109.2	文娱用耐用消费品	99.9
# 鲜菜	109.9	专业音像器材	98.9
畜肉类	90.4	**文化办公用品**	**99.8**
# 猪肉	68.6	**日用品**	**98.0**
牛肉	104.1	日用百货	98.4
羊肉	107.3	厨具餐具茶具	95.7
禽肉类	99.4	清洗用品	100.7
# 鸡	99.3	其他日用品	97.0
鸭	94.9	**体育娱乐用品**	**96.4**
水产品	110.1	体育户外用品	98.5
# 淡水鱼	128.0	娱乐用品	96.2
海水鱼	91.7	**交通、通信用品**	**99.0**
蛋类	116.5	交通运输机械	99.5
奶类	100.0	通信器材	97.4
干鲜瓜果类	102.4	**家具**	**100.8**
# 鲜果	102.7	**化妆品**	**97.7**
糖果糕点类	98.6	**金银饰品**	**97.7**
调味品	100.6	**中西药品及医疗保健用品**	**99.1**
其他食品类	100.9	医疗卫生器具	80.5
餐饮业零售	101.7	中药	100.5
饮料、烟酒	**100.6**	西药	99.0
茶及饮料	98.5	保健器具及用品	101.1
卷烟	100.6	**书报杂志及电子出版物**	**94.1**
酒类	101.5	教材及参考书	100.8
服装、鞋帽	**98.9**	书报杂志及音像制品	87.4
服装	98.4	计算机办公软件	93.4
男士服装	99.6	**燃料**	**133.4**
女士服装	97.9	煤炭及制品	179.5
儿童服装	96.4	石油及制品	116.3
鞋帽袜	100.2	**建筑材料及五金电料**	**100.3**
鞋	100.6	建筑装潢材料	101.1
袜子	97.4	五金水暖	99.4
帽子	96.7		

注：2021 年国家统计局对《商品零售价格调查项目》重新分类。

6-9　工业生产者出厂价格指数（2016-2021 年）

上年 =100

指　　标	2016	2017	2018	2019	2020	2021
总指数	98.9	110.6	103.2	102.1	99.7	128.5
核心指数	100.2	114.2	103.8	99.4	97.9	123.8
高技术	99.8	99.3	97.5	98.0	101.6	116.2
能源	97.3	110.6	103.2	105.4	100.7	137.4
按轻重工业分						
轻工业	100.1	100.8	100.8	104.8	101.8	107.2
以农产品为原料	100.0	100.8	100.7	105.2	102.2	106.8
以非农产品为原料	101.1	100.6	101.5	98.4	95.4	109.1
重工业	98.6	113.2	103.7	101.4	99.1	131.1
采掘	97.3	116.0	105.3	107.5	103.2	162.6
原料	98.8	110.4	102.1	99.3	98.1	121.7
加工	99.7	114.0	104.3	98.4	96.5	119.4
按生产生活资料分						
生产资料	98.6	112.9	103.8	101.5	99.0	130.7
采掘	97.3	116.0	105.3	107.5	103.2	162.6
原料	98.8	110.7	101.8	99.2	97.8	121.7
加工	99.5	112.8	104.9	99.1	96.7	118.7
生活资料	100.3	100.9	100.2	104.5	102.4	106.7
食品	98.6	99.6	100.9	103.3	102.3	105.7
衣着	111.0	110.5	95.9	118.0	101.6	97.5
一般日用品	100.9	100.2	100.2	101.8	105.9	114.0
耐用消费品	99.8	99.9	96.8	90.1	91.9	116.1
按初级中间最终产品分						
初级产品	97.3	116.3	105.2	107.4	103.3	162.4
矿产品	97.3	116.3	105.2	107.4	103.3	162.7
废料						117.5
中间产品	99.5	109.5	102.7	100.4	98.5	119.3

6-9 续 表1

上年 =100

指　　标	2016	2017	2018	2019	2020	2021
最终产品	98.2	101.1	100.5	102.2	99.5	107.9
最终投资品	98.4	103.3	103.9	99.5	96.8	115.2
最终消费品	98.2	100.2	99.1	103.3	100.6	105.2
按工业部门分						
冶金工业	98.9	121.4	105.1	98.0	98.1	125.4
电力工业	95.6	98.8	97.0	101.2	99.3	104.0
煤炭及炼焦工业	99.5	120.0	105.8	109.9	104.8	163.8
石油工业	93.2	108.9	113.1	99.1	86.0	121.9
化学工业	104.0	110.2	104.1	98.6	96.6	129.4
机械工业	97.1	99.7	99.1	98.6	99.1	111.6
建筑材料工业	100.1	102.9	101.6	100.1	98.5	113.1
森林工业	97.2	102.0	100.2	96.7	98.8	
食品工业	98.5	99.5	100.8	103.3	102.7	107.2
纺织工业	97.8	97.9	106.5	107.6	93.2	102.2
缝纫工业	111.4	110.9	95.7	118.6	101.7	97.5
皮革工业	99.5	99.9	101.0	101.4	100.7	
造纸工业	100.8	108.4	102.1	97.1	98.5	100.3
文教艺术用品工业	100.5	103.8	100.6	104.7	105.2	
其他工业	99.6	115.4	110.0	96.7	93.1	108.7
按工业行业大类分						
煤炭开采和洗选业	99.1	119.0	104.7	111.1	105.3	168.4
石油和天然气开采业	88.2	107.9	119.8	96.8	78.1	156.3
黑色金属矿采选业	93.1	116.3	107.1	104.2	104.6	122.2
有色金属矿采选业	96.2	118.7	102.5	91.5	95.9	122.5
非金属矿采选业	98.3	100.3	97.1	102.7	99.8	99.8
农副食品加工业	97.5	98.6	98.9	102.8	106.5	107.5
食品制造业	99.2	100.6	103.4	104.6	98.6	109.9
酒、饮料和精制茶制造业	101.6	98.9	100.1	100.3	100.7	106.5
烟草制品业	100.0	100.0	100.1	102.7	101.0	100.0

6-9 续 表2

上年 =100

指 标	2016	2017	2018	2019	2020	2021
纺织业	106.9	107.2	99.8	116.5	98.5	100.5
纺织服装、服饰业	100.3	96.1	102.0	102.0	99.0	97.9
皮革、毛皮、羽毛及其制品和制鞋业	99.5	99.9	101.0	101.4	100.7	
木材加工和木、竹、藤、棕、草制品业	96.9	102.6	98.4	95.4	98.6	
家具制造业	100.3	95.4	118.3	108.1	100.0	
造纸和纸制品业	100.8	108.4	102.1	97.1	98.5	100.3
印刷和记录媒介复制业	100.5	103.8	100.6	104.7	105.2	
文教、工美、体育和娱乐用品制造业						
石油加工、炼焦和核燃料加工业	98.9	123.0	116.7	93.8	87.7	137.9
化学原料和化学制品制造业	105.5	113.6	104.9	97.5	93.5	132.1
医药制造业	99.6	100.0	103.0	103.7	107.0	105.1
橡胶和塑料制品业	99.1	110.0	102.3	95.0	94.7	103.6
非金属矿物制品业	100.4	105.5	104.4	98.6	97.3	112.7
黑色金属冶炼和压延加工业	103.2	126.7	107.7	95.3	95.7	127.0
有色金属冶炼和压延加工业	95.4	117.0	100.9	100.5	99.5	124.9
金属制品业	99.7	94.7	103.5	103.3	100.4	108.3
通用设备制造业	97.9	100.1	100.5	97.9	97.3	100.0
专用设备制造业	98.0	101.3	100.7	99.3	99.8	101.0
汽车制造业	95.7	100.0	100.3	104.0	101.3	102.1
铁路、船舶、航空航天和其他运输设备制造业	100.3	100.3	99.9	100.1	99.5	
电气机械和器材制造业	97.8	99.2	101.4	99.1	99.6	101.4
计算机、通信和其他电子设备制造业	98.9	96.6	87.0	80.8	86.9	126.3
仪器仪表制造业	100.0					
其他制造业						
废弃资源综合利用业						117.5
金属制品、机械和设备修理业	100.0	99.8	99.7	100.0	100.0	
电力、热力生产和供应业	95.6	98.8	97.0	101.2	99.3	104.0
燃气生产和供应业	95.5	104.9	109.0	106.3	95.9	114.2
水的生产和供应业	109.1	100.1	102.8	102.3	100.4	100.2

6-10 工业生产者购进价格指数（2016-2021 年）

上年 =100

指　　标	2016	2017	2018	2019	2020	2021
总指数	**97.4**	**106.3**	**102.4**	**101.1**	**99.5**	**128.0**
按初级中间最终产品分						
初级产品	97.3	108.2	102.6	102.8	101.4	139.3
农产品	97.8	100.3	101.3	105.3	105.3	114.5
矿产品	96.8	113.8	103.5	101.1	98.7	145.6
废料	104.3	105.2	100.2	97.1	97.0	119.5
中间产品	97.5	105.3	102.3	100.2	98.5	119.7
九大类原材料购进价格指数						
燃料、动力类	99.6	111.1	102.9	98.9	97.7	140.7
黑色金属材料类	91.5	105.2	105.2	103.5	100.1	118.1
钢材	94.6	105.6	106.3	102.8	99.3	121.0
其他	86.7	104.5	103.4	104.6	101.4	117.7
有色金属材料及电线类	96.1	114.4	103.3	98.3	97.7	121.4
化工原料类	101.9	109.1	102.6	92.8	91.7	124.2
木材及纸浆类	100.1	101.6	101.3	100.5	97.6	109.3
建筑材料及非金属类	96.8	109.3	105.4	99.4	96.1	112.1
其他工业原材料及半成品类	98.1	100.5	99.4	102.9	102.1	107.7
农副产品类	97.1	100.1	101.1	105.1	105.6	114.3
纺织原料类	96.8	102.6	104.3	103.0	88.5	93.9
按行业大类分						
农业	96.4	99.6	100.1	102.9	106.1	123.3
林业	109.2	104.0	103.9	107.4	99.6	102.4
畜牧业	98.3	100.9	102.7	108.5	104.6	104.4
农、林、牧、渔服务业	97.6	100.0	100.0			
煤炭开采和洗选业	100.5	117.6	103.3	99.9	98.7	160.0
石油和天然气开采业	84.0	121.1	123.3	94.4	74.0	153.0
黑色金属矿采选业	86.2	102.9	102.2	105.8	102.3	107.3

6-10 续 表

上年 =100

指 标	2016	2017	2018	2019	2020	2021
有色金属矿采选业	95.9	117.7	107.6	98.8	97.4	134.4
非金属矿采选业	99.3	103.8	104.1	96.5	95.7	106.2
农副食品加工业	98.0	101.0	95.8	96.5	96.8	112.4
食品制造业	95.1	98.7	101.6	108.5	106.9	101.9
酒、饮料和精制茶制造业	100.8	100.8	100.0			100.6
烟草制品业	100.2	100.0	100.0	125.4	86.4	92.9
纺织业	96.8	102.6	104.3	103.0	88.5	93.9
皮革、毛皮、羽毛（绒）及其制品业						
木材加工及木、竹、藤、棕、草制品业	95.3	100.0	99.8	96.4	96.5	
造纸和纸制品业	99.1	101.3	101.3	100.0	97.2	110.7
印刷业和记录媒介的复制	102.0	117.6	98.9	85.6	83.7	
石油加工、炼焦及核燃料加工业	98.8	122.4	111.8	98.9	90.9	151.0
化学原料及化学制品制造业	101.5	109.3	102.8	91.7	90.4	127.5
医药制造业	102.5	99.7	109.7	97.5	101.9	122.7
橡胶和塑料制品业	104.3	107.7	100.8	101.2	101.6	101.0
非金属矿物制品业	93.9	115.7	106.3	102.8	96.4	115.6
黑色金属冶炼和压延加工业	93.7	106.1	106.4	102.5	99.2	132.0
有色金属冶炼和压延加工业	96.2	113.5	102.1	98.3	97.8	114.3
金属制品业	123.4	123.2	106.5	100.6	99.9	123.6
汽车制造业	100.2	103.9	101.2	98.9	100.6	99.9
电气机械和器材制造业	100.2	107.9	100.2	97.6	101.1	99.9
通信设备、计算机及其他电子设备制造业						
废弃资源综合利用业	104.3	105.2	100.2	97.1	97.0	119.5
电力、热力的生产和供应业	99.5	101.2	97.8	96.9	99.8	114.7
燃气生产和供应业	102.1	100.5	104.1	104.1	97.6	97.2
水的生产和供应业	100.6	101.9	103.1	103.6	100.0	100.0

6-11 房屋销售价格指数（2021年）

指　　标	新建商品住宅	二手住宅
环比价格指数（以上月价格为100）		
1月	100.2	100.2
2月	99.7	100.2
3月	100.5	100.3
4月	100.3	100.5
5月	100.7	100.5
6月	100.0	100.2
7月	100.2	99.8
8月	100.1	99.8
9月	99.8	99.7
10月	99.7	99.9
11月	99.5	99.6
12月	99.4	99.6
同比价格指数（以上年同月价格为100）		
1月	102.6	101.8
2月	102.5	102.0
3月	102.9	102.7
4月	103.4	103.9
5月	103.3	103.3
6月	103.3	102.8
7月	103.0	102.3
8月	102.3	102.0
9月	101.6	101.4
10月	101.2	101.5
11月	101.0	101.1
12月	100.2	100.5
定基价格指数（以2020年价格为100）		
1月	101.6	101.1
2月	101.2	101.3
3月	101.8	101.7
4月	102.1	102.3
5月	102.8	102.8
6月	102.8	103.0
7月	103.0	102.7
8月	103.1	102.5
9月	102.8	102.3
10月	102.5	102.2
11月	102.1	101.8
12月	101.5	101.4

主要统计指标解释

居民消费价格指数（CPI） 是反映一定时期内城乡居民所购买的生活消费品价格和服务项目价格变动趋势和程度的相对数，是对城市居民消费价格指数和农村居民消费价格指数进行综合汇总计算的结果。利用居民消费价格指数，可以观察和分析消费品的零售价格和服务价格变动对城乡居民实际生活费支出的影响程度。

商品零售价格指数 是反映一定时期内城乡商品零售价格变动趋势和程度的相对数。零售物价的调整变动直接影响到城乡居民的生活支出和国家的财政收入，影响居民购买力和市场供需平衡，影响消费与积累的比例。因此，计算零售价格指数，可以从一个侧面对上述经济活动进行观察和分析。

工业生产者出厂价格指数 是反映一定时期内全部工业产品出厂价格总水平的变动趋势和程度的相对数，包括工业企业售给本企业以外所有单位的各种产品和直接售给居民用于生活消费的产品。该指数可以观察出厂价格变动对工业总产值及增加值的影响。

工业生产者购进价格指数 是反映工业企业作为生产投入，而从物资交易市场和能源、原材料生产企业购买原材料、燃料和动力产品时，所支付的价格水平变动趋势和程度的统计指标，是扣除工业企业物质消耗成本中的价格变动影响的重要依据。

7 人民生活

资料整理：倪晓东

7-1 城乡居民人均可支配收入

年 份	全体居民可支配收入		城镇居民人均可支配收入		农牧民人均可支配收入	
	绝对数（元）	增速（%）	绝对数（元）	增速（%）	绝对数（元）	增速（%）
1980			486	1.2	195	17.1
1981			491	1.0	237	21.8
1982			499	1.6	310	30.8
1983			514	3.0	361	16.4
1984			581	13.0	383	6.0
1985			766	31.8	419	9.4
1986			848	10.7	417	-0.5
1987			954	12.5	454	8.8
1988			1025	7.4	533	17.5
1989			1169	14.0	523	-1.9
1990			1305	11.6	640	22.3
1991			1516	16.2	669	4.6
1992			1742	14.9	803	20.0
1993			2215	27.2	910	13.4
1994			2922	31.9	1163	27.7
1995			3385	15.8	1470	26.4
1996			3916	15.7	1785	21.4
1997			4426	13.0	2080	16.5
1998			4654	5.2	2301	10.6
1999			5061	8.7	2426	5.5
2000			5436	7.4	2548	5.0
2001			5883	8.2	2558	0.4
2002			6980	18.6	2864	11.9
2003			9216	32.0	3435	19.9
2004			11508	24.9	4136	20.4
2005			13218	14.9	4667	12.8
2006			15122	14.4	5338	14.4
2007			17876	18.2	6148	15.2
2008			20861	16.7	7076	15.1
2009			23089	10.7	7826	10.6
2010			25862	12.0	8766	12.0
2011			29628	14.6	10059	14.7
2012			33485	13.0	11421	13.5
2013	28069	10.7	32694	9.2	11547	12.1
2014	30704	9.4	35506	8.6	12713	10.1
2015	33184	8.1	38098	7.3	13667	7.5
2016	35759	7.8	40955	7.5	14692	7.5
2017	38749	8.4	44231	8.0	15901	8.2
2018	41755	7.8	47407	7.2	17435	9.7
2019	44748	7.2	50427	6.4	19174	10.0
2020	45879	2.5	50981	1.1	20710	8.0
2021	49353	7.6	54448	6.8	22791	10.0

注：2013年居民收支调查实施了城乡住户一体化改革，数据口径、抽样方法均有变化，1980-2012年农牧民可支配收入为农牧民纯收入。

7-2 城乡居民人均生活消费支出

年 份	全体居民生活消费支出		城镇居民生活消费支出			农牧民生活消费支出		
	绝对数（元）	增速（%）	绝对数（元）	增速（%）	恩格尔系数	绝对数（元）	增速（%）	恩格尔系数
1980			432		56.8	174		
1981			436	-0.7	55.2	196	12.6	
1982			446	0.6	56.8	232	18.3	
1983			455	2.2	58.2	272	17.0	
1984			480	10.8	54.7	302	11.4	
1985			656	20.2	49.1	330	9.2	
1986			739	5.3	51.0	389	17.8	
1987			786	3.4	52.9	400	2.9	
1988			916	-8.7	49.7	451	12.7	
1989			980	0.6	52.0	555	23.1	
1990			1075	8.6	51.0	597	7.5	
1991			1242	10.1	37.4	608	1.9	
1992			1340	5.6	51.5	644	5.9	
1993			1731	9.0	50.5	781	21.3	
1994			2104	5.5	54.0	975	24.9	
1995			2615	0.1	54.9	1327	36.0	
1996			2755	7.1	53.5	1295	-2.4	
1997			3165	7.6	48.7	1617	24.9	
1998			3190	5.6	43.4	1558	-3.6	
1999			3592	7.0	41.0	1632	4.7	
2000			4257	4.7	38.0	1626	-0.4	47.9
2001			4537	8.2	37.2	1810	11.3	43.2
2002			5058	19.3	34.5	2083	15.1	39.4
2003			6817	30.2	31.6	2191	5.2	44.7
2004			8722	21.2	33.5	2600	18.7	40.2
2005			10056	12.9	32.6	2952	13.6	39.1
2006			11549	12.7	31.4	3640	23.3	37.3
2007			13613	14.0	33.3	4381	20.4	37.0
2008			16254	11.2	32.8	4966	13.4	37.2
2009			18950	10.9	31.6	5522	11.2	37.1
2010			20994	9.0	31.6	6132	11.0	37.2
2011			23570	8.9	30.4	6943	13.2	37.1
2012			26009	7.4	30.8	7869	13.3	37.2
2013	19413	14.1	22967	8.9	31.2	8930	15.3	36.5
2014	22110	13.9	24920	8.5	28.2	9724	8.9	34.5
2015	24119	9.1	27269	9.4	28.9	10099	3.8	32.6
2016	25485	5.7	28632	5.0	28.3	11014	9.1	31.8
2017	26502	4.0	29806	4.1	27.5	11435	3.8	31.1
2018	26968	1.8	30140	1.1	27.4	11855	3.7	30.6
2019	28221	4.6	31066	3.1	27.1	12966	9.4	30.3
2020	26632	-5.6	28957	-6.8	27.0	13205	1.8	29.1
2021	30108	13.1	32547	12.4	26.9	14987	13.5	29.0

注：2013 年居民收支调查实施了城乡住户一体化改革，数据口径、抽样方法均有变化，2013 年消费增速按可比口径计算。

7-3　全体居民主要收支情况（2020-2021 年）

单位：元／人

指　　标	2020	2021	2021 年比 2020 年增长	
			绝对额	%
可支配收入	**45879**	**49353**	**3474**	**7.6**
工资性收入	28674	30812	2138	7.5
经营净收入	6102	6982	880	14.4
第一产业净收入	1403	2226	823	58.7
第二产业净收入	368	1024	656	178.3
第三产业净收入	4331	3732	-599	-13.8
财产净收入	4910	5155	245	5.0
转移净收入	6193	6404	211	3.4
消费性支出	**26632**	**30108**	**3476**	**13.1**
食品	7616	8581	965	12.7
衣着	3009	3258	249	8.3
居住	4514	5229	715	15.8
生活用品及服务	2277	2473	196	8.6
交通通信	2591	2995	404	15.6
交通	1943	2389	446	23.0
通信	648	606	-42	-6.5
教育文化娱乐	3063	3486	423	13.8
教育	1682	2397	715	42.5
文化娱乐	1381	1089	-292	-21.1
医疗保健	2743	3160	417	15.2
其他商品和服务	819	926	107	13.1
恩格尔系数（%）	**28.60**	**28.50**	**-0.10**	

注：本表数据为城乡住户一体化调查数据（新口径数据）。

7-4　全体居民家庭耐用消费品拥有情况（2021 年）

指　　标	单　　位	2021
家用汽车	辆 / 百户	62
摩托车	辆 / 百户	15
助力车	台 / 百户	35
洗衣机	台 / 百户	101
电冰箱（柜）	台 / 百户	104
微波炉	台 / 百户	58
彩色电视机	台 / 百户	101
空调	台 / 百户	37
热水器	台 / 百户	82
洗碗机	台 / 百户	5
排油烟机	台 / 百户	83
固定电话	线 / 百户	1
移动电话	部 / 百户	218
其中：接入互联网	部 / 百户	193
计算机	台 / 百户	60
其中：接入互联网	台 / 百户	47
照相机	台 / 百户	14
中高档乐器	架 / 百户	11
健身器材	台 / 百户	7
空气净化器（含新风系统）	台 / 百户	9
吸尘器	台 / 百户	16

7-5　城镇常住居民主要收支情况（2020-2021 年）

单位：元／人

指　　标	2020	2021	2021 年比 2020 年增长	
			绝对额	%
可支配收入	**50981**	**54448**	**3467**	**6.8**
工资性收入	31863	33965	2102	6.6
经营净收入	5557	6399	842	15.2
第一产业净收入	1166	1345	179	15.4
第二产业净收入	1111	1279	168	15.1
第三产业净收入	3280	3775	495	15.1
财产净收入	5047	5289	242	4.8
转移净收入	8514	8795	281	3.3
消费性支出	**28957**	**32547**	**3590**	**12.4**
食品	7818	8755	937	12.0
衣着	2982	3256	274	9.2
居住	5328	6245	917	17.2
生活用品及服务	2258	2306	48	2.1
交通通讯	3851	4358	507	13.2
交通	2926	3488	562	19.2
通信	925	870	-55	-5.9
教育文化娱乐	3594	4058	464	12.9
教育	1904	2738	834	43.8
文化娱乐	1690	1320	-370	-21.9
医疗保健	2142	2456	314	14.7
其他商品和服务	984	1113	129	13.1
恩格尔系数（%）	**27.00**	**26.90**	**-0.01**	

注：本表数据为城乡住户一体化调查数据（新口径数据）。

7-6　城镇居民家庭耐用消费品拥有情况（2021 年）

指　　标	单　　位	2021
家用汽车	辆 / 百户	66
摩托车	辆 / 百户	6
助力车	台 / 百户	28
洗衣机	台 / 百户	101
电冰箱（柜）	台 / 百户	104
微波炉	台 / 百户	68
彩色电视机	台 / 百户	102
空调	台 / 百户	44
热水器	台 / 百户	91
洗碗机	台 / 百户	7
排油烟机	台 / 百户	91
固定电话	线 / 百户	2
移动电话	部 / 百户	218
其中：接入互联网	部 / 百户	192
计算机	台 / 百户	70
其中：接入互联网	台 / 百户	55
照相机	台 / 百户	17
中高档乐器	架 / 百户	13
健身器材	台 / 百户	9
空气净化器（含新风系统）	台 / 百户	10
吸尘器	台 / 百户	20

7-7　农村牧区常住居民主要收支情况（2020-2021年）

单位：元/人

指　　标	2020	2021	2021年比2020年增长	
			绝对额	%
可支配收入	**20710**	**22791**	**2081**	**10.0**
工资性收入	6544	7194	650	9.9
经营净收入	9860	11126	1266	12.8
第一产业净收入	6902	7780	878	12.7
第二产业净收入	139	208	69	49.6
第三产业净收入	2819	3138	319	11.3
财产净收入	849	893	44	5.2
转移净收入	3457	3578	121	3.5
消费性支出	**13205**	**14987**	**1782**	**13.5**
食品	3842	4351	509	13.2
衣着	935	995	60	6.4
居住	2652	2848	196	7.4
生活用品及服务	611	720	109	17.8
交通通信	2339	2750	411	17.6
交通	1684	2135	451	26.8
通信	655	615	-40	-6.1
教育文化娱乐	1320	1568	248	18.8
教育	1108	1322	214	19.3
文化娱乐	212	246	34	16.0
医疗保健	1307	1530	223	17.1
其他商品和服务	199	225	26	13.1
恩格尔系数（%）	**29.10**	**29.00**	**-0.10**	

注：本表数据为城乡住户一体化调查数据（新口径数据）。

7-8　农村牧区居民家庭耐用消费品拥有情况（2021年）

指　标	单　位	2021
家用汽车	辆 / 百户	42
摩托车	辆 / 百户	55
助力车	台 / 百户	69
洗衣机	台 / 百户	99
电冰箱（柜）	台 / 百户	101
微波炉	台 / 百户	15
彩色电视机	台 / 百户	98
空调	台 / 百户	5
热水器	台 / 百户	39
洗碗机	台 / 百户	0.4
排油烟机	台 / 百户	48
固定电话	线 / 百户	0.1
移动电话	部 / 百户	219
其中：接入互联网	部 / 百户	197
计算机	台 / 百户	12
其中：接入互联网	台 / 百户	11
照相机	台 / 百户	1
中高档乐器	架 / 百户	0.4
健身器材	台 / 百户	1
空气净化器（含新风系统）	台 / 百户	1
吸尘器	台 / 百户	1

主要统计指标解释

可支配收入　指居民可用于最终消费支出和储蓄的总和，即居民可用于自由支配的收入。既包括现金收入，也包括实物收入。按照收入的来源，可支配收入包含四项，分别为：工资性收入、经营净收入、财产净收入和转移净收入。

工资性收入　指就业人员通过各种途径得到的全部劳动报酬和各种福利，包括受雇于单位或个人、从事各种自由职业、兼职和零星劳动得到的全部劳动报酬和福利。

经营净收入　指住户或住户成员从事生产经营活动所获得的净收入，是全部经营收入中扣除经营费用、生产性固定资产折旧和生产税之后得到的净收入。计算公式为：

经营净收入＝经营收入－经营费用－生产性固定资产折旧－生产税

财产净收入　指住户或住户成员将其所拥有的金融资产、住房等非金融资产和自然资源交由其他机构单位、住户或个人支配而获得的回报并扣除相关的费用之后得到的净收入。财产净收入包括利息净收入、红利收入、储蓄性保险净收益、转让承包土地经营权租金净收入、出租房屋净收入、出租其他资产净收入和自有住房折算净租金等。财产净收入不包括转让资产所有权的溢价所得。

转移净收入计算公式为：

转移净收入＝转移性收入－转移性支出

转移性收入　指国家、单位、社会团体对住户的各种经常性转移支付和住户之间的经常性收入转移。包括养老金或退休金、社会救济和补助、政策性生产补贴、政策性生活补贴、救灾款、经常性捐赠和赔偿、报销医疗费、住户之间的赡养收入，本住户非常住成员寄回带回的收入等。转移性收入不包括住户之间的实物馈赠。

转移性支出　指调查户对国家、单位、住户或个人的经常性或义务性转移支付。包括缴纳的税款、各项社会保障支出、赡养支出、经常性捐赠和赔偿支出以及其他经常转移支出等。消费支出是指居民用于满足家庭日常生活消费需要的全部支出，既包括现金消费支出，也包括实物消费支出。消费支出可划分为食品烟酒、衣着、居住、生活用品及服务、交通通信、教育文化娱乐、医疗保健以及其他用品及服务八大类。

8 财　　政

资料整理：杨烨坤

8-1 财政收支情况（2021年）

单位：万元

指　　标	2021	指　　标	2021
一般公共预算收入	**1610533**	**一般公共预算支出**	**3356633**
税收收入	1240651	一般公共服务支出	303051
增值税	434705	外交支出	
企业所得税	213680	国防支出	3642
个人所得税	32795	公共安全支出	146948
资源税	40318	教育支出	549053
城市维护建设税	92357	科学技术支出	54362
房产税	67509	文化体育与传媒支出	45053
印花税	44421	社会保障和就业支出	573396
城镇土地使用税	97950	卫生健康支出	236008
土地增值税	59388	节能环保支出	113641
车船税	30634	城乡社区支出	311213
耕地占用税	10203	农林水支出	263210
契税	100244	交通运输支出	142437
环境保护税	15411	资源勘探信息等支出	79268
其他各项税收收入	1036	商业服务业等支出	20411
非税收入	369882	金融支出	22942
专项收入	71638	援助其他地区支出	
行政事业性收费收入	84724	自然资源海洋气象等支出	27980
罚没收入	136644	住房保障支出	114946
国有资本经营收入	16483	粮油物资储备支出	3100
国有资源（资产）有偿使用收入	50693	灾害防治及应急管理支出	13629
其他收入	9700	其他支出	58682
		债务付息支出	272490
		债务发行费用支出	1171
政府性基金收入	**727496**	**政府性基金支出**	**717469**

8-2 财政收入

单位：万元

年 份	财 政 总收入	地方财 政收入	一般预 算收入	# 工商税收	# 增值税	# 农牧业税和 耕地占用税	# 企 业 所得税
1950	147	147		14			
1951	283	283		43			
1952	374	374		48			
1953	275	275		30			
1954	599	599		222			
1955	1033	1033		285			
1956	3496	3496		2310			
1957	3378	3378		1788			
1958	5622	5622		3244			
1959	7676	7676		4457			
1960	10110	10110		6243			
1961	5014	5014		4102			
1962	4651	4651		4128			
1963	5587	5587		4828			
1964	6605	6605		5063			
1965	6850	6850		4474			
1966	7319	7319		4969			
1967	6392	6392		4899			
1968	6318	6318		4778			
1969	6331	6331		4157			
1970	9598	9598		6132			
1971	17552	17552		8486			
1972	11659	11659		8434			
1973	12700	12700		9788			
1974	8710	8710		8533			
1975	8510	8510		9238			
1976	8454	8454		9487			
1977	10558	10558		10772			

注：本表中数据含达茂旗。

8-2 续 表 1

单位：万元

年 份	财 政总收入	地方财政收入	一般预算收入	# 营业税	# 增值税	# 农牧业税和耕地占用税	# 企 业所得税
1978	16091	16091		13373			
1979	15646	15646		12446			
1980	14681	14681		12536			
1981	14116	14116		12512			
1982	15245	15245		14921			
1983	13447	13447		16557			
1984	16792	16792		19020			
1985	24228	24228		29044			
1986	35527	35527		35534			
1987	43217	43217		43215			
1988	53122	53122		52618			
1989	62205	62205		63073			
1990	75927	75927		72897			
1991	85721	85721		78513			
1992	92097	92097		88816			
1993	169862	169862		166586			
1994	188676	82401		72045			
1995	193645	92978		77170			
1996	221228	116866		17746	33205	4672	6673
1997	243174	138771	124922	18724	33384	5014	7333
1998	265538	153814	144454	21564	35570	4618	8278
1999	272394	165042	156698	22438	34244	4850	11227
2000	273236	161794	156178	25931	35873	5393	15556
2001	283980	167707	160457	22157	37479	5789	21766
2002	353386	200015	187683	32506	44407	8065	10890
2003	502386	297638	259216	51358	59547	12777	8977
2004	732737	452387	416175	85723	80180	23168	12937
2005	1021695	612049	584198	146427	115813	30993	22429
2006	1301171	784019	675343	130725	97141	32847	25794

注：1995 年以前营业税为工商税收（后同）。

8-2 续 表 2

单位：万元

指 标	2007	2008	2009	2010	2011	2012	2013
地方财政总收入	**1437712**	**1818057**	**2172366**	**2433151**	**2954983**	**3267779**	**3450009**
公共财政预算收入	767476	964808	1303120	1391830	1618571	1857557	2151179
税收收入	534824	692399	825995	942677	1136263	1251286	1321226
# 增值税	115245	144399	143787	157257	176955	157986	163771
营业税	148355	159304	184587	256484	267000	342875	388265
企业所得税	50902	69973	60854	83006	142028	180818	135503
个人所得税	18490	21243	24005	30996	42077	41997	34187
城市维护建设税	47745	55454	62988	73789	81164	81142	89595
印花税	13222	16906	15191	18873	24294	23529	23933
非税收入	232652	272409	477125	449153	482308	606271	829953
上划中央税收	576111	735347	739096	866047	1101110	1150058	1041739
# 增值税	437637	555376	560205	620741	707820	677087	676153
企业所得税	96651	132190	118545	163994	285628	363733	272345
个人所得税	35108	40851	46764	61176	84155	83993	68374
上划自治区税收	94125	117902	130150	175274	235302	260164	257091
# 增值税	30635	40728	42950	49659	58985	67709	68278
营业税	39436	44933	55138	80995	89000	38098	43142
政府性基金收入	**192366**	**233951**	**269636**	**534637**	**604775**	**508046**	**866645**
财政总收入（原口径）	**1630078**	**2052008**	**2442002**	**2967788**	**3559758**	**3775825**	**4316654**

注：从 2007 年起，全市各级财政统一按剔除基金收入和基金支出后统计地方财政总收入和地方财政支出（后同）。

8-2 续 表 3

单位：万元

指　　标	2014	2015	2016	2017
一般公共预算收入	**2343186**	**2523021**	**2712122**	**1376126**
税收收入	1499648	1733413	1730819	992043
增值税	145321	131915	237925	322427
其中：改征增值税	31251	36249		
营业税	371113	350918	235872	
企业所得税	115672	76520	100287	101612
个人所得税	34107	40186	40213	46392
资源税	48987	27012	38261	14951
城市维护建设税	75622	71372	71541	66889
房产税	64014	61193	87078	62228
印花税	23783	20027	25371	25463
城镇土地使用税	156687	283968	219800	154634
土地增值税	54915	36910	55236	32913
车船税	19579	21917	23288	25131
耕地占用税	318709	559803	527747	86743
契税	71139	51672	68200	52660
烟叶税				
环境保护税				
其他各项税收收入				
非税收入	843538	789608	981303	384083
专项收入	60836	67678	71269	44073
行政事业性收费收入	168473	165847	215935	176382
罚没收入	54070	42317	42706	49640
国有资本经营收入	374438	323056	404419	29475
国有资源（资产）有偿使用收入	155431	181349	227519	71070
其他收入	30290	9361	19455	13443
政府性基金收入	**575212**	**691550**	**1090449**	**465438**

注：从2014年起，根据自治区财政厅要求，不再公布地方财政总收支数据（后同）。

8-2 续 表 4

单位：万元

指 标	2018	2019	2020	2021
一般公共预算收入	**1427491**	**1518173**	**1451783**	**1610533**
税收收入	1114017	1226840	1115035	1240651
增值税	386762	444596	342502	434705
企业所得税	101561	141384	108139	213680
个人所得税	55104	33221	31460	32795
资源税	23916	34759	39812	40318
城市维护建设税	82462	84633	77061	92357
房产税	85776	102270	83622	67509
印花税	29891	34409	33324	44421
城镇土地使用税	166829	123954	153057	97950
土地增值税	41200	103213	97928	59388
车船税	27766	26047	28702	30634
耕地占用税	34155	5116	33145	10203
契税	73211	76606	70460	100244
环境保护税		11655	14888	15411
其他各项税收收入		4977	935	1036
非税收入	313474	291333	336748	369882
专项收入	74463	76713	49689	71638
行政事业性收费收入	76287	62558	64818	84724
罚没收入	49020	60617	84607	136644
国有资本经营收入	15944	5107	18907	16483
国有资源（资产）有偿使用收入	83740	59081	101308	50693
其他收入	14020	27257	17419	9700
政府性基金收入	**842641**	**952259**	**793843**	**727496**

8-3　地方财政支出及主要支出项目

单位：万元

年 份	地方财政支出	基本建设支出	技术改造	支援农业	工交商事 业	教科文卫	#教育事业	城市维护	社会保障补助支 出	抚恤社救	行政管理	公检法司	政策补贴
1950	95					31	18				47		
1951	220					47	27				105		
1952	338			3		94	55				131		
1953	594			4		209	118				187		
1954	1400	124		12		266	149				510		
1955	1367	885		49		262	149				364		
1956	4261	891		88		681	384				544		
1957	3387	798		91		855	484				659		
1958	8598	5446		602		791	448				744		
1959	10707	5740		475		940	533				836		
1960	13061	8950		991		1374	778				914		
1961	4798	2472		675		907	517				739		
1962	2608	289		462		853	488				626		
1963	2629	139		281		807	457				607		
1964	2895	555		235		928	528				683		
1965	2866	64		197		1068	607				630		
1966	3849	421		387		1243	710				656		
1967	2981	214		187		1237	708				586		
1968	2393	262		99		971	554				648		
1969	3256	327		117		1058	596				843		
1970	4636	1109		196		1104	624				879		
1971	7669	2872		306		1301	740				1023		
1972	7427	2596		351		1736	996				1060		
1973	6563	90		814		1908	1156				1084		
1974	6073	121		791		1970	1129				1079		
1975	6825	127		921		2071	1204				1152		
1976	6832	164		873		2308	1252				1243		
1977	8092	400		1043		2337	1308				1281		

8-3 续 表 1

单位：万元

年 份	地方财政支出	基本建设支出	技术改造	支援农业	工交商事业	教科文卫	#教育事业	城市维护	社会保障补助支出	抚恤社救	行政管理	公检法司	政策补贴
1978	10332	1452		1266		2803	1605				1361		
1979	10928	1290		1398		3132	1749				1515		
1980	11202	627		1465		3505	2051				1820		
1981	10572	341		1126		3663	2088				1758		
1982	12681	312		1318		4282	2321				1950		
1983	13989	1229		666		5091	2683				2541		
1984	18742	2354		783		5581	2916				3599		
1985	22338	3274		632		6855	3744				2904		
1986	35161	7430		1311		8287	4266				3694		
1987	36428	4791		1302		8779	5043				3638		
1988	39672	5953		1296		10698	5980				3377		
1989	49665	8701		2041		11634	6577				3595		
1990	62151	10312		2424		13756	7472				5267		
1991	70092	10739		2909		14493	7613				6494		
1992	70181	12113		3542		16643	8924				8543		
1993	140335	65597		3460		20919	11791				11339		
1994	104576	18025		3462		26991	15260				14124		
1995	109770	18629		3517		28395	16147				16115		
1996	145990	10055	12525	4300	1547	32136	19306	14242		5871	19363	7967	1005
1997	165297	13900	12617	3925	1881	27060	21291	11870		3478	23381	9579	1016
1998	177821	25172	10585	3471	1649	34097	19726	11795		3783	18085	9814	504
1999	202951	21736	10150	4187	1414	40060	23047	12741	11813	3507	19480	11521	511
2000	216546	25597	9969	2143	1810	42016	24142	12079	23048	4190	20490	12157	527
2001	245235	36861	7005	3345	1776	48054	29196	13392	18417	4196	23172	13013	4309
2002	312753	46931	16431	2405	2089	54233	33640	16502	28089	7685	28241	16066	5477
2003	497066	64678	39130	13107	3553	71842	44462	19844	37093	13348	47879	25794	4671
2004	643749	73143	73729	32895	5136	86445	56233	28041	38177	13103	77743	32506	2356
2005	778564	87929	64551	43410	4681	107004	72366	49825	44614	17405	107591	34037	1335
2006	1057327	129145	72643	62871	3926	139395	96894	95095	80572	21885	110806	34964	5981

注：2003-2006年支援农业支出为农、林、水利、气象支出。

8-3 续 表2

单位：万元

指 标	2007	2008	2009	2010	2011	2012	2013
公共财政预算支出	**1143996**	**1531681**	**1955634**	**2049617**	**2512724**	**2911038**	**3552582**
#一般公共服务	201266	221665	251449	242146	281211	326460	298080
公共安全	54797	72699	88236	101063	118322	130861	132082
教育	149685	184248	239935	281619	365274	403763	431563
科学技术	16705	20895	27231	29227	36556	38200	44914
文化体育与传媒	11860	16504	23594	25628	37401	45498	47073
社会保障和就业	207235	265359	357417	306442	337339	389005	453880
医疗卫生	37281	55737	75922	78962	103896	120209	149311
节能环保	25536	53466	50586	76050	63336	111849	78273
城乡社区事务	172279	253441	443583	451018	521101	565971	825031
农林水事务	83388	99458	129151	153203	214191	302194	300424
交通运输	18981	22010	44180	38752	57673	94474	90199
资源勘探电力信息等事务			114259	87786	94459	89222	160181
粮油物资储备管理事务			31699	4237	2790	5006	3894
住房保障支出				44711	135195	127765	398303
政府性基金支出	**201369**	**239393**	**314340**	**497045**	**622342**	**463693**	**872030**
财政总支出（原口径）	**1345365**	**1771074**	**2269974**	**2546662**	**3135066**	**3374731**	**4424612**

8-3 续 表 3

单位：万元

指 标	2014	2015	2016	2017
一般公共预算支出	**3546074**	**3932680**	**4143569**	**3303194**
一般公共服务支出	263855	263047	295908	264269
外交支出				
国防支出	3840	5155	4692	6284
公共安全支出	144959	155933	193252	167675
教育支出	425716	500593	534160	505189
科学技术支出	52740	53969	58364	39163
文化体育与传媒支出	64225	56241	60219	70127
社会保障和就业支出	583987	723089	732734	763336
卫生健康支出	165608	204241	237067	220935
节能环保支出	113497	168333	186051	165890
城乡社区支出	934972	865980	867225	240033
农林水支出	321671	294377	296016	243772
交通运输支出	94432	91700	132271	151420
资源勘探信息等支出	144832	154373	129012	59350
商业服务业等支出	53434	57185	59579	36927
金融支出	1061	1630	956	1601
援助其他地区支出				
自然资源海洋气象等支出	13518	75336	57802	36462
住房保障支出	89465	140286	184893	167946
粮油物资储备支出	5612	7468	6591	5687
灾害防治及应急管理支出				
国债还本付息支出	19788			
其他支出	48862	75653	19960	11921
债务付息支出		37009	84140	144117
债务发行费用支出		1082	2677	1090
政府性基金支出	**662017**	**691550**	**1090449**	**434359**

8-3　续　表 4

单位：万元

指　标	2018	2019	2020	2021
一般公共预算支出	**3645197**	**3645308**	**3793266**	**3356633**
一般公共服务支出	266123	291367	307156	303051
外交支出				
国防支出	6483	2498	3015	3642
公共安全支出	160200	170779	161106	146948
教育支出	545061	531860	535498	549053
科学技术支出	48268	42806	41581	54362
文化体育与传媒支出	56046	53768	50172	45053
社会保障和就业支出	739007	852717	988941	573396
卫生健康支出	240855	238460	242943	236008
节能环保支出	160687	129504	83232	113641
城乡社区支出	363296	379139	413895	311213
农林水支出	347051	293557	277791	263210
交通运输支出	184133	130738	103818	142437
资源勘探信息等支出	114504	63613	49350	79268
商业服务业等支出	33847	23644	27984	20411
金融支出	1379	32331	2097	22942
援助其他地区支出				
自然资源海洋气象等支出	23611	17678	22851	27980
住房保障支出	103964	105604	112075	114946
粮油物资储备支出	9999	5879	7749	3100
灾害防治及应急管理支出		13346	15074	13629
其他支出	53608	47408	103061	58682
债务付息支出	185949	218120	243442	272490
债务发行费用支出	1126	492	435	1171
政府性基金支出	**858496**	**991229**	**1386441**	**717469**

8-4 财政收支总额及增长速度（1950-2013 年）

年 份	财政总收入（万元）	财政总支出（万元）	增长速度（%）	
			财政总收入	财政总支出
1950	147	95		
1951	283	220	92.5	131.6
1952	374	338	32.2	53.6
1953	275	594	-26.5	75.7
1954	599	1400	117.8	135.7
1955	1033	1367	72.5	-2.4
1956	3496	4261	238.4	211.7
1957	3378	3387	-3.4	-20.5
1958	5622	8598	66.4	153.9
1959	7676	10707	36.5	24.5
1960	10110	13061	31.7	22.0
1961	5014	4798	-50.4	-63.3
1962	4651	2608	-7.2	-45.6
1963	5587	2629	20.1	0.8
1964	6605	2895	18.2	10.2
1965	6850	2866	3.7	-1.0
1966	7319	3849	6.8	34.3
1967	6392	2981	-12.7	-22.6
1968	6318	2393	-1.2	-19.7
1969	6331	3256	0.2	36.1
1970	9598	4636	51.6	42.4
1971	17552	7669	82.9	65.4
1972	11659	7427	-33.6	-3.2
1973	12700	6563	8.9	-11.6
1974	8710	6073	-31.4	-7.5
1975	8510	6825	-2.3	12.4
1976	8454	6832	-0.7	0.1
1977	10558	8092	24.9	18.4
1978	16091	10332	52.0	27.7
1979	15646	10928	-2.7	5.8
1980	14681	11202	-6.2	2.5
1981	14116	10572	-3.8	-5.6

8-4 续 表

年 份	财政总收入（万元）	财政总支出（万元）	增长速度（%）	
			财政总收入	财政总支出
1982	15145	12681	7.3	19.9
1983	13447	13989	-11.2	10.3
1984	16792	18742	24.9	34.0
1985	24228	22338	44.3	19.2
1986	35527	35161	46.6	57.4
1987	43271	36428	21.6	3.6
1988	53112	39672	22.9	8.9
1989	62205	49665	17.1	25.2
1990	75927	62151	22.1	25.1
1991	85721	70092	12.9	12.8
1992	92097	70181	7.4	0.1
1993	169862	140335	84.4	99.9
1994	188676	104576	11.1	-25.5
1995	199145	109770	5.5	5.0
1996	221228	145990	11.1	33.0
1997	243174	165297	9.9	13.2
1998	265538	177821	9.2	7.6
1999	272394	202951	2.6	14.1
2000	273236	216546	0.3	6.7
2001	283980	245235	3.9	13.2
2002	353386	312753	24.4	27.5
2003	502386	497066	42.2	58.9
2004	732737	643749	45.9	30.4
2005	1021695	778564	39.4	20.9
2006	1301171	1057327	27.4	35.8
2007	1630078	1345365	25.3	27.2
2008	2052008	1771074	25.9	31.6
2009	2442002	2269974	19.0	28.2
2010	2967788	2546662	21.5	12.2
2011	3559758	3135066	19.9	23.2
2012	3775825	3374731	6.1	7.6
2013	4316654	4424612	14.3	31.1

8-5 各项税收收入（1951-2006 年）

单位：万元

年 份	税收总额	# 地方税收					税收总额占财政总收入比重（%）
			# 工商税收	# 增值税	# 农业各税	# 企 业所得税	
1951	207	207	43				73.1
1952	254	254	48				67.9
1953	228	228	30				82.9
1954	457	457	222				76.3
1955	843	843	285				81.6
1956	2918	2918	2310				83.5
1957	2666	2666	1788				78.9
1958	3829	3829	3244				68.1
1959	5053	5053	4457				65.8
1960	6716	6716	6243				66.4
1961	4317	4317	4102				86.1
1962	4483	4483	4128				96.4
1963	5057	5057	4828				90.5
1964	5700	5700	5063				86.3
1965	5692	5692	4474				83.1
1966	6167	6167	4969				84.3
1967	6182	6182	4899				96.7
1968	5900	5900	4778				94.8
1969	5536	5536	4157				87.4
1970	7793	7793	6132				81.2
1971	9420	9420	8486				53.7
1972	9122	9122	8434				78.2
1973	10221	10221	9788				80.5
1974	9083	9083	8533				104.3
1975	9690	9690	9238				113.9
1976	10188	10188	9487				120.5
1977	13840	13840	10772				131.1

注：农业各税包括农业税、牧业税、耕地占用税、农业特产税和契税。2006 年，农业各税不包括农业税、牧业税和农业特产税。

8-5 续 表

单位：万元

年 份	税收总额	# 地方税收	# 营业税	# 增值税	# 农业各税	# 企 业所得税	税收总额占财政总收入比 重（%）
1978	13718	13718	13373				85.3
1979	12796	12796	12446				81.8
1980	12786	12786	12536				87.1
1981	12833	12833	12512				90.9
1982	15202	15202	14921				100.4
1983	16861	16861	16557				125.4
1984	15960	15960	19020				95.0
1985	31397	31397	29044				129.6
1986	38929	38929	35534				109.6
1987	49033	49033	43215				113.5
1988	58561	58561	52618				110.2
1989	69750	69750	63703				112.1
1990	79250	79250	72897				104.4
1991	83035	83035	78513				96.9
1992	92430	92430	88816				100.4
1993	170065	170065	166586				100.1
1994	184563	76917	72045	33499	1646	3382	97.8
1995	191065	82752	77170	32181	2207	3654	95.9
1996	206418	101610	17746	33205	4672	6164	93.3
1997	223171	118478	18724	33384	5014	7333	91.8
1998	249895	127209	21564	35570	4618	8278	94.1
1999	244856	137504	22438	34244	4850	11227	89.9
2000	253219	141777	25931	35873	5393	15556	92.7
2001	262515	146242	22157	37479	5789	21766	92.4
2002	306214	152897	32506	44407	8065	10890	86.7
2003	408552	203804	51358	59547	12777	8977	81.3
2004	584945	304595	85723	80180	23168	12937	79.8
2005	850592	440946	146427	115813	40095	22429	83.3
2006	974138	456986	130725	97141	47136	25794	74.9

注：1995 年以前营业税为工商税收。

主要统计指标解释

公共财政预算收入 是指政府凭借国家政治权力，以社会管理者身份筹集以税收为主体的财政收入，主要用于保障和改善民生、维持国家行政职能正常运转、保障国家安全等方面。从2012年起各级政府一般预算收入改称为公共财政预算收入，在口径上与2011年以前的“一般预算收入”相同。公共财政预算收入包括税收收入和非税收收入，其中税收收入包括增值税、营业税、消费税、土地增值税、城市维护建设税、资源税、城市土地使用税、企业所得税、个人所得税、关税、证券交易印花税、车辆购置税、农牧业税和耕地占用税等。

非税收入 是指由各级人民政府及其所属部门和单位依法利用行政权力、政府信誉、国家资源、国有资产或提供特定公共服务征收、收取、提取、募集的除税收和政府债务收入以外的财政收入，包括行政事业性收费、政府性基金、国有资源有偿使用收入、国有资产有偿使用收入、国有资本经营收入、彩票公益金、罚没收入、以政府名义接受的捐赠收入、主管部门集中收入、政府财政资金产生的利息收入等十类。

财政收入统计口径 按照财政部、自治区财政厅要求，从2007年起，全市各级财政统一按剔除基金收入和基金支出后统计地方财政总收入和地方财政支出。

新统计口径：

地方财政总收入＝公共财政预算收入＋上划中央税收＋上划自治区税收

地方财政支出＝公共财政预算支出

原统计口径：

财政总收入＝地方财政收入＋上划中央收入＋上划自治区收入

地方财政收入＝公共财政预算收入＋基金收入

财政总支出＝公共财政预算支出＋基金支出

财政支出 国家财政将筹集起来的资金进行分配使用，以满足经济建设和各项事业的需要，主要包括：

（1）基本建设支出：指按国家有关规定，属于基本建设范围内的基本建设有偿使用、拨款、资本金支出以及经国家批准对专项和政策性基建投资贷款，在部门的基建投资额中统筹支付的贴息支出。

（2）企业挖潜改造资金：指国家预算内拨给的用于企业挖潜、革新和改造方面的资金。包括各部门企业挖潜改造资金和企业挖潜改造贷款资金，为农业服务的县办“五小”企业技术改造补助，挖潜改造贷款贴息资金。

（3）地质勘探费用：指国家预算用于地质勘探单位的勘探工作费用，包括地质勘探管理机构及其事业单位经费、地质勘探经费。

（4）科技三项费用：指国家预算用于科技支出的费用，包括新产品试制费、中间试验费、重要科学研究补助费。

（5）支援农村生产支出：指国家财政支援农村集体（户）各项生产的支出。包括对农村举办的小型农田水利和打井、喷灌等的补助费，对农村水土保持措施的补助费，对农村举办的小水电站的补助费，特大抗旱的补助费，农村开荒补助费，扶持乡镇企业资金，支援农村合作生产组织资金、农村农技推广和植保补助费，农村草场和畜禽保护补助费，农村造林和林木保护补助费，农村水产补助费，发展粮食生产专项资金。

（6）农林水利气象等部门的事业费用：指国家财政用于农垦、农场、农业、畜牧、农机、林业、森工、水利、水产、气象、乡镇企业的技术推广、良种推广（示范）、动植物（畜禽、森林）保护、水质监测、勘探设计、资源调查、干部训练等项费用，园艺特产场补助费，中等专业学校经费，飞播牧草试验补助费，营林机构、气象机构经费，渔政费以及农业管理事业费等。

（7）工业交通商业等部门的事业费：指国家预算支付给工交商各部门用于事业发展的经费，包括勘探设计费、中等专业学校经费、技术学校经费、干部训练费。

（8）文教科学卫生事业费：指国家预算用于文化、出版、文物、教育、卫生、中医、公费医疗、体育、档案、地震、海洋、通讯、电影电视、计划生育、党政群干部训练、自然科学、社会科学、科协等项事业的人员和公用经费支出以及高技术研究专项经费。主要包括工资、补助工资、福利费、离退休费、助学金、公务费、设备购置费、修缮费、业务费、差额补助费。

（9）抚恤和社会福利救济费：指国家预算用于抚恤和社会福利救济事业的经费。包括由民政部门开支的烈士家属和牺牲病残人员家属的一次性、定期抚恤金，革命伤残人员的抚恤金，各种伤残补助费，烈军属、复员退伍军人生活补助费，退伍军人安置费，优抚事业单位经费，烈士纪念建筑物管理、维修费，自然灾害救济事业费和特大自然灾害灾后重建补助费等。

（10）行政事业单位离退休支出：指实行归口管理的行政事业单位离退休经费。

（11）社会保障补助支出：指国家预算用于社会保障的补助支出，包括对社会保障基金的补助、促进就业补助、国有企业下岗职工补助、补充全国社会保障基金等。

（12）国防支出：指国家预算用于国防建设和保卫国家安全的支出，包括国防费、国防科研事业费、民兵建设以及专项工程支出等。

（13）行政管理费：包括行政管理支出，党派团体补助支出，外交支出、公安安全支出，司法支出、法院支出，检察院支出和公检法办案费用补助。

（14）政策性补贴支出：指经国家批准，由国家财政拨给用于粮棉油等产品的价格补贴支出。主要包括粮、棉、油差价补贴，平抑物价和储备糖补贴，农业生产资料价差补贴，粮食风险基金，副食品风险基金，地方煤炭风险基金等。

（15）债务利息支出：指国家预算用于偿还国内外债务利息的支出。

中央财政收入和地方财政收入　指按现行分税制财政体制划分的中央本级收入和地方本级收入。1994 年分税制财政体制以后，属于中央财政的收入包括关税、海关代征消费税和增值税，消费税，中央企业所得税，地方银行和外资银行及非银行金融企业所得税，铁道、银行总行、保险总公司等集中缴纳的营业税、所得税、利润和城市维护建设税，增值税的 75% 部分，证券交易税（印花税）50% 部分和海洋石油资源税。属于地方财政的收入包括营业税，地方企业所得税，个人所得税，城镇土地使用税，固定资产投资方向调节税，城镇维护建设税，房产税，车船使用税，印花税、屠宰税，农牧业税，农业特产税，耕地占用税，契税，增值税 25% 部分，证券交易税（印花税）6% 部分和除海洋石油资源税以外的其他资源税。

中央财政支出和地方财政支出　指根据政府在经济和社会活动中的不同职责，划分中央和地方政府的责权，按照政府的责权划分确定的支出。中央财政支出包括国防支出，武装警察部队支出，中央级行政管理费和各项事业费，重点建设支出以及中央政府调整国民经济结构、协调地区发展、实施宏观调控的支出。地方财政支出主要包括地方行政管理和各项事业费，地方统筹的基本建设、技术改造支出，支援农村生产支出，城市维护和建设经费，价格补贴支出等。

9 能源与环境

资料整理：乔娇娇　苏旭

9-1　能源消费总量及构成

年 份	能源消费总量（万吨标准煤）	占能源消费总量的比重（%）	
		煤炭	天然气
2010	3135.24	83.49	4.10
2011	3525.31	82.53	2.36
2012	3664.40	83.72	1.59
2013	3800.14	84.46	2.26
2014	3937.05	87.56	2.21
2015	4059.28	92.98	2.16
2016	4154.07	88.15	2.88
2017	4197.70	90.45	2.37
2018	4458.08	89.45	3.18
2019	4658.86	86.37	3.84
2020	4908.13	87.18	3.51
2021	4915.80	85.49	3.45

9-2　主要能源消费指标

年 份	单位地区生产总值能耗变化率（±%）	单位规模以上工业增加值能耗变化率（±%）	单位地区生产总值电耗变化率（±%）
2010	-4.74	-6.74	2.29
2011	-2.60	-4.55	4.34
2012	-7.60	-15.38	-8.98
2013	-5.08	-9.82	-7.84
2014	-4.55	-8.73	-2.62
2015	-4.65	-9.61	-8.42
2016	-4.92	-7.23	-5.04
2017	-4.24	-2.59	12.01
2018	-0.61	2.83	10.59
2019	-1.39	-3.84	4.10
2020	2.33	-2.67	5.41
2021	-7.60	-12.30	-5.80

9-3 综合能源平衡表（2018-2021 年）

单位：万吨标煤

项　　目	2018	2019	2020	2021
可供本地区消费的能源量	**4458.47**	**4658.86**	**4908.13**	**4915.80**
一次能源生产量	1214.26	1602.29	1389.23	1673.74
外市调入量	4361.35	3783.09	4296.69	5011.01
本市调出量（-）	1105.08	1370.05	806.30	1861.18
年初年末库存差额	-12.06	643.53	28.51	92.23
能源消费总量	**4458.47**	**4658.86**	**4908.13**	**4915.80**
在消费总量中：				
农、林、牧、渔业	15.01	14.76	15.09	16.04
工业	3770.11	3966.80	4266.55	4296.70
建筑业	30.53	30.31	33.48	49.12
交通运输、仓储和邮政业	126.99	97.34	103.43	104.50
批发、零售业和住宿、餐饮业	187.16	218.07	204.80	174,07
其他	146.59	146.54	112.51	92.10
生活消费	182.08	185.05	172.28	183.27
在消费总量中：				
终端消费量	4731.72	5021.32	5175.53	5195.34
# 工业	4043.37	4329.25	4533.94	4576.24
加工转换损失量	-273.25	-362.46	-288.35	-303.17
平衡差额				

9-4 电力平衡表（2018-2021年）

单位：亿千瓦时

项　　目	2018	2019	2020	2021
可供量	**611.82**	**674.85**	**739.24**	**755.06**
生产量	631.69	725.69	798.05	824.07
火电	558.75	614.67	668.01	668.26
其他能源发电	72.94	111.02	130.04	155.81
市外净调入（+）/调出（-）量	-19.87	-50.84	-58.81	-69.01
消费量	**611.82**	**674.85**	**739.24**	**755.06**
在消费总量中：				
农、林、牧、渔业	1.24	2.69	1.30	3.27
工业	567.20	631.26	695.86	706.53
建筑业	0.90	1.04	0.90	1.31
交通运输、仓储和邮政业	4.00	4.32	3.96	4.21
批发、零售业和住宿、餐饮业	6.77	8.19	6.89	8.72
其他	11.46	11.89	13.30	13.31
生活消费	20.25	15.46	17.03	17.71
在消费总量中：				
终端消费	611.82	674.85	732.32	748.86
# 工业	567.20	631.26	688.94	700.33

9-5 规模以上工业企业能源

能源名称	单位	年初库存量	购进量
原煤	吨	1781167	54488103
洗精煤	吨	337869	9103089
其他洗煤	吨	130102	676526
煤制品	吨	3778	26893
焦炭	吨	781576	4265810
其他焦化产品	吨	15376	298231
焦炉煤气	万立方米		19607
高炉煤气	万立方米		173382
转炉煤气	万立方米		
天然气（气态）	万立方米	80	96815
液化天然气（液态）	吨		139477
汽油	吨	12	953
煤油	吨	16	1392
柴油	吨	6269	89861
燃料油	吨	121	130
润滑油	吨	91	7959
石油焦	吨	49328	685648
石油沥青	吨	1197	48922
其他石油制品	吨	2	2791
热力	百万千焦		26759112
电力	万千瓦时		3845288
煤矸石（用于燃料）	吨		942001
城市生活垃圾（用于燃料）	吨	5789	
余热余压	百万千焦		
能源合计	**吨标准煤**		

购进、消费与库存（2021年）

#购自省外	工业生产消费量	#用于原材料	年末库存
1922421	63199769	3029861	1586905
6070321	8961834		354317
205276	603871	8191	162650
	30672		
189101	9489842	707	906570
5522	298056	129168	5724
	262192		
	2893790		
	259088		
	63761		92
	29		
240	963		1
1079	1393		15
51750	90937	1647	5091
	97		154
7725	7889		158
685648	709257	675765	25377
4452	48977	48977	1092
2791	2759		34
	11039885		
	6852936		
	942001		
	465419		7646
	21361726		
	72265208	**3362192**	

9-6 规模以上工业企业主要能源

行　　业	原煤（吨）	洗精煤（用于炼焦）（吨）	焦炭（吨）	焦炉煤气（万立方米）
煤炭开采和洗选业	18319859			
黑色金属矿采选业	1035114		82378	
有色金属矿采选业	225			
非金属矿采选业	3273			
农副食品加工业	3593			
食品制造业				
酒、饮料和精制茶制造业				
纺织业				
纺织服装、服饰业				
皮革、毛皮、羽毛及其制品和制鞋业				
木材加工和木、竹、藤、棕、草制品业				
造纸和纸制品业				
印刷和记录媒介复制业				
文教、工美、体育和娱乐用品制造业				
石油、煤炭及其他燃料加工业		1286632		8317
化学原料和化学制品制造业	4295260			2624
医药制造业				
橡胶和塑料制品业				
非金属矿物制品业	315778		8417	
黑色金属冶炼和压延加工业	2791295	7675202	9398873	251251
有色金属冶炼和压延加工业	15938707		174	
金属制品业				
通用设备制造业				
专用设备制造业				
汽车制造业				
铁路、船舶、航空航天和其他运输设备制造业				
电气机械和器材制造业				
计算机、通信和其他电子设备制造业				
仪器仪表制造业				
其他制造业				
废弃资源综合利用业				
金属制品、机械和设备修理业				
电力、热力生产和供应业	20496609			
燃气生产和供应业				
水的生产和供应业	54			

按行业分组消费量（2021 年）

高炉煤气（万立方米）	转炉煤气（万立方米）	天然气（万立方米）	汽油（吨）	柴油（吨）	燃料油（吨）	石油焦（吨）	石油沥青（吨）
				7576			
			208	29317			
			26	436			
			20	483			
		703	24	60			
		1149	3				
		946	18	51			
		160	14	11			
				517			
		4633	65	2050			
		81					
293		10604	3	1129		706041	48977
2893497	259088	11693	185	42292			
		11450	81	3164	97	3216	
		409					
		53	42	74			
		133		164			
		1896	8	1			
		6	13	26			
		112		19			
		333	3	3			
		46	13	1927			
		12					
		17	103	1630			
		19268	64	7			
		59	71				

9-6 续 表

行 业	热力 （百万千焦）	电力 （万千瓦时）	煤矸石 （用于燃料） （吨）	余热余压 （百万千焦）
煤炭开采和洗选业		19984		
黑色金属矿采选业	593719	114109		
有色金属矿采选业		9474		
非金属矿采选业		3474		
农副食品加工业	364790	3341		
食品制造业	512410	8642		
酒、饮料和精制茶制造业		4253		
纺织业				
纺织服装、服饰业		824		
皮革、毛皮、羽毛及其制品和制鞋业		8		
木材加工和木、竹、藤、棕、草制品业				
造纸和纸制品业	44323	1579		
印刷和记录媒介复制业				
文教、工美、体育和娱乐用品制造业				
石油加工、炼焦和核燃料加工业		6630		
化学原料和化学制品制造业	2402939	325958		4272700
医药制造业		130		
橡胶和塑料制品业		1295		
非金属矿物制品业		559378		619925
黑色金属冶炼和压延加工业	6682855	1303147		16469100
有色金属冶炼和压延加工业	87235	4017650	942001	
金属制品业		6907		
通用设备制造业		2455		
专用设备制造业	7187	4967		
汽车制造业	3668	10064		
铁路、船舶、航空航天和其他运输设备制造业		98		
电气机械和器材制造业		2504		
计算机、通信和其他电子设备制造业		97174		
仪器仪表制造业				
其他制造业		184		
废弃资源综合利用业		2928		
金属制品、机械和设备修理业	40924	150		
电力、热力生产和供应业	299835	311089		
燃气生产和供应业		14934		
水的生产和供应业		19605		

9-7 规模以上工业企业能源加工转换与回收利用（2021年）

能源名称	单位	加工转换投入合计						能源加工转换产出	回收利用
			火力发电	供热	原煤入洗	炼焦	天然气液化		
原煤	万吨	5701.41	3400.81	471.76	1828.84				
洗精煤(用于炼焦)	万吨	896.18				896.18		856.54	
其他洗煤	万吨							690.13	
焦炭	万吨							672.72	
其他焦化产品	万吨							35.84	
焦炉煤气	亿立方米	4.29	3.34	0.95				27.52	
高炉煤气	亿立方米	112.13	96.27	15.86					290.20
转炉煤气	亿立方米	5.49	3.03	2.45					25.91
天然气（气态）	亿立方米	2.37		0.44			1.92		
液化天然气(液态)	万吨							12.91	
汽油	吨								
柴油	吨	436.48	366.69	69.79					
热力	万百万千焦							7493.26	
电力	亿千瓦时							668.26	
煤矸石用于燃料	万吨	94.20	73.77	20.43				51.15	
城市垃圾用于燃料	万吨	46.54	46.54						
余热余压	万百万千焦	556.29	556.29						2435.80
能源合计	**万吨标准煤**	**4330.62**	**2036.63**	**317.92**	**1078.39**	**874.84**	**22.84**	**2939.75**	**491.01**

9-8 全市重点调查工业污染排放

行　　业	工业废气排放量（亿立方米）	二氧化硫排放量（吨）	氮氧化物排放量（吨）	烟（粉）尘排放量（吨）
黑色金属冶炼和压延加工业	4749.95	11448.40	17266.94	9274.10
有色金属冶炼和压延加工业	2331.59	11565.58	4830.31	1601.93
电力、热力生产和供应业	1703.36	5177.09	17467.19	1663.66
非金属矿物制品业	1099.92	717.99	2193.17	5113.80
化学原料和化学制品制造业	302.01	186.76	516.43	522.31
石油、煤炭及其他燃料加工业	1012.43	902.77	3007.68	1993.41
金属制品业	44.66	5.12	94.11	64.03
黑色金属矿采选业	511.15	69.93	86.49	5457.66
食品制造业	0.69	3.28	8.25	0.14
非金属矿采选业	14.31	174.39	399.91	63.71
酒、饮料和精制茶制造业	2.36	1.98	14.97	0.01
汽车制造业	0.65	0.01	2.92	
计算机、通信和其他电子设备制造业	0.38		1.11	0.07
纺织业	0.31	0.40	3.99	0.04
农副食品加工业	0.19	1.33	5.63	0.42
医药制造业	0.06	0.16	1.28	
煤炭开采和洗选业	0.05			6766.78

及处理利用情况（2021年）

工业废水排放量（万吨）	化学需氧量排放量（吨）	氨氮排放量（吨）	一般工业固体废物产生量（万吨）	一般工业固体废物综合利用量（万吨）	一般工业固体废物处置量（万吨）
914.71	403.41	23.39	1153.74	626.96	458.77
14.69	1.47		507.46	214.67	230.51
375.90	322.49	19.59	762.69	412.75	51.33
			13.73	9.05	4.45
427.86	149.87	5.80	168.77	100.79	3.09
358.99	149.31	8.33	0.25		0.25
			2.82	0.01	2.66
569.97			3213.38	948.16	345.77
179.86	28.92	2.35	0.23		0.22
			2.58	2.52	0.05
110.97	51.99	1.23	0.37	0.37	
2.75	0.80	0.01	0.24	0.24	
92.94	27.32	1.40	0.54	0.40	0.12
12.80	3.15	0.11			
1.06	5.99	0.13	0.06	0.06	0.01
4.64	0.09	0.01	0.01		0.01
			275.24	199.68	62.02

9–9　工业企业“三废”排放及治理情况（2016–2021 年）

指　　标	2016	2017	2018	2019	2020	2021
废水						
工业废水排放量（万吨）	3345.17	3199.42	3262.76	3285.33	2695.87	3076.33
工业化学需氧量排放量（吨）	1078.71	1284.66	1232.88	1705.42	2209.20	1442.11
工业氨氮排放量（吨）	82.30	110.89	95.05	152.93	156.51	79.51
废气						
工业废气排放量（亿立方米）	6965.04	7876.49	9764.63	9521.47	10317.60	11792.34
工业二氧化硫排放量（万吨）	4.21	4.30	4.35	4.62	4.21	3.03
工业氮氧化物排放量（万吨）	4.31	4.87	5.08	4.67	4.67	4.59
工业烟（粉）尘排放量（万吨）	6.12	6.31	6.28	6.39	3.38	3.30
固体废物						
工业固体废物产生量（万吨）	3521.83	4238.70	4328.53	6002.40	5506.42	6102.29
工业固体废物综合利用量（万吨）	1574.68	2057.28	1753.47	2156.65	1951.74	2515.65
工业固体废物处置量（万吨）	404.44	937.70	314.88	1383.33	1429.66	1159.43
工业固体废物处置利用率（%）	56.20	70.66	47.78	58.98	61.41	60.22
工业固体废物贮存量（万吨）	1542.71	1243.72	2260.18	2462.42	2125.02	2427.21
污染治理						
本年竣工项目数（个）	37	12	13	9	3	11
施工项目本年完成投资额（万元）	88446.6	57576.4	18615.9	25308.1	17556.2	168912.0
工业废水治理项目	16727.0	22191.0	1000.0		11374.2	150.0
工业固体废物治理项目	11253.0		200.0	13.3		
工业废气治理项目	58806.2	29129.9	8358.1	24294.8		137340.0
其他治理项目	1660.4	6255.5	9057.8	1000.0	6182.0	31422.0

主要统计指标解释

能源消费总量　指一定时期内全国物质生产部门、非物质生产部门和生活消费的各种能源的总和。该指标是观察能源消费水平、构成和增长速度的总量指标。能源消费总量包括原煤和原油及其制品、天然气、电力，不包括低热值燃料、生物质能和太阳能等的利用。能源消费总量分为终端能源消费量、能源加工转换损失量和能源损失量三部分。

（1）终端能源消费量：指一定时期内全国生产和生活消费的各种能源在扣除了用于加工转换二次能源消费量和损失量以后的数量。

（2）能源加工转换损失量：指一定时期内全国投入加工转换的各种能源数量之和与产出各种能源产品之和的差额。该指标是观察能源在加工转换过程中损失量变化的指标。

（3）能源损失量：指一定时期内能源在输送、分配、储存过程中发生的损失和由客观原因造成的各种损失量，不包括各种气体能源放空、放散量。

能源加工转换效率　指一定时期内能源经过加工、转换后，产出的各种能源产品的数量与同期内投入加工转换的各种能源数量的比率。它是观察能源加工转换装置和生产工艺先进与落后、管理水平高低等的重要指标。计算公式为：

能源加工转换效率＝能源加工、转换产出量／能源加工、转换投入量 ×100%

工业废水排放量　指经过企业厂区所有排放口排到企业外部的工业废水量。包括生产废水、外排的直接冷却水、废气治理设施废水、超标排放的矿井地下水和与工业废水混排的厂区生活污水，不包括外排的间接冷却水（清污不分流的间接冷却水应计算在内）。

工业废气排放量　指企业厂区内燃料燃烧和生产工艺过程中产生的各种排入空气中含有污染物的气体的总量，以标准状态［273K,101325pa］计。

工业二氧化硫排放量　指企业在燃料燃烧和生产工艺过程中排入大气的二氧化硫总质量。

烟（粉）尘排放量　烟尘是指通过燃烧煤、石油、柴油、木柴、天然气等产生的烟气中的尘粒。工业粉尘指在生产工艺过程中排放的能在空气中悬浮一定时间的固体颗粒。如钢铁企业耐火材料粉尘、焦化企业的筛焦系统粉尘、烧结机的粉尘、石灰窑的粉尘、建材企业的水泥粉尘等。烟（粉）尘排放量指企业在燃料燃烧和生产工艺过程中排入大气的烟尘及工业粉尘的总质量之和。烟尘或工业粉尘排放量可以通过除尘系统的排风量和除尘设备出口烟尘浓度相乘求得。

工业固体废物产生量　指报告期内企业在生产过程中产生的固体状、半固体状和高浓度液体状废弃物的总量，包括危险废物和一般工业固体废物。

工业固体废物综合利用量　指通过回收、加工、循环、交换等方式，从固体废物中提取或者使其转化为可以利用的资源、能源和其他原材料的固体废物量（包括当年利用往年的工业固体废物累计贮存量），如用作农业肥料、生产建筑材料、筑路等。综合利用量由原产生固体废物的单位统计。

工业固体废物综合利用率　指工业固体废物综合利用量占工业固体废物产生量（包括综合利用往年贮存量）的百分率。计算公式为：

工业固体废物综合利用率＝工业固体废物综合利用量／（工业固体废物产生量＋综合利用往年贮存量）×100%

工业固体废物贮存量　指以综合利用或处置为目的，将固体废物暂时贮存或堆存在专设的贮存设施或专设的集中堆存场所内的数量。专设的固体废物贮存场所或贮存设施必须有防扩散、防流失、防渗漏、防止污染大气、水体的措施。

工业固体废物处置量　指将固体废物焚烧或者最终置于符合环境保护规定要求的场所，并不再回取的工业固体废物量（包括当年处置往年的工业固体废物累计贮存量）。处置方法有填埋（其中危险废物应安全填埋）、焚烧、专业贮存场（库）封场处理、深层灌注、回填矿井等。

工业固体废物排放量　指报告期内企业将所产生的固体废物排到固体废物污染防治设施、场所以外的数量，不包括矿山开采的剥离废石和掘进废石（煤矸石和呈酸性或碱性的废石除外）。

10 城市概况

资料整理：姚海英

10-1 城市建设用地（2021年）

指标	单位	全市	#市区
区划面积	平方公里	27768	2965
城市建成区面积	平方公里	247.14	211.62
城市现状建设用地面积	平方公里	230.73	195.79
居住用地	平方公里	68.74	58.6
公共管理与公共服务用地	平方公里	19.32	15.82
工业用地	平方公里	54.69	52.5
物流仓储用地	平方公里	8.54	7.5
交通设施用地	平方公里	31.56	24.4
商务服务业设施用地	平方公里	11.94	9.83
公用设施用地	平方公里	5.05	3.49
绿地	平方公里	30.89	23.65

注：市区数据不包括土默特右旗、固阳县和达尔罕茂明安联合旗。

10-2 城市自来水情况（2021 年）

指　　标	单　位	全市	# 市区
年末自来水实际生产能力	万立方米 / 日	102	97
年末供水管道长度 （不包括自备水源井）	公里	2482	1973
全年供水总量	万立方米	20185	19331
# 生产用水	万立方米	8294	8205

注：表中年末自来水综合生产能力为城市公共供水系统口径。

10-3 城市煤气、液化石油气、天然气情况（2021 年）

指　　标	单　位	全市	# 市区
人工煤气			
供气管道长度	公里	285	285
全年供气总量	万立方米	3305	3305
# 家庭用气	万立方米	2026	2026
用气户数	万户	7.87	7.87
# 家庭用户	万户	7.82	7.82
用气人口	万人	14.66	14.66
液化石油气			
储气能力	吨	508	357
全年供气总量	吨	8667	7845
# 家庭用气	万立方米	937	496
用气户数	万户	1.66	1.08
# 家庭用户	万户	0.92	0.37
用气人口	万人	2.36	0.83
天然气			
供气管道长度	公里	3189	2755
供气总量	万立方米	126213	114206
# 家庭用量	万立方米	56258	54443
用气户数	万户	96.60	90.35
用气人口	万人	193.17	175.02

10-4　城市集中供热情况（2021 年）

指　　标	单　位	全市	# 市区
供热能力			
热水	兆瓦	8259	6910
全年供热总量			
热水	万吉焦	4372	3896
供热管道长度	公里	3615	3119
供热面积	万平方米	11206	10327
# 住宅	万平方米	7987	7384

10-5　城市市政工程情况（2021 年）

指　　标	单　位	全市	# 市区
年末实有铺装道路长度	公里	2000.47	1749.71
年末实有铺装道路面积	万平方米	4036.02	3371.05
# 人行道面积	万平方米	1295.12	1086.22
桥梁数	座	87	72
路灯盏数	盏	150132	126643
排水管道长度	公里	2995	2644
建成区排水管道密度	公里 / 平方公里	10.17	9.32
污水年排放量	万立方米	14334	13652
污水处理厂座数	座	9	6
污水处理能力	万立方米 / 日	47.05	43.85
污水处理总量	万立方米	13788	13150
再生水利用量	万立方米	4335	4159

10-6 城市公共汽电车、出租汽车情况（2020-2021 年）

指　　标	单　位	2020	2021
年末实有公共汽电车运营车数	辆	1247	1237
年末实有标准运营车数	标台	1564	1247
运营线路长度	公里	1265	1248
公路客运量（全社会）	万人次	185.5	293.3
出租汽车数	辆	6403	5827

10-7 城市园林绿化面积（2021 年）

指　　标	单　位	全市	# 市区
园林绿化覆盖面积	公顷	14065.13	11797.90
# 建成区	公顷	10763.32	9461.61
园林绿地面积	公顷	11745.84	9720.04
# 建成区园林绿地面积	公顷	9773.19	8489.53
# 公园绿地面积	公顷	3333.10	2974.93
公园个数	个	59	43
公园面积	公顷	2738.07	2490.10

10-8　城市公共卫生情况（2021 年）

指　　标	单　位	全市	# 市区
道路清扫保洁面积	万平方米	4828	4170
生活垃圾清运量	万吨	86.09	76.93
生活垃圾无害化处理厂（场）数	座	6	4
生活垃圾无害化处理能力	吨 / 日	2998	2820
生活垃圾无害化处理量	万吨	86.09	76.93
公共厕所数	座	1348	1114
# 三级以上	座	653	561

10-9　城市设施水平（2021 年）

指　　标	单　位	全市	# 市区
人均城市道路面积	平方米	18.91	17.69
建成区绿地率	%	39.55	40.12
建成区绿化覆盖率	%	43.55	44.71
污水处理率	%	96.18	96.33
生活垃圾无害化处理率	%	100.00	100.00

10-10 城市

年 份	自来水			煤气（天然气）	
	年底水管总长度（公里）	水厂综合生产能力（万吨／日）	供水总量（万立方米）	供气总量（万立方米）	用气人口（万人）
1949	17	1.4	29		
1950	24	0.4	30		
1952	42	0.4	36		
1957	220	1.4	321		
1962	261	12.2	2984		
1965	325	11.2	2725		
1970	417	11.7	4105		
1975	567	13.9	4736		
1978	578	18.0	5096		
1980	610	19.5	5148		
1985	872	63.5	5364	956	8.40
1990	931	59.4	21456	3040	21.90
1991	941	68.4	22465	3296	24.00
1992	958	68.5	22724	3609	25.90
1993	973	69.0	23033	3476	28.00
1994	985	70.7	23775	3720	29.50
1995	966	71.5	25453	3984	31.03
1996	981	71.5	25425	4213	33.16
1997	1055	71.5	24826	4592	35.25
1998	1253	71.5	23833	4580	38.56
1999	1303	71.5	24763	4547	39.80
2000	1323	101.5	24830	4161	43.73
2001	1384	97.6	22088	3080	43.96
2002	1547	105.8	22166	3167	48.87
2003	1740	108.0	22712	3418	51.14
2004	1740	108.0	34568	3849	66.41
2005	1740	104.5	34568	4006	70.93
2006	1370	51.0	7025	3084	56.00
2007	1548	102.7	12080	3084	56.70
2008	1406	108.0	13330	3084	51.94
2009	1409	51.0	10915	3084	52.41
2010	1480	51.0	11704	3069	51.94
2011	1722	56.6	13853	2806	49.00
2012	1745	53.2	12928	2786	46.16
2013	1746	53.2	15973	3500	40.20
2014	1861	93.3	16616	3500	41.20
2015	1934	93.4	17629	3090	39.40
2016	1992	97.1	17741	72448	166.99
2017	2342	107.9	19488	76648	181.52
2018	2378	109.7	18657	84768	183.80
2019	2409	102.2	19553	120551	188.60
2020	2466	102.4	19777	118019	194.73
2021	2482	102.5	20185	126213	193.00

注：1. 2006 年及 2009 年以后自来水数据为公共供水企业数据，不含自备水；
2. 2016 年以前供气总量及用气人口为人工煤气口径，2016 年及以后为天然气口径。

公 用 事 业

园林绿化		铺装道路长度（公里）	排水管道长度（公里）	路灯盏数（盏）	公共汽（电）车营运车辆（辆）
城市绿化覆盖面积（公顷）	公园（个）				
		4		43	
		4	2	92	
		6	3	279	
29	2	161	41	2035	21
	3	199	81	2522	65
190	3	187	77	2616	67
51	3	256	80	3241	90
832	4	195	96	3447	169
1091	4	200	102	3463	215
1174	4	220	138	3398	251
1338	7	332	201	5993	265
3692	9	421	610	7800	486
3838	39	426	627	8930	448
3858	39	435	635	9267	465
3881	39	442	645	9565	538
3904	39	468	678	9635	585
4394	38	382	686	7797	1019
4272	39	445	713	8260	538
4487	39	468	724	9253	540
4620	9	506	731	9869	538
4736	13	525	733	11007	610
4870	13	544	766	12542	682
5265	11	583	810	13820	813
5361	12	733	960	18761	788
5626	12	784	1026	20892	772
5941	13	828	1038	23659	984
6755	15	873	1097	31540	1125
6971	15	1028	1279	30000	1094
7224	17	1142	1423	38000	1174
7364	17	1142	1423	38000	1174
7596	20	1280	1665	60773	1321
7845	21	1304	1750	66153	1342
7860	24	1479	2105	75296	1395
8527	24	1529	2212	80281	1342
8730	26	1617	2241	83754	1194
9563	33	1674	2335	90898	1304
9953	33	1741	2480	113639	1387
11430	35	1821	2590	124073	1489
12245	58	1868	2714	132283	1471
12335	58	1883	3362	133023	1822
12845	56	1923	2795	136901	1315
12856	57	1928	2825	137261	1247
14065	59	2000	2995	150132	1237

主要统计指标解释

城市建成区面积　指城市行政区内实际已成片开发建设、市政公用设施和公共设施基本具备的区域。

城市现状建设用地面积　指城市内的居住用地、公共管理与公共服务设施用地、商业服务业设施用地、工业用地、物流仓储用地、道路交通设施用地、公用设施用地、绿地与广场用地。

年末自来水实际生产能力　指年底城建部门管理的自来水厂和自备水源的社会单位取水、净化、送水、出厂输水干管等环节的实际生产能力。

年末供水管道长度　指从送水泵到用户水表之间所有管道的长度。

全年供水总量　指公用自来水厂和自备水源的社会单位全年的供水总量，包括有效供水量及损失水量。

供热能力　指供热企业（单位）向城市输送的供热源的设计能力。

全年供热总量　指在报告期末热电厂、热力公司和达到标准的集中采暖锅炉房向城市输送的全部蒸汽、热水量。

供热管道长度　指从各类热源到用户接入口之间的全部供气、供热水的管道长度。不包括各类热源厂内部的管道长度。

年底实有铺装道路长度　指年末除土路外，路面经过铺装宽度在3.5米以上的道路，包括高级、次高级道路和普通道路。

桥梁数　指城市范围内，修建在河道上的桥梁和道路与道路立交、道路跨越铁路的立交桥及人行天桥数量。包括永久性桥和半永久性桥，不包括临时性桥、铁路桥、涵洞。

排水管道长度　指所有排水总管、干管、支管及暗渠、检查井、连接井进出水口等长度之和。

污水处理能力　指污水处理厂每昼夜处理污水量的设计能力。

生活垃圾清运量　指报告期内收集和运送到垃圾处理厂（场）的生活垃圾数量。生活垃圾指城市日常生活或为城市日常生活提供服务的活动中产生的固体废物以及法律行政规定的视为城市生活垃圾的固体废物。包括：居民生活垃圾、商业垃圾、集市贸易市场垃圾、街道清扫垃圾、公共场所垃圾和机关、学校、厂矿等单位的生活垃圾。

生活垃圾无害化处理率　指报告期生活垃圾无害化处理量与生活垃圾产生量比率。在统计上，由于生活垃圾产生量不易取得，可用清运量代替。计算公式为：

生活垃圾无害化处理率＝生活垃圾无害化处理量/生活垃圾产生量×100%

年末实有公共汽电车运营车数　指年底可参加营运的全部车辆数，包括营运车辆数和库存查封未参加营运的车辆。不包括非营运车辆，如架线车、油罐车、工程车、货车及其他专用车辆和借入的客运车辆。

城市园林绿地面积　指报告期末用作园林和绿化的各种绿地面积。包括公共绿地、专用绿地、生产绿地、防护绿地、郊区风景林地的面积。

公共绿地面积　指向公众开放的市级、区级、居住区级各类公园、街旁游园面积，包括其范围内的水域。其中：居住区级公园应不小于1万平方米，街旁游园的宽度不小于8米，面积不小于400平方米。

11 农　业

资料整理：马莉　李志伟　王晓辉

11-1 历年农林牧渔业总产值

单位：万元

年份	农林牧渔业总产值	农业	#种植业	林业	牧业	渔业	农林牧渔服务业
1984	29438	23027	19415	811	5568	32	
1985	30139	21364	19733	695	7993	87	
1986	28856	18628	16539	834	9223	171	
1987	30268	18434	15983	599	10922	313	
1988	49693	27856	25514	914	20669	254	
1989	48515	29884	27717	646	17614	371	
1990	68643	49518	47029	1503	17070	552	
1991	65085	43235	40166	1438	19690	722	
1992	81801	55461	52031	1402	23609	1329	
1993	108378	71198	65723	2405	33105	1670	
1994	152304	93772	85051	2682	53889	1961	
1995	198825	132292	123861	3430	60380	2723	
1996	244235	164195	150943	4656	72973	2411	
1997	267164	175844	159847	4672	83518	3130	
1998	260602	158517	144068	6895	91182	4008	
1999	273356	172166	157948	6709	91034	3447	
2000	287128	185527	170142	6937	91279	3385	
2001	284176	170545	155898	9345	100987	3299	
2002	345441	200086	185963	12021	129872	3462	
2003	367968	192999	192263	8557	155818	3648	6946
2004	497986	219725	219725	7942	254159	5481	10679
2005	550274	227965	227965	4985	296891	5401	15032
2006	614098	253953	253953	4565	334117	5694	15769
2007	747625	293454	293454	4152	437553	2607	9859
2008	915330	358776	358776	6984	516623	8447	24500
2009	967302	362964	362964	8400	563466	8000	24472
2010	1181436	421199	421199	10080	709967	9600	30590
2011	1430113	413289	413289	7516	984821	7630	16857
2012	1596220	475268	475268	7351	1086537	8606	18458
2013	1768698	584615	584615	8297	1144924	10761	20101
2014	1796369	632897	632897	9232	1121147	11686	21407
2015	1801553	617058	617058	9536	1140156	12325	22478
2016	1693605	616394	616394	9464	1031364	12654	23729
2017	1566592	581414	581414	9457	938128	12553	25040
2018	1620739	600707	600707	9669	971614	12689	26060
2019	1707991	638255	638255	9709	1021716	11255	27055
2020	1882694	668303	668303	8604	1166708	11172	27907
2021	2047803	724543	724543	8599	1271563	13062	30036

注：本表数据按现行价格计算。

11-2　历年农林牧渔业总产值指数

上年 =100

年 份	农林牧渔业总产值	农 业		林 业	牧 业	渔 业	农林牧渔服务业
			# 种植业				
1949	100.0	100.0	100.0	100.0	100.0	100.0	
1950	105.0	102.3	102.0	112.5	112.4	100.0	
1951	112.4	111.2	111.1	111.1	115.6	100.0	
1952	141.4	163.1	146.9	125.0	129.8	320.0	
1953	90.0	80.9	80.6	108.0	114.2	100.0	
1954	143.4	155.5	156.3	126.9	120.6	100.0	
1955	90.3	84.8	84.5	108.0	103.3	102.5	
1956	128.5	142.4	142.3	133.1	100.4	119.2	
1957	71.3	60.6	59.8	145.2	99.7	141.9	
1958	127.0	122.1	120.7	144.4	134.9	100.0	
1959	143.3	162.2	165.0	101.2	115.1	184.1	
1960	93.7	78.2	78.3	151.9	126.5	54.3	
1961	77.0	68.8	68.4	38.4	90.1	36.4	
1962	106.0	120.7	121.3	83.2	90.8	162.5	
1963	92.4	89.1	88.2	119.2	96.7	88.5	
1964	113.2	130.1	130.9	233.5	89.0	108.7	
1965	85.8	78.9	78.1	122.0	97.5	100.0	
1966	91.8	112.9	113.7	156.2	55.3	68.0	
1967	123.0	116.9	116.8	49.9	156.3	64.7	
1968	86.2	78.5	77.8	70.6	105.0	154.6	
1969	113.6	122.6	123.5	69.1	99.9	100.0	
1970	112.6	116.3	116.5	159.9	103.5	105.9	
1971	101.8	100.7	100.2	92.6	105.1	66.7	
1972	99.4	95.1	98.6	83.3	109.8	108.3	
1973	107.8	107.2	107.0	192.0	106.6	30.8	
1974	112.5	126.5	129.3	68.9	86.8	150.0	
1975	95.2	89.3	89.0	145.9	110.3	200.0	
1976	98.1	107.2	107.4	101.3	20.6	191.7	
1977	101.9	96.8	96.8	171.6	113.6	100.0	
1978	85.8	76.3	75.5	118.7	108.8	69.6	
1979	126.2	134.3	135.4	87.9	114.9	137.5	
1980	79.4	72.8	72.9	83.0	94.4	81.8	
1981	117.2	127.9	128.0	73.6	101.7	144.4	
1982	102.4	100.8	100.7	119.6	105.0	103.9	
1983	102.2	108.3	108.9	133.8	86.8	133.3	

注：本表指数按可比价格计算。

11-2 续 表

上年 =100

年 份	农林牧渔业总产值	农 业	#种植业	林 业	牧 业	渔 业	农林牧渔服务业
1984	134.3	148.2	143.1	99.4	100.7	125.0	
1985	105.9	100.6	100.6	94.9	127.4	242.2	
1986	91.8	81.1	78.3	93.8	124.6	133.9	
1987	89.3	82.2	78.3	65.0	104.1	186.3	
1988	119.7	128.0	135.4	137.4	106.5	72.8	
1989	106.0	106.8	109.0	78.8	105.0	161.6	
1990	122.2	130.9	131.8	199.7	102.1	150.0	
1991	95.5	88.8	87.5	68.3	113.3	131.5	
1992	119.5	128.8	130.1	104.7	101.7	126.5	
1993	111.8	108.5	105.6	149.3	117.1	149.4	
1994	103.6	96.6	95.7	120.5	118.6	102.8	
1995	112.6	117.2	117.6	132.5	103.4	94.5	
1996	111.0	107.5	102.8	100.8	118.7	127.4	
1997	100.8	103.3	100.4	82.6	106.8	105.5	
1998	97.3	92.0	88.5	120.8	105.3	119.2	
1999	105.4	108.7	112.0	78.5	101.1	112.9	
2000	108.0	112.9	114.8	133.3	98.5	107.3	
2001	97.0	89.9	86.1	119.5	109.7	100.2	
2002	118.1	114.8	118.7	124.4	123.9	101.1	
2003	121.8	116.4	116.9	82.7	131.4	104.8	143.0
2004	120.8	98.8	99.5	88.8	148.6	124.3	153.3
2005	114.7	101.2	101.2	65.2	124.2	99.7	187.5
2006	114.0	102.9	102.9	85.0	120.0	118.3	139.9
2007	121.2	121.0	121.0	121.1	121.2	121.3	125.5
2008	114.0	106.0	106.0	120.0	118.0	116.0	122.0
2009	105.8	102.4	102.4	119.4	107.7	97.2	101.0
2010	107.4	103.6	103.6	120.0	114.8	119.8	121.1
2011	105.9	91.5	91.5	65.3	118.0	60.7	52.2
2012	105.7	109.7	109.7	104.2	104.1	105.4	106.1
2013	104.5	123.0	123.0	108.6	96.7	113.2	105.4
2014	103.0	105.0	105.0	99.8	101.9	103.5	105.0
2015	103.2	92.9	92.9	102.8	109.0	104.6	103.8
2016	103.4	102.9	102.9	100.7	103.7	103.0	103.1
2017	103.5	100.0	100.0	101.0	105.6	103.6	104.3
2018	103.7	101.4	101.4	100.6	105.4	100.0	102.6
2019	100.8	104.1	104.1	101.3	98.8	94.2	101.8
2020	110.2	104.7	104.7	88.6	114.2	99.3	103.1
2021	108.8	108.4	108.4	99.9	109.0	116.9	107.6

11-3　主要农牧业机械拥有量（2016-2021 年）

指　　标	2016	2017	2018	2019	2020	2021
农牧业机械总动力（千瓦）	1644638	1224378	1291041	1389394	1463191	1587176
大型农用拖拉机（混合台）	8415	9101	9943	880	1038	1165
大型农用拖拉机（千瓦）	308872	360084	410864	92804	114828	131076
中型农用拖拉机（台）				14750	16571	17636
中型农用拖拉机（千瓦）				586002	647124	694440
小型拖拉机（台）	29159	29254	28649	22303	21256	21197
小型拖拉机（千瓦）	325691	325941	323254	263669	257691	257246
联合收获机（台）	1752	1817	1945	2061	2113	2185
联合收获机（千瓦）	131330	136625	148397	163534	169172	176377
大中型拖拉机配套农具（台）	13593	15956	16645	57705	59526	61264
机动脱粒机（台）	1090	1106	1126	1130	1130	1145
牧草收获机（台）	47	47	47	59	66	69
饲料粉碎机（台）	7880	8065	8164	7073	7108	7278
农用水泵（台）	6290	6305	6315	6445	6358	6414

注：2016-2018 年大型农用拖拉机为大中型农用拖拉机数据。

11-4 农村牧区灌溉、化肥施用量、用电、水库和水土治理情况（2016-2021年）

指标	2016	2017	2018	2019	2020	2021
有效灌溉面积（千公顷）	**128.48**	**129.77**	**129.77**	**129.77**	**129.77**	**129.77**
节水灌溉面积（千公顷）	**109.29**	**117.46**	**120.31**	**121.91**	**121.91**	**121.91**
#喷灌和微灌	31.03	39.03	46.74	46.74	46.74	46.74
化肥施用量（吨）	**77189**	**71971**	**75700**	**75585**	**72398**	**71279**
#氮　肥	42113	39326	41174	40981	37407	34050
磷　肥	6492	5361	5454	5465	5774	6154
钾　肥	2578	2635	2554	2474	2671	2851
复合肥	26006	24649	26518	26666	26546	28224
农村用电量（万千瓦小时）	**35861**	**36364**	**36489**	**36818**	**38784**	**41502**
水库个数（座）	**16**	**16**	**16**	**16**	**13**	**13**
#中型水库	5	5	5	5	5	5
小型水库	11	11	11	11	8	8
水库容量（万立方米）	**24320**	**24320**	**24320**	**24320**	**23466**	**23466**
#中型水库	20821	20821	20821	20821	20821	20821
小型水库	3499	3499	3499	3499	2645	2645

11-5　农业机械化、电气化情况（2016-2021年）

指　标	2016	2017	2018	2019	2020	2021
农业机械化程度						
机耕地面积（千公顷）	306.29	304.33	264.87	283.35	297.05	293.89
机械播种面积（千公顷）	297.67	301.73	251.40	281.69	290.21	289.66
占农作物总播种面积的比重（%）	90.04	97.06	92.16	95.58	94.04	97.70
机械收割面积（千公顷）	273.33	273.27	212.27	239.51	246.43	251.51
占农作物总播种面积的比重（%）	82.68	87.90	77.82	81.26	79.85	84.83
农业电气化情况						
农村用电量（万千瓦小时）	35861	36364	36489	36818	38784	41502
平均每公顷耕地用电量（千瓦小时）	845.04	856.89	861.43	869.18	901.62	964.80

11-6　自然灾害面积（2016-2021年）

指　标	2016	2017	2018	2019	2020	2021
农作物受灾面积（千公顷）	**50.75**	**128.31**	**146.77**	**13.32**	**14.85**	**79.30**
旱　　灾	33.63	119.17	85.17			
洪　涝　灾	2.16	5.92	61.51	0.01	9.94	1.96
风　雹　灾	14.96	3.19	0.06	12.79	4.75	7.95
低温冷冻灾			0.03	0.52	0.16	0.47
雪　　灾		0.03				
沙　尘　暴						0.09
生 物 灾 害						68.83
农作物绝收面积　（千公顷）	**1.45**	**2.70**	**22.46**	**2.60**	**3.15**	**11.01**
旱　　灾		1.88				
洪　涝　灾	0.09	0.25	22.45		2.82	
风　雹　灾	1.36	0.57		2.60	0.33	2.73
低温冷冻灾			0.01			0.09
雪　　灾						
沙　尘　暴						
生 物 灾 害						8.19

11-7 历年耕地面积、造林面积和播种面积

单位：千公顷

年 份	年末实有耕地面积	旱 地	# 水浇地	当年造林面 积	总播种面 积	# 粮食作物播种面积	# 经济作物播种面积
1949	275.00	275.00			197.30	173.50	23.70
1950	304.80	304.80			222.60	196.10	26.40
1951	337.50	337.50			267.20	233.60	33.50
1952	345.90	345.90			268.70	235.60	33.00
1953	357.20	357.20			277.30	242.70	34.50
1954	353.90	353.90			275.90	242.70	32.80
1955	359.50	359.50			282.00	245.30	35.80
1956	364.10	364.10		1.35	295.90	254.10	40.60
1957	372.30	372.30		2.29	300.60	250.70	49.00
1958	372.20	372.20	24.40	7.38	305.80	259.70	40.90
1959	368.00	368.00	25.30	5.27	273.30	212.30	57.80
1960	398.40	398.40	27.20	9.11	353.50	276.30	54.40
1961	383.50	383.50	25.50	1.04	343.80	288.30	47.30
1962	366.70	366.70	18.70	0.77	312.00	269.00	39.00
1963	357.40	357.40	26.20	0.77	302.20	260.60	37.80
1964	364.20	364.20	33.10	4.00	309.60	262.60	43.00
1965	366.00	366.00	49.40	3.08	312.30	267.20	42.30
1966	364.00	364.00	78.80	4.64	306.10	262.60	38.30
1967	357.90	357.90	75.40	2.97	296.30	247.80	44.20
1968	359.90	359.90	68.50	2.06	282.70	243.40	38.00
1969	343.10	343.10	69.00	1.53	280.20	238.50	39.10
1970	352.30	352.30	72.90	2.18	294.60	250.50	40.80
1971	352.10	352.10	73.80	1.82	291.30	252.30	30.90
1972	351.60	351.60	75.70	1.35	290.40	249.10	33.30
1973	350.40	350.40	81.10	2.10	285.10	241.40	35.00
1974	350.40	350.40	82.20	2.08	285.20	242.00	35.80
1975	351.00	351.00	90.70	2.80	281.60	237.90	36.30
1976	346.60	346.60	88.70	2.65	281.40	233.00	38.70
1977	340.00	340.00	91.10	5.13	274.50	230.10	38.90
1978	347.40	347.40	91.10	4.25	269.30	225.10	39.30
1979	342.10	342.10	92.60	4.92	275.20	224.40	43.90
1980	336.00	336.00	74.80	4.59	262.50	210.30	43.60
1981	327.80	327.80	81.10	4.16	242.70	196.70	38.90
1982	326.00	326.00	71.00	4.65	244.60	197.20	41.60
1983	316.70	316.70	70.40	6.24	255.70	195.90	53.30

11-7 续

年份	年末实有耕地面积	旱地	水浇地
1984	310.50	310.50	71.20
1985	307.40	307.40	71.20
1986	297.00	297.00	69.70
1987	296.00	296.00	73.80
1988	293.60	293.60	72.40
1989	291.10	291.10	75.90
1990	292.40	292.40	81.50
1991	293.10	293.10	85.10
1992	293.00	293.00	91.00
1993	290.50	290.50	90.60
1994	293.80	293.80	95.10
1995	293.80	293.80	97.90
1996	303.20	303.20	99.60
1997	470.28	301.50	107.60
1998	468.87	302.20	111.60
1999	464.30	464.30	149.80
2000	447.40	447.40	148.80
2001	405.80	405.80	149.70
2002	396.03	396.03	128.50
2003	429.62	429.62	134.67
2004	428.73	428.73	146.16
2005	423.96	423.96	145.60
2006	423.14	423.14	153.95
2007	421.29	421.29	153.85
2008	422.11	422.11	136.99
2009	427.76	242.24	185.52
2010	426.85	241.90	184.94
2011	426.04	241.72	184.32
2012	425.48	241.16	184.33
2013	425.85	241.13	184.72
2014	425.80	240.93	184.87
2015	425.09	240.70	184.39
2016	424.37	240.36	184.02
2017	423.84	240.05	183.79
2018	423.59	239.99	183.60
2019	430.33	201.08	229.20
2020	430.16	200.06	230.04
2021	430.16	200.06	230.04

注：2009年以后耕地面积为国土局提供数据（耕地面积=旱地+水浇地+水田），2009年以前水浇地为旱地的组成项。

表

单位：千公顷

当年造林面　积	总播种面　积	# 粮食作物播种面积	# 经济作物播种面积
9.43	257.20	187.60	60.50
10.18	248.70	175.30	61.40
6.47	241.60	172.90	46.10
5.75	224.60	148.80	59.50
6.86	254.20	177.60	60.60
4.79	234.80	174.20	50.40
8.40	268.90	199.80	54.00
9.67	271.50	196.60	68.00
10.72	278.00	200.00	72.50
10.74	258.00	191.80	60.60
11.76	274.30	196.50	66.60
16.23	278.80	198.80	73.60
8.37	279.20	206.90	59.40
8.67	279.80	209.80	57.90
8.49	284.70	213.20	61.20
7.57	278.70	213.00	56.80
17.47	276.30	189.70	75.70
26.15	204.80	128.90	65.10
26.37	261.69	160.62	75.20
18.47	267.10	156.80	67.06
17.14	285.09	178.20	63.61
7.21	294.71	190.87	67.28
2.73	317.15	199.20	70.62
5.23	291.20	208.26	82.94
8.67	297.42	208.62	88.80
47.32	305.86	220.36	85.50
26.86	310.31	225.18	85.13
21.33	309.13	222.77	86.36
34.37	311.61	226.70	84.91
40.26	313.27	227.27	86.00
31.10	334.96	227.11	107.85
38.43	319.19	220.17	99.02
38.03	329.62	212.30	117.32
35.03	313.09	211.57	101.52
30.67	272.78	191.11	81.67
47.50	294.73	193.58	101.15
52.23	308.61	197.11	111.50
24.55	296.47	199.41	97.06

11-8 历 年 主 要 粮 食

年 份	农作物总播种面积	粮食作物播种面积	谷 物	# 小麦	# 玉米
1949	197.30	173.50		36.40	
1950	222.60	196.10		38.90	
1951	267.20	233.60		42.30	
1952	268.70	235.60		46.40	
1953	277.30	242.70		49.40	
1954	275.90	242.70		56.10	
1955	282.00	245.30		57.70	
1956	295.90	254.10		53.20	0.70
1957	300.60	250.70	225.10	62.50	0.80
1958	305.80	259.70	221.50	63.70	0.80
1959	273.30	212.30	186.50	56.30	1.00
1960	353.50	276.30	237.20	76.80	1.20
1961	343.80	288.30	248.40	74.30	1.30
1962	312.00	269.00	239.00	73.30	1.30
1963	302.20	260.60	181.70	73.80	1.20
1964	309.60	262.60	237.90	75.60	1.30
1965	312.30	267.20	245.10	77.30	1.50
1966	306.10	262.60	242.30	70.70	3.10
1967	296.30	247.80	227.40	73.50	2.50
1968	282.70	243.40	225.70	71.60	1.70
1969	280.20	238.50	221.10	74.40	1.70
1970	294.60	250.50	241.60	88.10	1.30
1971	291.30	252.30	234.30	88.80	5.10
1972	290.40	249.10	231.90	87.80	7.60
1973	285.10	241.40	224.50	88.20	5.40
1974	285.20	242.00	224.60	86.30	5.10
1975	281.60	237.90	219.80	88.80	3.80
1976	281.40	233.00	212.60	97.80	3.60
1977	274.50	230.10	209.10	100.80	3.60
1978	269.30	225.10	199.80	91.70	4.70
1979	275.20	224.40	197.80	80.00	4.10
1980	262.50	210.30	187.60	83.30	3.50
1981	242.70	196.70	179.00	84.40	2.10
1982	244.60	197.20	179.30	86.20	1.90
1983	255.70	196.80	179.90	89.60	2.20

作　物　播　种　面　积

单位：千公顷

#荞麦	#谷子	#莜麦	#糜黍	薯　类	豆 类	#大豆
0.60	1.90	6.20	14.60			2.20
2.50	2.10	7.50	21.10			6.00
0.40	5.60	8.80	20.60			4.60
0.10	6.50	10.00	20.00			3.40
0.20	5.70	9.00	16.00			3.20
0.30	4.80	8.50	16.70			2.80
0.40	7.80	8.70	19.00			1.50
0.40	5.40	9.70	13.40	17.80	7.80	1.80
1.10	8.20	37.30	16.80	33.00	5.20	1.20
1.00	5.10	27.50	13.40	20.80	5.00	0.30
28.20	14.50	40.20	43.70	32.90	6.20	0.60
21.80	15.50	51.60	42.30	33.80	6.10	0.90
2.80	10.40	14.50	4.40	24.30	5.70	1.20
5.50	7.60	16.00	14.10	19.30	5.60	1.20
5.20	8.10	17.00	14.70	18.70	6.00	1.70
6.00	8.60	16.80	15.70	16.20	5.90	1.80
7.50	8.50	13.40	19.60	14.80	5.50	1.70
5.10	7.70	16.60	13.70	15.90	4.50	1.40
6.30	5.80	15.70	14.40	13.30	4.40	1.30
5.80	6.20	15.10	13.00	12.70	4.70	1.30
5.00	6.80	15.90	13.20	7.50	1.40	1.30
18.70	15.30	47.90	39.00	14.30	3.70	3.70
17.70	15.60	43.70	38.40	14.20	3.00	3.00
19.70	15.20	38.70	40.00	14.50	2.40	2.40
19.80	17.50	36.00	39.80	14.70	2.70	2.70
27.70	13.60	30.40	34.90	16.10	2.00	2.00
19.00	13.00	28.70	31.90	18.40	2.00	2.00
17.60	12.10	29.70	31.30	18.80	2.20	2.20
17.20	11.30	28.50	32.30	23.00	2.30	2.30
17.60	11.30	31.50	40.80	24.10	2.50	2.50
15.60	8.30	43.70	35.50	20.90	1.80	1.80
16.80	7.00	30.20	32.10	16.60	1.10	1.10
19.50	6.80	28.60	30.20	16.90	1.00	1.00
20.60	6.10	27.80	27.40	15.90	1.00	0.90

11-8 续

年 份	农作物总播种面积	粮食作物播种面积			
			谷 物		
				# 小麦	# 玉米
1984	257.20	187.60	171.40	87.30	1.90
1985	248.70	175.30	159.30	81.50	3.00
1986	241.60	172.90	156.70	80.60	3.80
1987	224.60	148.80	133.40	83.10	5.90
1988	254.20	177.60	161.10	86.90	4.80
1989	234.80	174.20	158.10	86.60	6.40
1990	268.90	199.80	183.40	93.00	10.00
1991	271.50	196.60	179.00	89.80	12.40
1992	278.00	200.00	180.70	99.80	13.10
1993	258.00	191.80	175.70	93.60	18.00
1994	274.30	196.50	176.20	92.50	25.10
1995	278.80	198.80	179.00	88.00	29.60
1996	279.20	206.90	178.00	90.30	31.90
1997	279.80	209.80	180.90	93.30	31.30
1998	284.70	213.20	178.20	87.70	35.80
1999	278.70	213.10	170.80	74.40	43.30
2000	276.30	189.70	138.10	56.90	35.70
2001	204.80	128.90	94.70	42.60	33.20
2002	261.69	160.62	124.57	38.53	45.12
2003	267.10	156.80	108.69	15.93	69.42
2004	285.09	178.20	126.31	34.94	72.76
2005	294.71	190.87	137.64	38.24	85.50
2006	317.15	199.20	127.10	26.65	85.60
2007	291.20	208.26	140.56	18.96	93.09
2008	297.42	208.62	154.08	23.30	94.23
2009	305.86	220.36	150.51	29.58	96.06
2010	310.31	225.18	141.15	30.44	97.46
2011	309.13	222.77	139.47	32.31	95.31
2012	311.61	226.70	156.35	51.48	100.03
2013	313.27	227.27	164.78	40.77	103.93
2014	334.96	227.11	172.85	43.07	116.19
2015	319.19	220.17	176.47	41.86	118.59
2016	329.62	212.30	170.96	42.04	108.33
2017	313.09	211.57	172.84	43.01	104.75
2018	272.78	191.11	169.21	34.48	116.57
2019	294.73	193.58	177.03	32.57	118.81
2020	308.61	197.11	181.64	31.36	124.03
2021	296.47	199.41	187.73	26.58	129.04

表

单位：千公顷

#荞麦	#谷子	#莜麦	#糜黍	薯 类	豆 类	#大豆
20.70	5.60	26.30	24.60	15.50	0.70	0.70
19.30	4.70	23.60	22.50	15.10	0.90	0.90
19.50	3.10	17.00	19.50	15.70	0.50	0.50
20.10	1.80	19.20	13.30	15.10	0.30	0.30
21.80	3.30	22.40	17.70	16.20	0.30	0.30
21.80	2.90	17.40	18.20	15.50	0.60	0.60
26.80	3.50	23.00	17.90	15.80	0.60	0.60
23.30	3.40	21.70	19.00	16.50	1.10	1.10
22.20	3.10	22.00	14.10	16.80	2.50	0.50
23.90	2.00	17.30	8.10	15.20	0.90	0.90
33.40	1.80	12.50	7.30	17.50	2.80	0.80
25.10	1.70	14.90	6.60	17.50	2.30	0.40
29.00	1.70	14.20	9.30	21.40	7.50	0.70
29.10	2.00	14.70	8.90	20.90	8.00	0.90
29.60	2.00	12.80	9.00	25.40	9.60	0.90
31.70	1.70	9.60	9.40	36.00	6.30	0.70
34.00	1.10	5.00	5.00	48.10	3.50	0.80
13.60	0.30	2.20	2.40	29.50	4.70	0.90
30.49	0.87	5.57	3.53	30.25	5.80	0.46
17.50	0.61	2.70	2.24	44.16	3.95	0.52
13.56	0.37	2.99	1.37	48.55	3.34	0.25
9.41	0.44	2.16	1.61	49.32	3.91	0.39
10.71	0.26	1.95	1.84	68.70	3.40	0.21
26.65	0.36	0.09	1.27	66.55	1.14	0.06
33.15	0.29	1.33	1.05	53.37	1.17	0.07
19.26	0.35	2.87	1.64	68.16	1.69	0.06
9.14	0.22	2.49	1.23	82.11	1.92	0.07
9.14	0.13	0.48	0.72	82.91	0.40	0.10
2.35	0.08	1.63	0.62	70.15	0.19	0.09
15.52	0.21	3.55	0.44	62.29	0.20	0.07
9.81	0.26	2.03	0.69	54.09	0.17	0.08
13.51	0.39	1.36	0.58	43.00	0.70	0.01
16.20	0.31	2.36	0.76	41.14	0.20	0.01
18.47	0.30	4.31	0.76	38.71	0.03	0.02
12.03	0.32	2.78		21.74	0.17	0.03
19.49	0.19	2.23		16.29	0.25	0.10
17.94	0.23	5.67		15.08	0.40	0.31
20.82	0.31	6.92		10.51	1.17	1.12

11-9　历年主要经济作物播种面积

单位：千公顷

年份	经济作物播种面积	油料				甜菜	药材	蔬菜	瓜类	其他作物播种面积	
			#葵花籽	#胡麻籽	#油菜籽						#青饲料
1949	23.70	21.20						0.40		0.10	0.10
1950	26.40	23.70		0.80	4.60			0.40		0.10	0.10
1951	33.50	30.60		2.10	6.80			0.40		0.10	0.10
1952	33.00	29.00		2.10	5.20			0.60	0.60	0.10	0.10
1953	34.50	29.50		1.80	6.50			0.50	0.60	0.10	0.10
1954	32.80	27.50		1.80	5.70	0.10		0.50	0.70	0.40	0.30
1955	35.80	28.90		2.50	6.10	0.90		0.80	0.80	0.90	0.90
1956	40.60	31.60		1.70	8.50	1.10		1.60	0.90	1.20	1.20
1957	49.00	36.10		1.90	8.90	1.90		2.10		0.90	0.90
1958	40.90	29.00		8.70	12.40	1.70		2.90	1.40	5.20	5.20
1959	57.80	37.70	0.10	10.10	14.50	2.00		5.40	1.20	3.20	3.20
1960	54.40	32.80	0.10	13.60	15.60	4.70		11.70	1.30	22.80	22.80
1961	47.30	28.40	0.10	11.90	11.90	1.70		11.00	1.40	8.20	7.00
1962	39.00	21.90		0.20	5.40	1.00		7.80		4.00	4.00
1963	37.80	24.10		0.70	5.50	0.90		7.10	0.80	3.80	3.80
1964	43.00	27.40		0.90	6.80	2.40		7.20	0.80	4.00	4.00
1965	42.30	25.80		0.90	5.40	2.90		8.20		2.80	2.80
1966	38.30	18.60		0.60	3.90	2.90		5.90	0.50	5.20	5.20
1967	44.20	23.70		0.90	6.00	4.60		5.60	0.70	4.30	4.30
1968	38.00	20.00			5.00	3.20		5.40		1.30	1.30
1969	39.10	20.60		0.60	5.30	3.90		5.90	0.40	2.60	2.60
1970	40.80	21.40		0.80	5.20	3.50		5.50	0.40	3.40	3.40
1971	30.90	18.40		5.80	7.60	2.70	0.30	8.70	1.10	8.10	8.10
1972	33.30	17.90		4.80	8.60	4.00	0.10	8.70	1.20	8.00	7.90
1973	35.00	18.00		5.00	8.20	4.40	0.10	9.50	1.10	8.70	8.70
1974	35.80	19.20		4.70	9.00	4.90	0.30	9.50	1.80	7.40	7.40
1975	36.30	19.90	1.30	4.80	9.00	4.50	0.30	8.00	1.50	7.40	7.30
1976	38.70	21.90	1.80	4.90	10.30	5.00	0.30	8.80	1.50	9.70	9.60
1977	38.90	22.80	2.60	4.70	10.70	4.80	0.30	9.70	1.30	7.30	7.10
1978	39.30	23.00	3.90	4.30	10.00	4.30	0.50	9.70	1.80	8.00	7.50
1979	43.90	27.60	3.70	4.40	13.90	3.10	0.20	10.40	2.00	6.90	6.50
1980	43.60	30.40	7.20	4.00	14.40	2.10	0.20	8.30	1.60	8.60	8.00
1981	38.90	28.00	7.90	3.20	13.40	1.50	0.40	7.50	1.50	7.10	6.00
1982	41.60	31.10	12.40	3.20	13.00	0.90	0.60	7.40	1.30	5.80	5.30
1983	53.30	42.40	24.00	3.20	12.50	1.30	1.20	6.60	0.80	6.50	6.00

11-9 续 表

单位：千公顷

年 份	经济作物播种面积	油 料	#葵花籽	#胡麻籽	#油菜籽	甜 菜	药 材	蔬 菜	瓜 类	其他作物播种面积	#青饲料
1984	60.50	45.50	27.50	2.90	11.80	2.70	2.90	6.80	1.70	9.10	8.10
1985	61.40	41.90	15.50	6.00	17.70	8.90	1.80	6.00	1.90	12.00	9.80
1986	46.10	29.50	13.70	7.70	6.70	5.60	0.70	7.00	2.20	22.60	21.70
1987	59.50	34.60	16.70	8.30	8.70	4.40	0.40	5.70	1.00	16.30	15.50
1988	60.60	43.20	22.10	8.10	11.60	6.10	1.20	6.80	1.20	16.00	15.10
1989	50.40	35.20	22.70	7.00	4.20	6.20	1.10	6.50	0.50	10.20	9.90
1990	56.10	42.10	23.20	6.80	10.20	6.60	0.40	6.80	0.20	15.10	12.90
1991	68.00	43.80	20.80	8.40	13.80	9.20	0.50	5.30	0.30	6.90	4.90
1992	72.50	47.30	26.60	9.40	10.50	7.90	0.90	7.20	0.60	5.50	4.20
1993	60.60	36.20	24.30	6.70	4.80	7.90	2.10	7.50	0.50	5.60	4.90
1994	66.60	45.90	28.10	7.20	6.80	6.40	1.40	6.90	0.80	11.20	9.50
1995	73.60	47.80	26.10	8.00	12.40	9.10	1.10	7.60	0.50	6.40	6.20
1996	59.40	41.80	20.10	8.80	12.80	8.60	0.20	7.90	0.80	12.90	12.70
1997	57.90	42.60	18.10	9.60	14.70	7.00	0.50	6.90	0.90	12.10	11.30
1998	61.20	43.40	20.60	8.20	14.50	7.40	1.00	8.50	1.00	10.30	9.70
1999	56.80	43.80	21.80	8.00	12.90	2.90	1.20	7.80	1.10	8.90	8.60
2000	75.70	55.30	29.00	7.00	17.10	2.90	4.20	10.10	3.10	10.90	9.70
2001	65.10	43.90	34.20	4.20	5.50	3.10	6.50	8.80	2.70	10.80	9.60
2002	75.20	54.73	35.87	5.79	12.31	2.87	5.69	9.74	2.17	25.87	24.23
2003	67.06	48.93	27.48	4.97	15.54	1.62	6.02	9.19	1.30	43.24	34.45
2004	63.61	45.20	22.62	2.62	16.95	1.82	6.89	8.44	1.26	43.29	38.83
2005	67.28	46.72	15.54	3.41	20.80	3.63	6.36	9.01	1.56	36.57	28.33
2006	70.62	48.07	18.56	2.42	21.92	4.46	6.63	9.82	1.64	47.34	38.07
2007	82.94	23.88	8.49	1.39	8.38	2.94	2.81	7.66	1.43	44.23	33.63
2008	88.80	35.73	19.48	2.38	11.22	2.70	4.64	8.60	1.53	35.60	27.84
2009	85.50	40.16	18.49	3.98	15.69	2.25	1.04	10.12	1.53	30.39	25.48
2010	85.13	40.95	20.63	3.04	16.07	1.76	0.83	10.96	1.33	29.30	24.41
2011	86.36	44.04	29.20	2.74	11.28	0.63	0.59	11.86	1.51	27.74	18.07
2012	84.91	40.64	22.83	1.97	15.46	0.13	0.83	13.45	1.44	28.43	22.46
2013	86.00	42.23	24.60	1.41	16.22	0.02	0.66	12.00	1.52	29.58	24.46
2014	107.85	71.95	27.41	2.93	41.61	0.01	0.77	12.65	1.78	20.70	18.30
2015	99.02	62.51	34.06	2.49	25.96	0.01	1.38	11.39	1.70	22.03	19.20
2016	117.32	90.09	41.09	2.97	45.67	0.00	1.91	12.05	1.62	11.65	6.56
2017	101.52	70.52	38.25	2.52	29.33	0.19	3.75	11.85	1.42	13.79	8.64
2018	81.67	51.31	38.05	1.13	12.13	1.92	4.88	11.36	1.63	10.58	7.53
2019	101.15	64.94	43.91	0.91	20.12	4.95	3.94	11.58	1.57	14.16	12.03
2020	111.50	70.63	49.71	0.60	20.32	5.27	4.58	11.97	1.51	17.55	15.48
2021	97.06	53.84	39.65	0.37	13.82	5.61	4.99	12.63	1.19	18.80	11.59

11-10　历年主要粮食作物产量

单位：万吨

年份	粮食	谷物							薯类	豆类	
			#小麦	#玉米	#荞麦	#谷子	#莜麦	#糜黍			#大豆
1949	9.80	9.80	2.20								
1950	10.50	10.43	1.90		0.79	0.11	0.20	0.79			
1951	11.80	11.72	2.30		0.48	0.10	0.53	0.48			
1952	18.20	17.97	3.30		1.30	0.50	0.34	1.30			
1953	13.90	13.76	2.80		0.80	0.33	0.36	0.80			
1954	22.70	22.50	5.00		1.59	0.56	0.74	1.59			
1955	18.20	18.11	4.30		1.10	0.43	0.30	1.10			
1956	25.30	25.23	4.20		1.44	0.75	0.67	1.44			
1957	14.30	12.60	3.60		0.53	0.24	0.25	0.53	1.50	0.20	0.20
1958	15.90	10.80	1.40		1.22	0.83	1.25	1.22	4.90	0.20	0.20
1959	20.90	17.40	5.80		1.39	0.54	3.26	1.39	3.20	0.30	0.30
1960	14.30	10.90	4.60	0.10	1.63	0.61	1.48	1.63	3.10	0.30	0.30
1961	11.60	8.70	1.80	0.10	2.40	0.84	1.22	2.40	2.70	0.20	0.20
1962	13.60	11.20	4.20	0.10	0.10	0.64	0.58	0.10	2.20	0.20	0.20
1963	13.80	11.80	3.00	0.20	0.93	0.44	0.45	0.93	1.80	0.20	0.20
1964	18.90	16.89	3.80	0.20	1.39	0.77	0.75	1.39	1.90	0.11	0.11
1965	12.00	10.60	3.70	0.20	0.70	0.35	0.28	0.70	1.20	0.20	0.20
1966	14.80	13.00	2.40	0.70	1.35	0.63	0.13	1.35	1.40	0.40	0.40
1967	17.50	15.60	3.70	0.60	1.24	0.80	0.81	1.24	1.60	0.30	0.30
1968	13.80	12.00	3.50	0.40	1.06	0.45	0.28	1.06	1.50	0.30	0.30
1969	16.90	15.80	5.80	0.40	0.96	0.58	0.54	0.96	0.90	0.20	0.20
1970	19.70	17.80	6.80	0.50	1.14	0.77	0.49	1.14	1.50	0.40	0.40
1971	20.80	19.90	6.60	1.20	3.87	1.79	2.33	3.87	0.60	0.30	0.30
1972	18.50	16.96	5.80	1.70	3.66	1.59	1.60	3.66	1.30	0.24	0.24
1973	20.20	18.36	5.20	1.70	4.34	1.85	1.54	4.34	1.60	0.24	0.24
1974	27.10	25.30	9.00	1.70	4.79	2.25	2.48	4.79	1.50	0.30	0.30
1975	23.90	21.50	7.80	1.50	3.87	1.53	1.07	3.87	2.10	0.30	0.30
1976	24.40	21.97	10.80	1.00	2.43	1.59	2.31	2.43	2.30	0.13	0.13
1977	23.80	20.98	9.80	1.30	3.23	1.61	1.80	3.23	2.70	0.20	0.20
1978	17.20	14.00	4.90	1.70	2.45	1.19	0.97	2.45	3.00	0.20	0.20
1979	23.70	19.70	8.90	1.40	3.54	1.31	2.09	3.54	3.80	0.20	0.20
1980	16.20	13.60	5.90	1.00	3.24	0.93	1.08	3.24	2.50	0.10	0.10
1981	21.40	18.40	8.30	0.70	5.09	0.96	1.37	5.09	2.90	0.10	0.10
1982	18.40	16.20	9.30	0.60	3.46	0.60	0.92	3.46	2.10	0.10	0.10
1983	19.70	16.90	9.90	0.70	3.22	0.76	0.75	3.22	2.70	0.10	0.10

11-10 续 表

单位：万吨

年份	粮食	谷物	#小麦	#玉米	#荞麦	#谷子	#莜麦	#糜黍	薯类	豆类	#大豆
1984	26.50	22.10	13.10	0.70	3.60	0.85	1.86	3.60	4.30	0.10	0.10
1985	22.30	18.44	11.00	1.00	2.66	0.50	1.73	2.66	3.80	0.06	0.06
1986	16.30	13.65	8.70	1.00	1.44	0.29	0.59	1.44	2.60	0.05	0.05
1987	12.80	10.48	7.20	1.70	0.87	0.13	0.11	0.87	2.30	0.02	0.02
1988	23.30	18.78	10.50	1.80	2.20	0.65	1.86	2.20	4.50	0.02	0.02
1989	23.20	19.06	11.10	3.00	1.86	0.45	0.61	1.86	4.10	0.04	0.04
1990	35.60	30.20	16.40	5.70	2.77	0.65	2.03	2.77	5.30	0.10	0.10
1991	27.50	24.00	12.00	7.70	1.84	0.42	0.73	1.84	3.40	0.10	0.10
1992	37.10	31.77	16.20	9.40	2.02	0.51	1.14	2.02	5.20	0.13	0.13
1993	39.70	34.90	17.20	13.30	1.40	0.34	0.86	1.40	4.60	0.20	0.20
1994	41.30	36.98	12.60	19.30	1.38	0.40	0.45	1.38	4.00	0.32	0.13
1995	49.50	43.55	18.50	20.40	0.98	0.31	0.79	0.98	5.70	0.25	0.06
1996	58.74	50.45	19.40	25.10	1.61	0.33	1.21	1.61	7.50	0.79	0.09
1997	59.00	50.45	21.20	23.70	1.76	0.44	1.04	1.76	7.69	0.84	0.19
1998	49.71	39.68	13.10	20.90	1.66	0.32	0.94	1.66	9.08	0.95	0.13
1999	59.61	49.57	17.50	28.90	1.55	0.22	0.19	1.55	9.67	0.37	0.12
2000	55.30	42.71	15.35	24.59	0.73	0.16	0.20	0.73	12.16	0.43	0.16
2001	42.87	37.12	10.95	25.34	0.36	0.03	0.01	0.36	5.41	0.34	0.18
2002	54.64	42.84	8.87	30.42	2.47	0.15	0.34	0.48	11.08	0.72	0.09
2003	66.10	50.25	3.41	44.73	1.42	0.10	0.19	0.37	15.36	0.49	0.10
2004	91.17	73.41	11.21	60.15	1.35	0.08	0.30	0.26	17.28	0.48	0.05
2005	84.78	77.12	10.69	66.22	0.01	0.04		0.14	7.44	0.22	0.07
2006	98.29	80.96	9.81	70.31	0.48	0.02	0.07	0.24	17.05	0.28	0.04
2007	95.19	82.25	6.05	74.39	1.60	0.02	0.01	0.17	12.81	0.13	0.02
2008	96.40	87.48	6.59	78.71	1.91	0.01	0.08	0.14	8.81	0.11	0.02
2009	100.75	87.98	7.56	78.88	1.09	0.03	0.18	0.21	12.56	0.21	0.01
2010	97.98	84.93	6.25	77.77	0.50	0.01	0.13	0.27	12.91	0.15	0.02
2011	99.89	88.74	6.55	81.15	0.44	0.02	0.04	0.16	11.09	0.05	0.02
2012	101.07	88.99	8.02	80.38	0.24	0.01	0.20	0.11	12.05	0.03	0.02
2013	111.32	97.88	6.58	89.45	1.39	0.04	0.28	0.12	13.41	0.03	0.01
2014	109.41	95.27	6.62	87.48	0.75	0.04	0.16	0.15	14.12	0.02	0.01
2015	108.91	99.07	6.39	90.57	1.65	0.07	0.18	0.13	9.77	0.07	
2016	109.22	99.15	10.07	83.75	4.34	0.09	0.17	0.07	10.05	0.03	
2017	109.98	100.09	10.14	84.53	3.63	0.09	0.95	0.07	9.89		
2018	108.41	98.74	11.11	84.24	1.75	0.10	0.36		9.64	0.02	0.01
2019	109.47	104.03	6.99	92.28	1.93	0.08	0.31		5.41	0.03	0.02
2020	112.74	107.80	7.13	96.84	1.50	0.09	0.54		4.85	0.09	0.08
2021	115.36	111.82	6.06	101.00	1.64	0.08	0.44		3.29	0.25	0.24

注：2007-2017年数据已根据第三次农牧业普查结果进行修订。

11-11 历年主要经济作物产量

单位：万吨

年份	油料	#葵花籽	#胡麻籽	#油菜籽	甜菜	药材	蔬菜	瓜类
1949	0.80						0.50	
1950	0.80		0.03	0.13			0.50	
1951	0.90		0.07	0.13			0.50	
1952	1.00		0.05	0.12	1.60		1.20	
1953	1.00		0.04	0.26	1.60		1.00	
1954	1.30		0.08	0.33	1.70		1.00	
1955	0.90		0.06	0.20	1.70		1.60	
1956	1.40		0.05	0.43	2.20		3.20	
1957	0.90		0.04	0.20	1.60		4.50	
1958	0.40		0.14	0.08	1.10		6.00	
1959	1.80		0.26	1.11	2.70		10.00	
1960	0.50		0.17	0.20	2.40		17.00	
1961	0.40		0.15	0.08	0.40		16.00	
1962	0.40		0.02	0.10	0.40		15.80	
1963	0.50		0.02	0.91	1.20		14.71	
1964	0.90		0.03	0.17	4.20		18.00	
1965	0.60		0.03	0.04	3.80		19.86	
1966	0.30		0.02	0.01	3.40		23.99	
1967	0.60		0.02	0.09	7.40		20.33	
1968	0.50			0.06	3.10		17.53	
1969	0.60		0.02	0.14	5.90		18.70	
1970	0.70		0.02	0.15	4.40		24.32	
1971	0.50		0.17	0.22	3.10	0.02	23.64	
1972	0.50		0.16	0.14	4.40	0.01	25.43	
1973	0.50		0.13	0.20	4.10	0.01	27.28	
1974	0.80		0.16	0.44	2.40	0.01	24.48	
1975	0.50	0.10	0.12	0.20	2.60	0.03	27.63	
1976	0.90	0.08	0.14	0.57	2.30	0.02	28.90	
1977	1.00	0.22	0.19	0.45	4.50	0.02	26.57	
1978	0.60	0.15	0.12	0.16	4.30	0.03	27.30	
1979	1.00	0.25	0.13	0.57	1.60	0.01	29.34	
1980	1.30	0.70	0.15	0.33	1.70	0.02	23.95	
1981	2.80	2.21	0.18	0.26	1.50	0.04	20.75	
1982	2.90	2.23	0.12	0.48	1.50	0.09	27.59	
1983	3.50	3.04	0.23	0.18	2.80	0.20	29.07	

11-11 续 表

单位：万吨

年 份	油 料	#葵花籽	#胡麻籽	#油菜籽	甜 菜	药 材	蔬 菜	瓜 类
1984	2.30	1.27	0.23	0.57	7.40	1.27	30.11	
1985	3.10	1.28	0.66	1.01	27.60	0.89	28.45	
1986	3.10	2.13	0.75	0.18	13.40	0.23	28.96	
1987	3.10	2.35	0.74	0.05	8.50		29.52	
1988	3.20	2.26	0.62	0.30	12.60		27.38	
1989	4.20	3.72	0.38	0.07	17.00		31.81	
1990	4.90	3.71	0.58	0.73	19.80		33.28	
1991	3.80	3.04	0.68	0.08	25.50		31.91	
1992	6.30	5.04	0.86	0.35	25.50		37.50	
1993	6.00	4.98	0.78	0.21	26.90		39.48	
1994	3.90	2.90	0.60	0.18	12.40	0.05	36.36	
1995	5.80	4.32	0.70	0.76	26.90	0.25	39.48	
1996	5.52	3.59	1.00	0.93	29.00	0.11	41.70	2.96
1997	5.72	3.69	1.09	0.92	23.72	0.32	41.48	3.05
1998	4.04	2.19	0.70	0.70	14.87	0.42	43.62	3.13
1999	5.90	4.05	0.88	0.88	8.16	0.62	45.66	4.54
2000	7.41	5.36	0.81	0.81	9.40	2.12	57.89	13.78
2001	6.66	5.98	0.48	0.48	10.05	2.44	55.30	12.89
2002	7.63	5.69	0.60	1.23	10.79	1.69	62.15	9.66
2003	6.34	4.00	0.59	1.61	6.33	1.45	58.08	5.11
2004	6.53	3.70	0.40	1.91	9.47	1.89	44.45	5.73
2005	3.06	1.53	0.39	0.09	17.80	1.65	48.48	7.26
2006	4.46	2.39	0.36	0.75	25.33	2.14	55.29	8.28
2007	2.37	1.21	0.24	0.59	16.30		55.84	7.99
2008	3.49	1.63	0.37	1.10	13.33		61.92	7.88
2009	3.71	2.19	0.47	0.73	11.00		70.36	6.34
2010	3.21	2.59	0.41	0.03	8.71		76.80	5.49
2011	4.28	3.78	0.42	0.03	3.18		86.48	5.45
2012	5.23	4.09	0.27	0.82	0.62		95.42	5.43
2013	5.46	4.68	0.20	0.58	0.13		86.05	5.68
2014	7.72	4.40	0.29	3.01	0.04		88.41	6.76
2015	6.28	5.34	0.34	0.59	0.04		83.36	6.21
2016	10.79	7.45	0.55	2.73			86.90	5.53
2017	6.94	6.19	0.50	0.11	1.19		86.82	5.17
2018	7.13	6.50	0.20	0.43	10.78		84.37	6.03
2019	10.19	8.24	0.17	1.78	28.33		84.98	5.36
2020	12.49	9.69	0.09	2.71	30.06		87.81	5.04
2021	8.57	7.36	0.04	1.17	33.83		92.50	3.79

注：2007-2017年数据已根据第三次农牧业普查结果进行修订。

11-12 主要农作物总产量及单位面积产量（2017-2021年）

指　标	2017		2018		2019		2020		2021	
	总产量（万吨）	单位面积产量（公斤／公顷）	总产量（万吨）	单位面积产量（公斤／公顷）	总产量（万吨）	单位面积产量（公斤／公顷）	总产量（万吨）	单位面积产量（公斤／公顷）	总产量（万吨）	单位面积产量（公斤／公顷）
粮　食	109.98	5198	108.41	5673	109.47	5655	112.74	5715	115.36	5785
谷　物	100.09	5791	98.74	5836	104.03	5876	107.80	5940	111.82	5956
# 小麦	10.14	2357	11.11	3223	6.99	2146	7.13	2280	6.06	2280
玉米	84.53	8070	84.24	7227	92.28	7768	96.84	7815	101.00	7827
高粱	0.62	5655	0.83	4043	1.85	6942	1.56	7725	2.45	6647
谷子	0.09	2987	0.10	3093	0.08	3942	0.09	4140	0.08	2430
莜麦	0.95	2198	0.36	1298	0.31	1381	0.54	945	0.44	786
糜黍	0.07	957								
荞麦	3.63	1966	1.75	1454	1.93	989	1.50	840	1.64	634
豆　类	0.00	1923	0.02	1392	0.03	1303	0.09	2160	0.25	2129
# 大豆	0.00	1867	0.01	1639	0.02	1676	0.08	2430	0.24	2145
薯　类	9.89	2555	9.64	4436	5.41	3319	4.85	3210	3.29	3132
油　料	6.94	983	7.13	1389	10.19	1569	12.49	1769	8.57	1591
# 葵花籽	6.19	1620	6.50	1709	8.24	1876	9.69	1950	7.36	1856
油菜籽	0.10	38	0.43	351	1.78	886	2.71	1331	0.04	846
胡麻籽	0.48	1994	0.20	1763	0.17	1851	0.09	1526	1.17	1049
甜　菜	1.19	61558	10.78	56138	28.33	57200	30.06	57046	33.83	60309
蔬　菜	86.82	73248	84.37	74281	84.98	73395	87.81	73362	92.50	73222
瓜类(果用瓜)	5.17	36543	6.03	36888	5.36	34137	5.04	33465	3.79	31976
水　果	7.83	24115	8.57	24751	7.90	23388	7.53	22274	6.20	20441

11-13 历年牲畜总头数

单位：万头（只）

年份	年中数				年末数			
	合计	大牲畜	羊	猪	合计	大牲畜	羊	猪
1949	54.26	11.36	37.10	5.80	41.30	9.70	27.60	4.00
1950	60.85	12.71	41.74	6.40	50.70	11.40	34.80	4.50
1951	70.71	14.06	50.15	6.50	60.60	13.40	42.70	4.50
1952	85.42	16.21	62.41	6.80	75.10	15.30	54.80	5.00
1953	107.21	18.90	79.21	9.10	88.90	17.30	65.30	6.30
1954	119.08	20.03	90.25	8.80	99.10	18.60	74.20	6.30
1955	121.81	20.78	92.43	8.60	106.90	19.40	80.20	6.30
1956	130.01	20.03	102.48	7.50	110.80	17.90	86.90	6.00
1957	117.94	18.92	91.12	7.90	99.60	17.60	76.40	5.60
1958	131.97	16.16	104.91	10.90	112.00	14.70	88.40	8.90
1959	149.96	16.73	122.83	10.40	132.60	16.10	105.80	10.70
1960	181.22	19.36	145.56	16.30	163.70	19.60	133.40	10.70
1961	189.72	19.41	156.11	14.20	159.70	19.50	131.50	8.70
1962	168.95	18.75	136.80	13.40	143.90	17.90	117.00	9.00
1963	195.54	19.82	161.42	14.30	165.40	19.20	136.20	9.90
1964	209.03	20.62	174.71	13.70	173.40	20.20	142.70	10.50
1965	219.30	21.62	181.88	15.80	156.30	19.60	125.80	10.90
1966	148.55	17.27	120.18	11.10	115.00	16.10	89.50	9.40
1967	157.37	17.33	127.44	12.60	130.90	16.60	101.60	12.70
1968	165.75	18.17	131.98	15.60	132.10	16.40	103.50	12.20
1969	175.45	19.12	142.13	14.20	146.40	18.00	117.60	10.80
1970	190.19	20.59	155.70	13.90	161.80	20.60	129.20	12.00
1971	184.76	21.82	150.64	12.30	166.10	20.90	133.40	11.80
1972	190.64	21.72	155.52	13.40	167.70	20.70	134.10	12.90
1973	211.63	20.97	174.16	16.50	174.60	19.90	141.00	13.70
1974	213.42	21.09	175.73	16.60	174.10	20.00	140.70	13.40
1975	216.16	21.97	175.79	18.40	174.30	20.90	138.60	14.80
1976	197.39	21.78	153.41	22.20	158.60	20.70	121.20	16.70
1977	196.41	21.78	152.83	21.80	157.10	20.70	118.90	17.50
1978	180.93	21.03	136.40	23.50	148.80	20.10	109.90	18.80
1979	194.29	21.28	148.51	24.50	161.60	20.10	123.20	18.30
1980	204.67	21.55	160.62	22.50	165.30	20.10	128.10	17.10
1981	193.91	20.53	154.48	18.90	158.50	19.50	124.80	14.20
1982	193.70	20.48	157.22	16.00	150.10	19.30	118.20	12.60
1983	169.54	19.78	135.86	13.90	129.50	18.70	100.80	10.00

11-13 续 表

单位：万头（只）

年份	年中数				年末数			
	合计	大牲畜	羊	猪	合计	大牲畜	羊	猪
1984	166.73	19.56	134.37	12.80	138.30	18.20	109.90	10.20
1985	184.29	19.49	148.30	16.50	159.30	18.40	127.60	13.30
1986	205.14	19.71	167.03	18.40	174.10	18.30	141.40	14.40
1987	225.23	18.93	191.00	15.30	168.10	14.30	143.00	10.80
1988	214.69	13.65	189.24	11.80	185.10	12.80	161.60	10.70
1989	250.06	13.41	223.05	13.60	195.30	12.30	171.60	11.40
1990	252.87	13.15	224.52	15.20	196.60	12.50	171.10	13.00
1991	262.64	13.56	229.78	19.30	192.90	12.50	166.00	14.40
1992	262.73	13.83	223.14	25.76	187.90	12.20	156.10	19.60
1993	262.99	13.79	214.30	34.90	187.60	12.30	152.60	22.70
1994	271.31	13.34	216.17	41.80	198.50	12.40	159.80	26.30
1995	298.97	14.19	232.30	52.48	210.80	12.70	170.10	28.00
1996	318.37	15.53	249.14	53.70	225.40	13.80	183.60	28.00
1997	339.42	16.32	263.16	59.94	226.99	13.80	182.72	30.47
1998	343.04	16.24	268.53	58.27	231.58	13.08	184.91	33.59
1999	340.13	16.28	269.58	54.27	218.07	12.00	175.54	30.53
2000	317.09	15.45	255.34	46.30	202.19	11.62	162.62	27.95
2001	290.29	14.98	234.25	41.06	178.94	12.35	140.14	26.45
2002	253.13	17.52	197.62	37.99	161.63	16.86	119.56	25.21
2003	250.47	25.39	190.06	35.02	176.44	29.43	123.85	23.16
2004	281.88	35.48	210.34	36.06	196.65	41.60	131.07	23.98
2005	359.49	46.63	275.04	37.81	202.71	49.85	128.51	24.35
2006	353.76	52.10	263.10	38.56	253.67	46.57	184.31	22.79
2007	375.39	49.25	288.27	37.87	249.04	45.27	180.04	23.73
2008	351.17	43.96	265.26	41.95	234.14	44.61	163.43	26.10
2009	351.19	41.71	266.26	43.22	226.71	40.67	159.20	26.84
2010	354.20	37.27	274.49	42.44	250.28	40.17	183.00	27.11
2011	355.99	37.26	275.71	43.02	256.03	39.70	189.22	27.11
2012	384.26	34.22	307.60	42.44	254.21	37.51	189.23	27.47
2013	402.85	32.52	326.05	44.28	257.18	32.38	203.31	21.49
2014	426.40	26.41	364.53	35.46	259.03	32.21	209.85	16.97
2015	433.83	26.00	374.07	33.76	268.89	26.33	225.98	16.58
2016	438.30	20.99	386.14	31.17	285.71	20.21	242.30	23.20
2017	434.29	20.00	382.89	31.40	273.20	21.24	230.32	21.64
2018	407.61	16.11	363.76	27.74	282.21	18.45	245.79	17.97
2019	375.39	16.29	338.10	21.00	269.73	15.92	237.77	16.04
2020	382.89	16.88	346.14	19.87	301.90	18.76	267.04	16.11
2021	396.70	17.07	356.57	23.06	308.84	19.31	272.23	17.30

11-14 年末牲畜总头数（2017-2021年）

单位：万头（只）

指　　标	2017	2018	2019	2020	2021
大牲畜和羊合计	**251.56**	**264.24**	**253.69**	**285.79**	**291.54**
大牲畜	21.24	18.45	15.92	18.76	19.31
牛	17.53	15.01	12.27	14.68	14.16
#良种及改良种乳牛	12.23	11.36	7.61	7.9	
马	2.92	2.59	2.89	3.12	4.23
驴	0.61	0.64	0.60	0.83	0.81
骡	0.08	0.08	0.05	0.04	0.03
骆驼	0.1	0.13	0.11	0.09	0.08
羊	230.32	245.79	237.77	267.03	272.23
猪	**21.64**	**17.97**	**16.04**	**16.11**	**17.30**

注：2021年良种及改良种乳牛指标取消。

11-15 年末能繁殖母畜、良种牲畜及改良种牲畜(2021年)

单位：万头（只）

指　　标	能繁殖母畜	良种牲畜	改良种牲畜
大牲畜和羊合计	**188.60**	**93.78**	**184.31**
大牲畜	13.36	9.13	8.55
牛	10.97	7.49	5.75
马	2.19	1.40	2.24
驴	0.15	0.21	0.52
骡			
骆驼	0.06	0.03	0.04
羊	175.24	84.65	175.77
猪	**2.17**	**8.36**	**8.58**

11-16　年末牲畜增减

指　　标	繁殖仔畜头数	成活仔畜	
		头数	成活率 (%)
大牲畜和羊合计	**226.82**	**221.03**	**97.45**
大牲畜	12.65	12.26	96.92
牛	9.82	9.54	97.17
马	2.73	2.62	96.00
驴	0.08	0.07	97.61
骡	0.004	0.003	94.44
骆驼	0.03	0.03	95.54
羊	214.17	208.76	97.48
绵羊	168.84	164.47	97.41
山羊	45.33	44.30	97.72
猪	**19.98**	**19.55**	**97.84**

变化情况 (2021 年)

单位：万头（只）

成幼畜死亡		自宰自食	出　售		出栏率（%）
头数	死亡率（%）			# 出售肉畜	
3.06	**1.07**	**48.44**	**474.27**	**435.06**	**165.84**
0.17	0.89	0.78	25.79	22.47	120.36
0.12	0.81	0.66	23.05	20.07	146.34
0.04	1.43	0.10	2.38	2.09	51.79
0.001	0.12	0.01	0.27	0.24	30.99
0.001	3.35	0.01	0.06	0.04	160.15
0.001	0.88	0.002	0.04	0.03	42.21
2.89	1.08	47.66	448.47	412.60	169.07
2.07	1.11	28.96	330.43	303.38	173.79
0.83	1.03	18.70	118.04	109.22	157.91
0.29	**1.81**	**14.52**	**48.39**	**41.49**	**323.81**

11-17　年末主要畜禽产品产量（2017-2021 年）

指　　标	2017	2018	2019	2020	2021
当年出栏肉猪头数（头）	551062	663660	554862	548139	560068
当年出栏和自宰的肉用牛（头）	228961	244449	239317	227067	207235
当年出栏和自宰的肉用羊（只）	4248866	4930715	4879658	4237409	4602582
当年肉类总产量（吨）	162937	178966	173385	163045	169549
# 猪肉产量	45442	50000	41763	43183	44430
牛肉产量	39958	39990	39546	38566	36142
羊肉产量	69552	79253	81726	70607	78014
奶类产量（吨）	633199	629667	638572	669911	521856
# 牛奶	633094	629561	638465	669426	496318
山羊毛产量（吨）	284	282	296	295	331
绵羊毛产量（吨）	3461	3640	3844	399	4771
山羊绒产量（吨）	250	248	254	4273	829
蜂蜜产量（吨）	24	23	20	10	10
禽蛋产量（吨）	30849	41343	37963	46460	53429
年末实有家禽（万只）	180.28	220.93	245.24	331.06	400.35
牛皮产量（张）	225522	245831	240136	199303	209036
绵羊皮产量（张）	2385992	2914378	2792974	2444092	2869104
山羊皮产量（张）	1887030	1107153	2082240	1227250	1270116
驼绒产量（吨）				0.2	0.2
水产品（吨）	9126	9171	8176	7414	8026

11-18 生态建设基本情况（2016-2021 年）

指　　标	2016	2017	2018	2019	2020	2021
荒山荒（沙）地造林面积（公顷）	**38029**	**35033**	**30673**	**47504**	**52231**	**2869**
人工造林	19561	23033	30673	21503	34898	2869
无林地和疏林地新封	8468	9667		26001	17333	
林业重点工程合计（公顷）	**25469**	**28065**	**28190**	**46812**	**47112**	**3000**
天然林资源保护工程	5002	3866	2577	6400	8699	1333
退耕还林工程	8000	12200	23481	17412	26726	
荒山荒地造林	267					
京津风沙源治理工程	12467	11999	2132	23000	11687	1667
三北及长江流域等防护工程						
当年造林面积（千公顷）	38.03	35.03	30.67	47.50	52.23	17.54
按经济成份分						
国有造林	5.77	5.47	1.22	8.61	6.86	1.40
集体造林	22.18	15.83	29.45	38.89	45.37	16.13
非公有制造林	0.08	11.40				
按主要林种用途分						
用材林						
经济林						
防护林	28.03	32.70	30.67	47.50	52.23	17.54
# 农田防护林						
薪炭林						
其他林						
草场面积（千公顷）	1991.23	1991.23	2035.23	2024.21	2023.84	1890.27
# 承包到户面积	1753.91	1579.40	1517.31	1517.31	1517.31	1517.31
围栏草场面积（万亩）	830.52	899.02	887.77	907.77	914.53	925.31
人工种草保有面积（千公顷）	101.61	92.67	80.00	77.30	48.85	51.44
# 当年种草面积	91.43	78.73	66.27	67.71	38.68	40.53
年末实有自然保护区（个）	3	4	6	6	5	4
年末实有自然保护区面积（公顷）	68262	105177	174778	190033	184332	72825

主要统计指标解释

农林牧渔业总产值　指以货币表现的农、林、牧、渔业全部产品和对农林牧渔业生产活动进行的各种支持性服务活动的价值总量，它反映一定时期内农林牧渔业生产总规模和总成果。1957年以前的农林牧渔业总产值中包括了厩肥和农民自给性手工业（如农民自制衣服、鞋、袜，自己从事粮食初步加工等）。1958年及以后，林业中增加了村及村以下竹木采伐产值；牧业中取消了厩肥产值；副业中取消了农民自给性手工业产值，增加了村及村以下办的工业产值；渔业中增加了海洋捕捞水产品产值。1980年及以后，在副业中增加了农民家庭兼营工业商品部分的产值。从1984年起村及村以下工业产值划归工业。从1993年起取消副业，将野生动物的捕猎划入牧业、野生植物采集和农民家庭兼营商品性工业划归农业。从2003年起，执行新的国民经济行业分类标准，农林牧渔业总产值中包括了农林牧渔服务业产值。林业中增加了森林采运业产值。农业中取消了家庭兼营商品性工业产值，将野生林产品的采集划归林业。第一次农业普查以后，由于畜牧业产品年报数据与普查数据之间存在一定的差距，国家统计局农调总队对畜牧业年报数据与普查数据进行衔接，相应的畜牧业产值进行调整。

农林牧渔业总产值的计算方法通常是按农、林、牧、渔业产品及其副产品的产量分别乘以各自单位产品价格求得；少数生产周期较长，当年没有产品或产品产量不易统计的，则采用间接方法匡算其产值；然后将四业产品产值相加即为农林牧渔业总产值。

粮食产量　指全社会的产量。包括国有经济经营的、集体统一经营的和农民家庭经营的粮食产量，还包括工矿企业办的农场和其他生产单位的产量。粮食除包括稻谷、小麦、玉米、高粱、谷子及其他杂粮外，还包括薯类和豆类。其产量计算方法，豆类按去豆荚后的干豆计算；薯类（包括甘薯和马铃薯，不包括芋头和木薯）1963年以前按每4公斤鲜薯折1公斤粮食计算，从1964年开始改为按5公斤鲜薯折1公斤粮食计算。城市郊区作为蔬菜的薯类（如马铃薯等）按鲜品计算，并且不作粮食统计。其他粮食一律按脱粒后的原粮计算。1989年以前全国粮食产量数据主要靠全面报表取得,1989年以后开始使用抽样调查数据。

油料产量　指全部油料作物的生产量。包括花生、油菜籽、芝麻、向日葵籽、胡麻籽（亚麻籽）和其他油料。不包括大豆、木本油料和野生油料。花生以带壳干花生计算。

水产品产量　指人工养殖的水产品和天然生长的水产品的捕捞量。包括海水的鱼类、虾蟹类、贝类和藻类以及内陆水域的鱼类、虾蟹类和贝类，不包括淡水生植物。水产品产量是通过各级水产和统计部门逐级上报取得数据。1995年及以前，贝类中牡蛎按鲜肉计算；蚶、蛤、蛙按5斤鲜品折1斤计算。1996年以后则统一按鲜品计算。

猪、牛、羊肉产量　指当年出栏并已屠宰、除去头蹄下水后带骨肉（即胴体重）的重量。包括全社会范围内的产量。1996年前为各级逐级上报数据。1996年第一次农业普查以后，由于畜牧业产品年报数据与普查数据之间存在一定的差距，国家统计局农调总队对畜牧业年报数据与普查数据进行衔接。1999年以后，国家统计局开展了猪、牛、羊、禽等主要畜禽品种的抽样调查，并用抽样数据作为国家定案数据使用。未开展抽样调查的品种，仍使用各级统计部门逐级上报数据。

期末畜禽存栏头（只）数　指报告期末农村各种合作经济组织和国营农场、农民个人、机关、团体、学校、工矿企业、部队等单位以及城镇居民饲养的大牲畜、猪、羊、家禽等畜禽的存栏数。数据上报方式及数据调整情况同猪、牛、羊肉产量。

常用耕地　是指耕地总资源中专门种植农作物并经常进行耕种、能够正常收获的土地。包括当年实际耕种的熟地；弃耕、休闲不满三年，随时可以复耕的地；开荒利用三年以上的土地。在统计口径上包括南方小于1米、北方小于2米宽的沟、渠、路和田埂。不包括临时种植农作物的坡度在25度以上的陡坡地；在河套、湖畔、库区临时开发的成片或零星土地；也不包括已列为国家和省（区、市）退耕计划但临时耕种的土地。常用耕地是国家需要重点保护的耕地，是反映我国农业综合生产能力的一个重要指标。

农作物播种面积　指实际播种或移植有农作物的面积。凡是实际种植有农作物的面积，不论种植在耕地上还是种植在非耕地上，均包括在农作物播种面积中。在播种季节基本结束后，因遭灾而重新改种和补种的农作物面积，也包括在内。农作物播种面积主要包括粮食、棉花、油料、糖料、麻类、烟叶、蔬菜和瓜类、药材和其他农作物九大类。

有效灌溉面积　指具有一定的水源，地块比较平整，灌溉工程或设备已经配套，在一般年景下当年能够进行正常灌溉的耕地面积。

农用化肥施用量　指本年内实际用于农业生产的化肥数量，包括氮肥、磷肥、钾肥和复合肥。化肥施用量要求按折纯量计算数量。折纯量是把氮肥、磷肥、钾肥分别按含氮、含五氧化二磷、含氧化钾的百分之一百成分进行折算后的数量。复合肥按其所含主要成分折算。

农业机械总动力　指主要用于农、林、牧、渔业的各种动力机械的动力总和。包括耕作机械、排灌机械、收获机械、农用运输机械、植物保护机械、牧业机械、林业机械、渔业机械和其他农业机械［内燃机按引擎马力折成瓦（特）计算、电动机按功率折成瓦（特）计算］。不包括专门用于乡、镇、村、组办工业、基本建设、非农业运输、科学试验和教学等非农业生产方面用的动力机械与作业机械。

12 工 业

资料整理：王晨　杨颖

12-1 规模以上工业企业可比价增加值增速（2017-2021 年）

单位：%

行业	2017	2018	2019	2020	2021
总 计	**6.0**	**11.0**	**11.2**	**11.0**	**14.1**
按行业分					
采矿业	**-19.7**	**2.0**	**-3.7**	**3.0**	**3.0**
煤炭开采和洗选业	-13.6	-4.6	-16.2	-23.5	-18.7
黑色金属矿采选业	-41.0	-15.6	29.6	29.3	11.5
有色金属矿采选业	228.8	82.3	-17.2	-5.1	22.4
非金属矿采选业	-31.9	25.0	28.0	-17.4	30.8
制造业	**10.7**	**12.5**	**15.3**	**11.8**	**19.4**
农副食品加工业	-39.1	6.2	40.3	15.1	-6.7
食品制造业	0.1	-3.8	18.4	0.5	15.3
酒、饮料和精制茶制造业	-14.0	-14.6	-8.7	-8.2	6.5
纺织业	-53.9	-10.8	36.5	-0.9	5.3
纺织服装、服饰业	2.2	1.1	-17.0	-35.3	17.9
皮革、毛皮、羽毛及其制品和制鞋业	-25.8	-6.0	27.8	-47.7	-17.7
木材加工和木、竹、藤、棕、草制品业	-88.3	6.4	-97.8		
造纸及纸制品业	-20.8	-34.0	21.4	37.3	51.1
印刷和记录媒介复制业	-95.8				
石油加工、炼焦和核燃料加工业	108.2	19.6	18.3	-12.3	0.7
化学原料和化学制品制造业	-3.1	2.2	15.7	29.8	2.8
医药制造业	-6.8	-35.5	23.4	18.5	26.4
化学纤维制造业					
橡胶和塑料制品业	-95.4	-26.6	8.3	48.1	-32.8
非金属矿物制品业	162.4	-34.9	75.6	74.8	96.5
黑色金属冶炼和压延加工业	7.8	20.3	8.9	5.1	4.1
有色金属冶炼和压延加工业	-2.5	29.6	8.4	-8.0	27.3
金属制品业	17.2	10.1	2.4	-6.6	-33.6
通用设备制造业	268.6	-29.7	71.2	-0.9	-63.9
专用设备制造业	25.0	-2.8	115.2	5.3	4.9
汽车制造业	62.0	-2.8	-39.0	3.6	4.9
铁路、船舶、航空航天和其他运输设备制造业	-7.8	-20.5	16.7	-12.1	2.3
电气机械和器材制造业	-75.4	34.2	149.8	100.6	18.9
计算机、通信和其他电子设备制造业	-40.9	17.6	30.9	119.6	95.2
仪器仪表制造业	-72.0		138.3	-38.5	
其他制造业	-87.8				110.5
废弃资源综合利用业	-16.4	36.9	32.8	91.1	10.2
金属制品、机械和设备修理业	-14.6	21.2	32.8	11.5	53.5
电力、燃气及水的生产和供应业	**15.5**	**10.7**	**7.9**	**15.9**	**7.9**
电力、热力生产和供应业	21.4	17.5	8.5	14.7	6.8
燃气生产和供应业	-14.4	-6.7	0.4	28.3	22.9
水的生产和供应业	22.8	-41.9	11.9	13.6	3.4

12-2 规模以上工业企业

项　目	企业单位数（个）	资产合计	流动资产合计	应收账款
总 计	**480**	**62293312**	**26722130**	**5836423**
在总计中：亏损企业	94	4995706	2036345	553945
按轻重工业分				
轻工业	46	1314166	715674	153547
重工业	434	60979147	26006456	5682877
按行业分				
采矿业	61	8461199	2757632	372212
制造业	323	46404291	21804996	4360299
电力、燃气及水的生产和供应业	96	7427822	2159503	1103912
按企业规模分				
大型企业	29	44242056	17892842	2903053
中型企业	59	7574206	3862734	1022354
小型企业	313	8089568	4242529	1481864
微型企业	79	2387483	724025	429153
按登记注册类型分组				
内资企业	467	61328142	26183130	5745201
国有企业	1	202692	110180	7865
#中央企业	1	202692	110180	7865
集体企业	2	14548	13487	4514
有限责任公司	200	37663728	15016295	3856985
#国有独资公司	21	3473610	1546186	343544
股份有限公司	17	18017403	7590354	1145173
私营企业	247	5429771	3452815	730665
港澳台商投资企业	3	540837	297775	25457
外商投资企业	10	424334	241225	65764

主要经济指标 (2021 年)

单位：万元

存货	负债合计	所有者权益	营业收入	营业成本	营业利润	利润总额
6829020	**35955425**	**26337881**	**45249090**	**38970988**	**3731322**	**3735677**
495303	4203390	792315	4270951	4330582	-397013	-378439
217704	624044	690121	1156235	991248	37342	45266
6611315	35331381	25647760	44092856	37979740	3693981	3690411
182587	4640186	3821012	2754398	1942628	608107	576071
6582987	26351630	20052657	39990329	34880382	3037540	3058080
63445	4963609	2464212	2504363	2147978	85676	101526
4959387	24693637	19548418	28492585	24047744	2959751	2933549
1027941	4814037	2760169	8077521	7346261	267874	283661
812622	4878492	3211072	8125633	7188188	423622	437864
29070	1569259	818222	553352	388795	80076	80603
6723708	35605518	25722618	44187432	38050382	3635162	3637488
2666	104535	98157	84957	56448	11232	11309
2666	104535	98157	84957	56448	11232	11309
799	7461	7087	18239	17242	-195	-63
3009742	21496312	16167414	25197101	21290413	2473525	2478263
268577	2057333	1416276	1960160	1530349	209368	211209
2653512	10280264	7737138	10588563	9125170	862287	857491
1056989	3716945	1712823	8298573	7561109	288313	290488
63620	195275	345562	686193	622047	51483	52591
41692	154632	269702	375465	298559	44678	45598

12-3 国有及国有控股工业

项　　目	企业单位数（个）	资产合计	流动资产合计	应收账款	存货
总 计	**114**	**45776448**	**17361156**	**3035282**	**4347098**
在总计中：亏损企业	17	2657118	881251	366147	116309
在总计中：					
轻工业	7	333063	182870	20554	42257
重工业	107	45443384	17178286	3014728	4304841
在总计中：					
采矿业	6	7439816	2133350	200864	78990
制造业	56	33219517	14006342	2046015	4223821
电力、燃气及水的生产和供应业	52	5117114	1221464	788404	44287
在总计中：					
大型企业	17	38897757	14710024	1945281	3993943
中型企业	21	2574315	1208070	321076	199187
小型企业	47	2479437	968867	446380	152812
微型企业	29	1824939	474195	322546	1156

12-4 规模以上民营工业

项　　目	企业单位数（个）	资产合计	流动资产合计	应收账款	存货
总 计	**357**	**15918309**	**9079129**	**2726617**	**2445963**
在总计中：亏损企业	77	2338587	1155095	187798	378994
在总计中：					
轻工业	37	927177	519017	127684	169557
重工业	320	14991132	8560112	2598933	2276407
在总计中：					
采矿业	55	1021383	624282	171349	103597
制造业	260	12720592	7572323	2277955	2323816
电力、燃气及水的生产和供应业	42	2176334	882524	277313	18551
在总计中：					
大型企业	12	5344299	3182818	957772	965444
中型企业	38	4999892	2654664	701278	828754
小型企业	258	5062582	3021285	977872	624130
微型企业	49	511536	220362	89695	27636

企业主要经济指标（2021年）

单位：万元

负债合计	所有者权益	营业收入	营业成本	营业利润	利润总额
26040602	**19735845**	**24864272**	**21430966**	**1909502**	**1901855**
2263435	393683	1537662	1648259	-314030	-303499
138114	194949	253990	203787	1609	6486
25902489	19540895	24610282	21227179	1907893	1895369
4006873	3432944	1589303	1042876	482920	456902
18488908	14730609	21532894	18799222	1476325	1491370
3544822	1572292	1742075	1588868	-49743	-46417
21765754	17132003	21491222	18540772	1763836	1751536
1724236	850079	1909517	1772082	-26877	-27760
1360478	1118959	1231408	1005275	109494	115648
1190135	634804	232125	112838	63048	62431

企业主要经济指标（2021年）

单位：万元

负债合计	所有者权益	营业收入	营业成本	营业利润	利润总额
9762866	**6155438**	**20081666**	**17321049**	**1754879**	**1764818**
1939956	398632	2733289	2682324	-82983	-74939
450447	476729	814771	709907	31762	34597
9312419	5678709	19266895	16611142	1723117	1730221
633313	388068	1165095	899752	125186	119168
7747235	4973353	18184553	15875893	1508035	1512595
1382317	794017	732019	545404	121658	133054
2927883	2416416	7001362	5506973	1195915	1182012
3089801	1910090	6168004	5574180	294751	311421
3371556	1691023	6602073	5967000	252651	259808
373626	137909	310227	272897	11562	11576

12-5 规模以上工业企业分行业

行　业	企业单位数（个）	资产合计	流动资产合计	应收账款
总 计	**480**	**62293312**	**26722130**	**5836423**
采矿业	**61**	**8461199**	**2757632**	**372212**
煤炭开采和洗选业	22	1111554	716373	73787
黑色金属矿采选业	34	7174724	1989813	284131
有色金属矿采选业	2	139910	21309	5258
非金属矿采选业	3	35010	30136	9037
制造业	**323**	**46404291**	**21804996**	**4360299**
农副食品加工业	17	174744	92691	11071
食品制造业	8	324626	157712	39331
酒、饮料和精制茶制造业	4	216588	98335	-1646
纺织服装、服饰业	4	228676	190836	60340
造纸及纸制品业	2	27282	19735	9429
石油、煤炭及其他燃料加工业	2	766442	412301	4220
化学原料和化学制品制造业	25	2151273	628203	129170
医药制造业	2	29828	23041	5119
橡胶和塑料制品业	3	28010	22074	8724
非金属矿物制品业	48	4080454	1970622	368690
黑色金属冶炼和压延加工业	36	20400357	6941990	1242765
有色金属冶炼和压延加工业	60	8424973	4955186	1301614
金属制品业	21	5811450	3641274	305627
通用设备制造业	15	313614	229912	142297
专用设备制造业	15	522340	399906	106508
汽车制造业	10	820278	629057	274985
铁路、船舶、航空航天和其他运输设备制造业	4	274429	241553	27602
电气机械和器材制造业	12	314183	252989	68619
计算机、通信和其他电子设备制造业	22	1207764	690916	162510
仪器仪表制造业	2	3266	2896	1798
其他制造业	2	52928	45546	31801
废弃资源综合利用业	8	191104	128538	43390
金属制品、机械和设备修理业	1	39685	29684	16333
电力、燃气及水的生产和供应业	**96**	**7427822**	**2159503**	**1103912**
电力、热力生产和供应业	74	5921553	1577971	974080
燃气生产和供应业	13	607389	311034	60991
水的生产和供应业	9	898881	270498	68841

主要经济指标 (2021 年)

单位：万元

存货	负债合计	所有者权益	营业收入	营业成本	营业利润	利润总额
6829020	**35955425**	**26337881**	**45249090**	**38970988**	**3731322**	**3735677**
182587	**4640186**	**3821012**	**2754398**	**1942628**	**608107**	**576071**
61351	397707	713847	1212783	928851	150414	149188
106139	4139258	3035466	1449587	954056	451841	421370
6449	84287	55623	63587	34870	6790	6459
8648	18934	16076	28441	24851	-938	-945
6582987	**26351630**	**20052657**	**39990329**	**34880382**	**3037540**	**3058080**
48621	94196	80548	342802	307744	9645	9933
13791	139381	185245	436064	372715	27857	28676
37856	120774	95814	97076	73231	4551	9662
61474	135486	93191	99932	90087	13	1525
3812	13294	13988	42257	37885	1750	1677
229377	521431	245011	417994	357378	38718	38916
175893	703406	1447867	1566129	1287291	153082	155219
3911	18068	11760	16234	12472	3260	3571
5396	18174	9836	16749	14571	-13	-15
567351	2576411	1504042	4536919	3559776	709235	710207
2491153	11288206	9112151	15050919	13797450	568868	560814
1651542	3965369	4459604	11089313	9406846	1310430	1301204
677527	4336252	1475198	2909232	2571349	119395	126533
31939	181917	131696	297129	263997	13172	15596
107060	233472	288867	362767	285338	11072	11281
86699	767314	52963	728646	684572	-40808	-33553
8474	117232	157196	155621	137436	7531	7842
94599	212306	101877	253748	220540	12194	13522
260675	772958	434806	881101	763017	52152	60769
185	1603	1663	5250	4164	250	250
2762	35726	17202	61720	55024	705	728
14945	79566	111538	600707	562848	32724	31838
7947	19088	20597	22022	14653	1757	1886
63445	**4963609**	**2464212**	**2504363**	**2147978**	**85676**	**101526**
42070	4111352	1810200	1733988	1514607	47374	54222
14529	352357	255032	613808	542909	45631	54276
6847	499900	398980	156567	90461	-7329	-6971

12-6 国有及国有控股工业企业

行　　业	企业单位数（个）	资产合计	流动资产合计	应收账款
总 计	**114**	**45776448**	**17361156**	**3035282**
采矿业	**6**	**7439816**	**2133350**	**200864**
煤炭开采和洗选业	1	871127	543395	4047
黑色金属矿采选业	3	6459039	1562264	190718
有色金属矿采选业	1	95173	15078	5258
非金属矿采选业	1	14477	12612	841
制造业	**56**	**33219517**	**14006342**	**2046015**
食品制造业	1	91185	55741	8826
酒、饮料和精制茶制造业	2	142043	73348	-7154
造纸和纸制品业	1	24750	19395	9316
石油、煤炭及其他燃料加工业	1	715111	387039	7239
化学原料和化学制品制造业	4	1099856	179913	13707
非金属矿物制品业	6	207236	78149	11615
黑色金属冶炼和压延加工业	5	18399031	5560624	943682
有色金属冶炼和压延加工业	11	5353040	2944281	451185
金属制品业	5	5547451	3454261	225899
通用设备制造业	2	87394	38005	10265
专用设备制造业	5	329310	238604	64515
汽车制造业	5	680877	538290	228548
铁路、船舶、航空航天和其他运输设备制造业	1	238010	211121	17546
电气机械和器材制造业	3	135371	118268	22437
计算机、通信和其他电子设备制造业	1	4560	2055	576
废弃资源综合利用业	2	124609	77563	21480
金属制品、机械和设备修理业	1	39685	29684	16333
电力、燃气及水的生产和供应业	**52**	**5117114**	**1221464**	**788404**
电力、热力生产和供应业	47	4539591	1049063	771430
燃气生产和供应业	1	26348	15977	340
水的生产和供应业	4	551175	156424	16634

分行业主要经济指标（2021 年）

单位：万元

存货	负债合计	所有者权益	营业收入	营业成本	营业利润	利润总额
4347098	**26040602**	**19735845**	**24864272**	**21430966**	**1909502**	**1901855**
78990	**4006873**	**3432944**	**1589303**	**1042876**	**482920**	**456902**
20941	166572	704556	736536	504692	146102	145639
51713	3784540	2674499	790557	503005	330133	304909
1294	50550	44624	58537	31962	7680	7345
5042	5211	9265	3673	3217	-994	-991
4223821	**18488908**	**14730609**	**21532894**	**18799222**	**1476325**	**1491370**
1791	17425	73760	152061	130058	12603	12689
21646	69411	72632	33585	17130	3825	8677
3748	12596	12154	33727	29871	1613	1542
181696	509418	205693	211043	165137	31146	31508
91689	337892	761964	901628	754058	84046	86117
27576	158682	48554	111988	86569	7137	7352
1950095	9806873	8592158	11657589	10671481	424204	419785
1112449	2315293	3037747	4569040	3546632	799106	798482
634789	4159332	1388119	2579070	2266903	113310	119840
7448	22139	65255	27175	23182	2274	2341
60369	163867	165443	230347	190600	-7280	-7071
68766	689035	-8159	563328	533364	-45318	-38294
4609	104991	133019	136996	123965	6699	6856
40925	73512	61859	129789	114647	8052	8127
960	3769	792	3788	3109	-261	-89
7320	25585	99024	169721	127864	33413	31623
7947	19088	20597	22022	14653	1757	1886
44287	**3544822**	**1572292**	**1742075**	**1588868**	**-49743**	**-46417**
37459	3171840	1367751	1485034	1366656	-30403	-26987
350	29413	-3066	171058	167065	2727	2731
6478	343569	207606	85983	55148	-22067	-22160

12-7 规模以上民营工业企业

行 业	企业单位数（个）	资产合计	流动资产合计	应收账款
总 计	**357**	**15918309**	**9079129**	**2726617**
采矿业	**55**	**1021383**	**624282**	**171349**
煤炭开采和洗选业	21	240427	172978	69740
黑色金属矿采选业	31	715685	427549	93413
有色金属矿采选业	1	44737	6231	0
非金属矿采选业	2	20534	17524	8196
制造业	**260**	**12720592**	**7572323**	**2277955**
农副食品加工业	16	166262	88839	10160
食品制造业	7	233441	101971	30505
酒、饮料和精制茶制造业	1	29101	15052	1111
纺织服装、服饰业	4	228676	190836	60340
造纸和纸制品业	1	2532	340	113
石油、煤炭及其他燃料加工业	1	51331	25262	-3019
化学原料和化学制品制造业	20	780345	339832	109253
医药制造业	2	29828	23041	5119
橡胶和塑料制品业	3	28010	22074	8724
非金属矿物制品业	41	3846195	1889253	356204
黑色金属冶炼和压延加工业	31	2001327	1381366	299083
有色金属冶炼和压延加工业	47	3050958	1996956	844927
金属制品业	16	263999	187012	79727
通用设备制造业	13	226221	191908	132032
专用设备制造业	9	101843	74385	23557
汽车制造业	5	139401	90766	46437
铁路、船舶、航空航天和其他运输设备制造业	3	36418	30432	10056
电气机械和器材制造业	9	178811	134720	46183
计算机、通信和其他电子设备制造业	21	1203204	688861	161934
仪器仪表制造业	2	3266	2896	1798
其他制造业	2	52928	45546	31801
废弃资源综合利用业	6	66495	50975	21910
电力、燃气及水的生产和供应业	**42**	**2176334**	**882524**	**277313**
电力、热力生产和供应业	25	1247587	473393	164456
燃气生产和供应业	12	581041	295057	60650
水的生产和供应业	5	347706	114074	52207

分行业主要经济指标(2021 年)

单位：万元

存货	负债合计	所有者权益	营业收入	营业成本	营业利润	利润总额
2445963	**9762866**	**6155438**	**20081666**	**17321049**	**1754879**	**1764818**
103597	**633313**	**388068**	**1165095**	**899752**	**125186**	**119168**
40410	231136	9291	476247	424159	4313	3548
54426	354717	360967	659030	451051	121708	116461
5155	33737	10999	5050	2908	-890	-887
3606	13723	6811	24767	21634	55	46
2323816	**7747235**	**4973353**	**18184553**	**15875893**	**1508035**	**1512595**
47278	89518	76744	311927	282290	8323	8616
12000	121956	111485	284003	242657	15254	15987
11663	20558	8543	6892	4000	-1922	-1881
61474	135486	93191	99932	90087	13	1525
64	698	1834	8531	8015	137	135
47681	12013	39318	206951	192241	7572	7408
83409	327882	452463	567554	464660	36396	36215
3911	18068	11760	16234	12472	3260	3571
5396	18174	9836	16749	14571	-13	-15
538785	2406870	1439325	4413401	3463277	701482	702215
541057	1481333	519994	3393330	3125969	144665	141029
533870	1640524	1410434	6491557	5835709	510537	501516
42738	176920	87079	330163	304446	6086	6693
24492	159779	66441	269955	240815	10898	13255
24241	47645	54198	84205	70033	3185	3153
17933	78279	61122	165318	151207	4511	4741
3865	12241	24178	18626	13470	832	986
53674	138794	40017	123958	105893	4142	5395
259715	769190	434014	877313	759908	52412	60858
185	1603	1663	5250	4164	250	250
2762	35726	17202	61720	55024	705	728
7626	53981	12514	430986	434985	-689	215
18551	**1382317**	**794017**	**732019**	**545404**	**121658**	**133054**
4003	903042	344546	218685	134247	64016	66320
14179	322943	258098	442751	375844	42905	51545
368	156332	191374	70583	35313	14738	15189

12-8　历年主要工业

年份	钢 （万吨）	铁 （万吨）	钢材 （万吨）	铝锭 （万吨）	发电量 （亿千瓦时）	原煤 （万吨）
1962	8.24	31.85	0.66	1.04	6.70	164.46
1965	34.22	51.03	1.34	2.43	10.19	161.91
1970	80.05	64.15	14.52	2.12	17.37	190.31
1975	41.40	44.28	32.45	1.09	19.18	229.23
1978	89.23	97.73	55.53	1.93	20.45	303.71
1980	130.83	128.12	84.07	2.67	21.24	290.92
1985	166.97	170.75	82.93	2.73	32.00	444.93
1990	261.90	258.24	146.64	5.91	44.19	476.77
1991	256.17	246.27	147.23	6.45	46.50	498.80
1992	289.80	274.68	167.84	7.18	55.12	532.16
1993	324.07	298.02	214.53	7.07	58.29	588.88
1994	316.00	296.37	234.46	7.18	56.49	631.00
1995	339.25	313.35	233.80	7.27	57.80	722.96
1996	412.71	396.30	269.26	7.59	55.89	701.03
1997	431.34	412.75	317.85	9.11	54.35	648.76
1998	385.91	373.15	319.44	11.43	55.85	447.76
1999	393.49	380.71	342.05	11.79	49.73	399.49
2000	399.67	392.87	355.42	11.84	49.60	375.45
2001	428.34	421.44	360.35	11.95	54.08	177.81
2002	489.31	498.41	457.34	14.23	61.59	248.99
2003	539.95	546.51	517.66	20.10	65.21	233.91
2004	576.42	565.46	567.56	34.40	75.75	285.99
2005	740.69	749.62	700.01	40.69	100.74	326.07
2006	799.22	871.84	742.82	49.52	165.99	181.66
2007	919.44	1032.82	862.25	66.69	242.52	180.08
2008	1052.73	1081.03	1010.21	81.19	262.78	241.45
2009	1108.42	1127.83	1051.51	83.60	274.86	1490.13
2010	1112.67	1135.35	1119.40	87.13	262.06	2235.00
2011	1176.53	1187.98	1187.29	101.71	353.26	1963.22
2012	1397.53	1126.13	1311.99	116.85	373.80	2174.39
2013	1565.52	1143.82	1388.14	120.08	395.90	1997.26
2014	1314.97	1183.70	1307.65	125.54	438.47	2041.62
2015	1479.68	1383.32	1406.99	131.94	461.59	1920.63
2016	1513.59	1386.40	1535.26	126.11	454.18	1974.43
2017	1643.40	1451.50	1588.40	145.00	497.23	1250.15
2018	1865.71	1563.20	1719.98	194.79	631.68	1707.55
2019	1995.67	2025.34	1842.19	217.99	713.69	2242.18
2020	2129.80	2000.70	2021.78	255.65	778.54	1675.84
2021	2192.00	1975.20	2054.70	260.90	805.97	1818.53

产品产量

布 （万米）	糖 （万吨）	白酒 （千升）	啤酒 （万千升）	硫酸 （吨）	电石 （吨）	农用化肥 （吨）	水泥 （万吨）
37	0.12	973		43	2968	4945	0.86
232	2.52	927			3614	5595	
5352	2.73	1283		622	4963	14516	0.11
2936	1.27	1600		6186	5701	10437	2.02
5720	1.42	1797		8336	9270	22838	2.49
5889	2.59	2730		21611	10910	30011	6.20
4987	5.22	6077	1.39	27091	21833	30928	10.74
7775	2.89	9477	2.42	38445	33997	14446	14.98
7466	4.56	9962	2.71	41120	31487	14448	19.85
6507	6.14	10762	3.00	46352	37284	14289	23.76
526	5.28	15000	3.64	55500	31400	14800	31.53
5440	3.80	14939	3.65	65068	36239	16520	23.00
4839	2.18	10896	4.00	71443	60593	16366	25.74
5432	4.60	11652	4.30	59038	59039	17852	30.83
5292	4.19	15608	5.01	71475	57867	16664	38.17
4065	3.66	15206	4.77	85111	59719	16524	50.31
3146	3.79	19581	5.12	81801	69014	19983	54.01
392	3.21	18818	4.85	90772	72455	18948	46.93
2522	4.47	13351	5.61	103509	68077	22230	64.61
2941	4.50	10662	6.20	179076	138474	23734	60.03
2669	4.02	8315	6.91	118282	123423	22781	60.32
2053	2.74	8020	8.01	185864	149144	23473	138.17
2230	3.36	9192	12.80	215898	224071	32265	157.43
2564	3.71	9387	16.88	233524	223918	27468	200.80
1848	3.38	8878	20.01	157203	265695	25525	242.90
1268	1.90	6828	21.18	202288	316250	19540	272.94
203	1.00	8819	22.96	227059	254742	12389	309.80
	0.09	8050	17.21	162768	152833		476.18
	0.44	10196	15.86	82945	119518		442.47
		9121	13.92		18348		578.78
		8744	13.60		8782		730.21
		8568	11.39		96591		532.66
		7046	9.58		132366		544.20
		8695	9.76		120643		347.42
		6100	9.50				254.40
		5988	7.74				331.13
		7357	6.95	536059		6207	245.89
	8.70	5840	6.41	588174		7898	339.53
	16.60	6283	6.26	593679		7459	336.30

12-9　主要工业产品产量（2021 年）

产品名称	计量单位	生产量合计	产品名称	计量单位	生产量合计
原煤	万吨	1818.5	毛纱	万吨	0.1
#一般烟煤	万吨	1564.1	毛机织物（呢绒）	万米	1.6
洗精煤（用于炼焦）	万吨	857.1	服装	万件	66.7
铁矿石原矿	万吨	2285.2	#梭织服装	万件	0.4
铁矿石成品矿	万吨	1383.8	针织服装	万件	66.3
#铁精矿	万吨	1215.7	鞋	万双	7.9
稀有稀土金属矿	万吨	17.0	机制纸及纸板（外购原纸加工除外）	万吨	2.7
石灰石	万吨	476.7	硫酸（折 100%）	万吨	59.4
萤石	万吨	12.5	盐酸（氯化氢，含量 31%）	万吨	15.0
小麦粉	万吨	1.5	烧碱（折 100%）	万吨	30.0
饲料	万吨	45.8	稀土化合物	万千克	8216.1
#配合饲料	万吨	25.2	精甲醇	万吨	191.1
混合饲料	万吨	1.2	硅	万吨	6.3
精制食用植物油	万吨	1.7	农用氮、磷、钾化学肥料（折纯）	万吨	0.7
成品糖	万吨	16.6	初级形态塑料	万吨	100.4
熟肉制品	万吨	0.3	#高密度聚乙烯树脂（HDPE）	万吨	33.2
乳制品	万吨	44.2	聚丙烯树脂	万吨	31.3
液体乳	万吨	43.7	聚氯乙烯树脂	万吨	35.9
固体及半固体乳制品	万吨	0.5	稀土磁性材料	吨	14818.8
#乳粉	万吨	0.5	化学试剂	万吨	1.4
酱油	万吨	1.1	单晶硅	万千克	10159.5
饲料添加剂	万吨	4.3	多晶硅	万千克	4532.4
饮料酒	万千升	7.1	中成药	吨	641.1
#白酒（折 65 度，商品量）	万千升	0.6	硅酸盐水泥熟料	万吨	216.3
啤酒	万千升	6.3	水泥	万吨	336.3
饮料	万吨	0.5	石灰	万吨	32.2
#包装饮用水	万吨	0.5	商品混凝土	万立方米	135.8
			水泥混凝土排水管	千米	33.9
			水泥混凝土压力管	千米	28.3
			预应力混凝土桩	千米	434.7

12-9　续　表

产品名称	计量单位	生产量合计	产品名称	计量单位	生产量合计
石膏板	万平方米	1960.8	电工钢板（带）	万吨	25.3
钢化玻璃	万平方米	0.5	无缝钢管	万吨	156.9
夹层玻璃	万平方米	0.9	焊接钢管	万吨	26.3
中空玻璃	万平方米	14.0	其他钢材	万吨	324.6
玻璃包装容器	万吨	5.5	铁合金	万吨	61.2
耐火材料制品	万吨	7.0	十种有色金属	万吨	264.8
石墨及碳素制品	万吨	142.9	#精炼铜（电解铜）	万吨	3.3
生铁	万吨	1975.2	铅	万吨	0.5
粗钢	万吨	2192.0	镍	万吨	0.1
钢材	万吨	2054.7	原铝（电解铝）	万吨	260.9
铁道用钢材	万吨	50.3	单一稀土金属	万千克	866.9
#重轨	万吨	45.0	铝合金	万吨	101.6
大型型钢	万吨	135.3	铝材	万吨	32.0
棒材	万吨	115.0	铸铁件	万吨	3.4
钢筋	万吨	185.2	液压元件	万件	0.4
线材（盘条）	万吨	108.1	滚动轴承	万套	158
特厚板	万吨	8.7	齿轮	万吨	0.5
厚钢板	万吨	70.5	改装汽车	辆	78
中板	万吨	81.1	铁路货车	辆	2431
热轧薄板	万吨	0.7	电子元件	万只	6565
冷轧薄板	万吨	0.1	自来水生产量	亿立方米	3.2
中厚宽钢带	万吨	408.8	发电量	亿千瓦小时	806.0
热轧薄宽钢带	万吨	36.9	#火力发电	亿千瓦小时	668.3
冷轧薄宽钢带	万吨	215.7	风力发电	亿千瓦小时	122.3
镀层板（带）	万吨	105.2	太阳能发电	亿千瓦小时	15.4

主要统计指标解释

工业　指从事自然资源的开采，对采掘品和农产品进行加工和再加工的物质生产部门。具体包括：(1)对自然资源的开采，如采矿、晒盐、森林采伐等（但不包括禽兽捕猎和水产捕捞）；(2)对农副产品的加工、再加工，如粮油加工、食品加工、轧花、缫丝、纺织、制革等；(3)对采掘品的加工、再加工，如炼铁、炼钢、化工生产、石油加工、机器制造、木材加工等，以及电力、自来水、煤气的生产和供应等；(4)对工业品的修理、翻新，如机器设备的修理，交通运输工具（包括小卧车）的修理等。

工业统计调查单位　为独立核算法人工业企业。

独立核算法人工业企业指从事工业生产经营活动的单位。独立核算法人工业企业应同时具备以下条件：①依法成立，有自己的名称、组织机构和场所，能够承担民事责任；②独立拥有和使用资产，承担负债，有权与其他单位签订合同；③独立核算盈亏，并能够编制资产负债表。

本年鉴中涉及的企业登记注册类型：

国有及国有控股企业　指国有企业加上国有控股企业。国有企业（即原全民所有制工业或国营工业）指企业全部资产归国家所有，并按《中华人民共和国企业法人登记管理条例》规定登记注册的非公司制的经济组织。包括国有企业、国有独资公司和国有联营企业。1957 年以前的公私合营和私营工业，后均改造为国营工业，1992 年改为国有工业，这部分工业的资料不单独分列时，均包括在国有企业内。国有控股企业是对混合所有制经济的企业进行的“国有控股”分类。它是指这些企业的全部资产中国有资产（股份）相对其他所有者中的任何一个所有者占资（股）最多的企业。该分组反映了国有经济控股情况。

集体企业　指企业资产归集体所有，并按《中华人民共和国企业法人登记管理条例》规定登记注册的经济组织。是社会主义公有制经济的组成部分。包括城乡所有使用集体投资举办的企业，以及部分个人通过集资自愿放弃所有权并依法经工商行政管理机关认定为集体所有制的企业。

股份合作企业　指以合作制为基础，由企业职工共同出资入股，吸收一定比例的社会资产投资组建，实行自主经营，自负盈亏，共同劳动，民主管理，按劳分配与按股分红相结合的一种集体经济组织。

联营企业　指两个及两个以上相同或不同所有制性质的企业法人或事业单位法人，按自愿、平等、互利的原则，共同投资组成的经济组织。联营企业包括：

国有联营企业指国有企业与国有企业间的联营；

集体联营企业指集体企业与集体企业间的联营；

国有与集体联营企业指国有企业与集体企业间的联营。

有限责任公司　指根据《中华人民共和国公司登记管理条例》规定登记注册，由两个以上，五十个以下的股东共同出资，每个股东以其所认缴的出资额对公司承担有限责任，公司以其全部资产对其债务承担责任的经济组织。有限责任公司包括国有独资公司以及其他有限责任公司。

股份有限公司　指根据《中华人民共和国企业法人登记管理条例》规定登记注册，其全部注册资本由等额股份构成并通过发行股票筹集资本，股东以其认购的股份对公司承担有限责任，公司以其全部资产对其债务承担责任的经济组织。

私营企业　指由自然人投资设立或由自然人控股，以雇佣劳动为基础的营利性经济组织。包括按照《公司法》《合伙企业法》《私营企业暂行条例》规定登记注册的私营有限责任公司、私营股份有限公司、私营合伙企业和私营独资企业。

港、澳、台商投资企业　指企业注册登记类型中的港、澳、台资合资、合作、独资经营企业和股份有限公司之和。

外商投资企业　指企业注册登记类型中的中外合资、合作经营企业、外资企业和外商投资股份有限公司之和。

“三资”企业系指港、澳、台商投资企业和外资企业的简称。

轻工业　指主要提供生活消费品和制作手工工具的工业。按其所使用的原料不同，可分为两大类：(1)以农产品为原料的轻工业，是指直接或间接以农产品为基本原料的轻工业。主要包括食品制造、饮料制造、烟草加工、纺织、缝纫、皮革和毛皮制作、造纸以及印刷等工业；(2)以非农产品为原料的轻工业，是指以工业品为原料的轻工业。主要包括文教体育用品、化学药品制造、合成纤维制造、日用化学制品、日用玻璃制品、日用金属制品、手工工具制造、医疗器械制造、文化和办公用机械制造等工业。

重工业　是指为国民经济各部门提供物质技术基础的主要生产资料的工业。按其生产性质和产品用途，可以分为下列三类：(1)采掘(伐)工业，是指对自然资源的开采，包括石油开采、煤炭开采、金属矿开采、非金属矿开采和木材采伐等工业；(2)原材料工业，指向国民经济各部门提供基本材料、动力和燃料的工业。包括金属冶炼及加工、炼焦及焦炭、化学、化工原料、水泥、人造板以及电力、石油和煤炭加工等工业；(3)加工工业，是指对工业原材料进行再加工制造的工业。包括装备国民经济各部门的机械设备制造工业、金属结构、水泥制品等工业，以及为农业提供的生产资料如化肥、农药等工业。

根据上述划分原则，修理业中以重工业产品为修理作业对象的划为重工业，反之划为轻工业。

资产总计　指企业拥有或控制的能以货币计量的经济资源，包括各种财产、债权和其他权利。资产按流动性分为流动资产、长期投资、固定资产、无形资产、递延资产和其他资产。该指标根据企业会计“资产负债表”中“资产总计”项目的期末数增列。

负债合计　指企业承担的能以货币计量，将以资产或劳务偿付的债务。负债一般按偿还期长短分为流动负债和长期负债、递延税项等。

(1)流动负债指企业在一年内或者超过一年的一个营业周期内需要偿还的债务合计，其中包括短期借款、应付及预收款项、应付工资、应交税金和应交利润等。

(2)长期负债指企业在一年以上或者超过一年的一个营业周期以上需要偿还的债务合计，其中包括长期借款、应付债务、长期应付款项等。

所有者权益　指企业投资人对企业净资产的所有权。企业净资产等于企业全部资产减去全部负债后的余额，其中包括投资者对企业的最初投入，以及资本公积金、盈余公积金和未分配利润，对股份制企业即为股东权益。

营业收入　指企业销售产品和提供劳务

等经营业务取得的业务总额。

营业成本　指企业销售产品和提供劳务等经营业务的实际成本。

利润总额　指企业实现的利润。

13 投资和建筑业

资料整理：岳昕 庞秋 范晨

13-1 固定资产投资比上年增长（2018-2021年）

单位：%

指标	2018	2019	2020	2021
固定资产投资增速	**-26.2**	**2.0**	**1.6**	**26.6**
#民间投资	-10.7	-2.2	2.0	25.5
#房地产开发	18.7	21.9	7.2	-20.1
#工业投资	-15.6	-2.0	-13.0	87.9
#基础设施投资	-54.9	7.5	19.0	24.8
#高技术产业投资	198.4	-82.8	43.0	114.9
按登记注册类型分				
内资投资	-26.4	0.05	2.6	27.2
国有	-54.3	7.2	0.9	-1.1
集体	-69.2	-34.3	-95.0	-32.5
股份合作	-71.5			
联营	-31.6			
#国有联营				
集体联营	-31.6			
国有与集体联营				
有限责任公司	-10.6	24.3		137.0
#国有独资	5.6	6.8	0.6	-54.6
股份有限公司	-25.0	-5.3	8.0	-59.2
私营	-12.8	35.6	3.6	30.2
其他	-54.5	-70.5	422.3	-47.7
港澳台商投资		789.0	-40.5	-78.4
外商投资	-60.4	-30.7	-9.7	880.7
按产业分				
第一产业	-19.3	-46.6	-4.4	-2.9
第二产业	-16.4	-2.0	-13.0	88.2
第三产业	-32.0	7.8	11.0	-2.9
按构成分				
建筑安装工程	-30.8	-13.2	16.8	8.6
设备工器具购置	-24.1	-7.9	-12.2	57.6
其他费用	11.4	102.0	-26.0	70.9
按隶属关系分				
中央项目	155.5	-36.2	81.1	94.7
地方项目	-28.2	3.4	-0.3	23.6

注：固定资产投资统计范围为计划总投资500万元及以上建设项目（不含农户）（后同）。

13-2 国民经济各行业固定资产投资占比（2018-2021 年）

单位：%

行　　业	2018	2019	2020	2021
全　　市	**100.0**	**100.0**	**100.0**	**100.0**
农、林、牧、渔业	2.1	4.4	2.6	1.7
采矿业	1.0	0.4	1.1	1.7
制造业	23.4	23.9	19.7	37.6
电力、燃气及水的生产和供应业	12.9	14.4	11.5	8.7
建筑业				0.1
批发和零售业	0.02	0.11	0.2	0.1
交通运输、仓储和邮政业	6.5	4.1	7.7	4.1
住宿和餐饮业	0.7	0.2	0.3	0.8
信息传输、软件和信息技术服务业	1.1	0.6	0.8	0.5
金融业	0.4	1.3	0.5	0.1
房地产业	36.6	31.6	39.9	25.1
租赁和商务服务业	0.5	0.3	0.3	1.2
科学研究、技术服务业	0.3	0.6	0.2	0.5
水利、环境和公共设施管理业	10.7	13.2	11.7	14.9
居民服务、修理和其他服务业	0.05	0.12	0.1	0.01
教育	1.9	2.2	1.6	1.1
卫生、社会工作	1.3	1.0	0.9	0.7
文化、体育和娱乐业	0.3	0.8	0.7	0.8
公共管理、社会保障和社会组织	0.3	0.7	0.2	0.4
国际组织				

13-3　房地产开发情况（2017-2021年）

指　　标	2017	2018	2019	2020	2021
企业个数（个）	**319**	**310**	**240**	**164**	**152**
内资	317	307	238	163	151
#国有	12	11	11	10	6
集体					
港、澳、台投资	1	2	1	1	
外商投资	1	1	1		1
期末从业人员（人）	**8915**	**7838**	**6201**	**5131**	**4867**
内资	8850	7746	6087	5041	4777
#国有	304	286	228	1103	969
集体					
港、澳、台投资	4	36	85	90	
外商投资	61	56	29		90
土地开发及购置					
待开发的土地面积（万平方米）	9.72	35.29	27.10	44.56	44.14
本年土地购置面积（万平方米）	45.38	57.62	75.19	60.89	27.70
本年土地成交价款（万元）	99249	190078	329811	288322	110758
本年完成投资额（万元）	**1553863**	**1844529**	**2247554**	**2409353**	**1924872**
#住宅	1166520	1374590	1814060	1860834	1662671
年末实际到位资金（万元）	**2077022**	**2233000**	**2666159**	**2912740**	**2529515**
#国内贷款	101148	76575	89300	24590	63600
自筹资金	1080925	1156824	1244054	1488309	1271431
房屋建筑面积（万平方米）					
施工面积	2505.70	1676.24	1898.09	1789.24	1826.24
竣工面积	421.07	175.83	228.55	137.39	149.22
本年新开工面积	437.39	551.16	460.34	422.36	252.49
#住宅	336.75	376.31	374.70	314.12	196.63
竣工房屋价值（万元）	1081173	395587	685133	377287	673435
竣工房屋造价（元/平方米）	2568	2250	2998	2746	4513
商品房屋销售面积（万平方米）	**449.46**	**473.82**	**460.87**	**434.05**	**311.44**
#住宅	386.40	398.81	419.70	404.74	302.69
商品房屋销售价格（元/平方米）	**5104**	**5683**	**6540**	**6460**	**6495**
#住宅	4851	5382	6524	6351	6427

13-4　房地产开发建设投资总规模及完成情况

单位：万元

年 份	实际需要总投资	自开始建设至本年底累计完成投资	# 本年完成投资	全部建成尚需投资
1997	64928	51784	33080	13144
1998	109192	72216	59348	36976
1999	142036	104783	60081	37253
2000	162831	101778	78058	61053
2001	260470	157860	112717	102610
2002	272976	188605	103755	84371
2003	421835	251462	179112	170373
2004	1092680	400604	297883	692076
2005	760056	498233	309976	261823
2006	1131260	733475	592948	397785
2007	1863608	1311973	819340	551635
2008	3295018	2119963	1396036	1175155
2009	3801114	2623127	1404316	1177987
2010	5869558	3892267	2028264	1977291
2011	7846489	5479813	2341741	2366676
2012	8418309	5091113	1585583	3327196
2013	9580831	6264967	2064694	3315864
2014	11322323	7702763	1978681	3619560
2015	12529732	9049387	1973219	3480345
2016	15379937	10276036	1845728	5103901
2017	16711705	11394886	1553863	5316819
2018	17022576	10599525	1844529	6423051
2019	14678222	10680205	2247554	3998017
2020	16122076	10825137	2409353	5296939
2021	15509207	10497407	1924872	5011800

13-5　按用途分房地产开发企业投资完成额

单位：万元

年份	本年完成投资额	住宅	#别墅、高档公寓	办公楼	商业营业用房	其他
1997	33080	26348		849	5681	202
1998	59348	36499	50	1737	14943	6169
1999	60081	32050	1400	3250	14245	10536
2000	78258	60366	14149	2712	10557	4423
2001	112717	85433	7112	843	18531	7910
2002	103755	69241		671	14635	19208
2003	179112	117404		9906	41929	9873
2004	297883	201552		7435	84285	4611
2005	309976	201954	500	1988	101031	2003
2006	592948	477918		1195	111812	2023
2007	819340	682332	10286	18918	109671	8419
2008	1396036	1161665	24183	59580	164790	10001
2009	1404316	1121850	27105	66368	123174	92924
2010	2028264	1411621	29717	126665	362730	127248
2011	2341741	1682473	33037	98851	410815	149602
2012	1585583	1086398	13851	97337	240015	161833
2013	2064694	1423593	68444	101279	355236	184586
2014	1978681	1327232	64894	93506	399833	158110
2015	1973219	1397706	74077	61120	324118	190275
2016	1845728	1235309	55856	36837	403240	170342
2017	1553863	1166520	26438	33027	228902	125414
2018	1844529	1374590	57639	34396	256043	179500
2019	2247554	1814060	69531	4125	275896	153473
2020	2409353	1860834		8722	203703	336094
2021	1924872	1662671		11189	91811	159201

注：2020年、2021年住宅下的其中项别墅、高档公寓指标取消。

13-6 商品房屋销售情况

年 份	房屋销售面积（万平方米）	#住宅	商品房屋销售额（万元）	#住宅
1994	13.27	12.04	12730	11769
1995	15.21	14.16	16454	14440
1996	16.85	15.52	16348	14258
1997	24.68	22.02	23429	17854
1998	36.39	31.59	30748	23581
1999	55.49	45.06	48567	36633
2000	64.08	56.04	61546	49041
2001	67.95	64.81	68892	63328
2002	75.21	68.94	76286	61997
2003	114.04	99.05	127351	101913
2004	137.52	125.22	184962	156725
2005	217.49	182.54	376736	281228
2006	262.03	229.25	508412	387547
2007	306.86	265.63	940240	699922
2008	418.73	337.65	1353379	1008590
2009	570.05	517.66	1927244	1665846
2010	597.72	473.96	2665691	1624098
2011	730.65	591.97	3230772	2366622
2012	354.30	314.15	1618014	1348541
2013	408.28	352.30	2141525	1658466
2014	377.43	317.16	1941711	1525817
2015	399.71	332.81	1957793	1450910
2016	459.65	404.70	2190042	1846792
2017	449.46	386.40	2293913	1874595
2018	473.82	398.81	2692794	2146447
2019	460.87	419.70	3014113	2738017
2020	434.05	404.74	2803912	2570518
2021	311.44	302.69	2022905	1945453

13-7　建筑业企业基本情况

年 份	企业单位数（个）	# 国有及国有控股	从业人员（万人）	# 国有及国有控股	建筑业总产值（万元）	# 国有及国有控股
1993	158	50	9.75	4.64	248690	132501
1994	136	29	9.22	4.05	296523	157437
1995	134	29	9.00	3.84	323217	164861
1996	163	31	10.30	4.00	335379	155975
1997	161	29	9.24	3.51	334703	157198
1998	172	28	8.27	3.19	289728	130629
1999	169	26	8.20	3.13	275700	131540
2000	168	25	8.02	3.20	284845	133509
2001	140	21	8.59	2.95	332437	159741
2002	104	20	8.48	1.25	377791	251046
2003	99	20	6.84	3.78	453070	325719
2004	91	19	5.95	3.05	674001	527589
2005	94	20	6.84	2.82	739986	512441
2006	91	20	6.78	2.53	837981	512130
2007	95	16	8.98	2.41	1086886	500053
2008	102	16	9.18	2.52	1346522	708853
2009	102	15	10.16	2.59	1624474	696748
2010	98	14	12.06	2.58	1922125	704562
2011	99	15	12.16	2.54	2380333	912483
2012	101	14	7.89	1.66	2355490	898510
2013	97	13	8.29	1.70	2387822	942884
2014	100	13	6.24	1.53	2218730	1013800
2015	100	15	5.80	1.43	1848024	737451
2016	114	15	6.19	1.33	2015111	638965
2017	113	13	6.10	1.05	2102614	712784
2018	126	12	5.32	0.99	2230103	878729
2019	122	13	4.03	1.03	2533854	1361704
2020	118	15	3.51	1.10	3249844	1776993
2021	121	18	3.25	1.24	4427524	3237787

注：1. 1996 年起建筑业企业的统计范围是资质等级四级及四级以上建筑企业，2002 年起建筑业按新资质统计，2002 年之前为国有数据，之后为国有及国有控股数据，因此数据存在着与以前年度不可比因素；
2. 2010 年及以前年度从业人员为年平均人数，2011 年为计算劳动生产率的平均人数，2012-2019 年为从事主营业务活动的平均人数，2020-2021 年为年末从业人员数。

13-8 建筑施工企业

指　　标	企业单位数（个）	签订的合同额（万元）	上年结转合同额	本年新签合同额
总计	**121**	**23706067**	**14800899**	**8905169**
按企业登记注册类型分				
内资企业	121	23706067	14800899	8905169
国有企业				
集体企业				
股份合作企业				
联营企业				
有限责任公司	36	20667906	13794360	6873546
股份有限公司	1	424199	211882	212317
私营企业	84	2613962	794656	1819306
其他企业				
按行业类别分				
房屋建筑业	50	21017387	13947847	7069539
土木工程建筑业	47	2535956	816628	1719328
建筑安装业	13	117353	21893	95461
建筑装饰、装修和其他建筑业	11	35371	14531	20840
按企业资质等级分				
施工总承包	98	23584129	14771674	8812455
特 级	1	19918136	13535197	6382939
一 级	17	3085837	1047636	2038201
二 级	35	392368	129121	263248
三 级	45	187788	59720	128068
专业承包	23	121938	29225	92713
一 级	6	44116	10231	33885
二 级	16	63574	17737	45838
三 级	1	14248	1257	12991
其 他				

主要生产指标（2021 年）

建筑业总产值（万元）			按构成分		
	其中：装饰装修产值	其中：在外省完成的产值	建筑工程产值	安装工程产值	其他产值
4427524	**154287**	**3000395**	**4063904**	**200506**	**163114**
4427524	154287	3000395	4063904	200506	163114
3356191	114969	2793093	3200758	146812	8621
88114			88114		
983220	39318	207303	775032	53694	154494
3466593	114582	2796872	3328456	132775	5361
881267	15526	199086	685921	38468	156877
49501	4327	4437	19999	29263	239
30164	19852		29527		637
4341833	130108	2995908	4017039	170045	154749
3010161	110910	2759663	2892973	117188	
1023902	14515	227441	869954	14981	138968
178543	3094	8146	147307	21049	10187
129227	1589	658	106806	16828	5594
85691	24179	4487	46865	30461	8366
36046	22099	4127	22099	13707	239
46118	2079	50	24765	13227	8126
3527		310		3527	

13-8 续

指　　标	竣工产值（万元）	房屋建筑施工面积（万平方米）	房屋竣工面积（万平方米）
总计	**1106418**	**3669.61**	**194.13**
按企业登记注册类型分			
内资企业	1106418	3669.61	194.13
国有企业			
集体企业			
股份合作企业			
联营企业			
有限责任公司	610416	3485.42	130.13
股份有限公司			
私营企业	496002	184.20	64.01
其他企业			
按行业类别分			
房屋建筑业	634933	3663.07	193.17
土木工程建筑业	418968	6.55	0.96
建筑安装业	30798		
建筑装饰、装修和其他建筑业	21719		
按企业资质等级分			
施工总承包	1069991	3669.61	194.13
特　级	408682	3368.45	95.70
一　级	476195	228.42	75.51
二　级	99352	30.60	8.07
三　级	85762	42.14	14.86
专业承包	36427		
一　级	16993		
二　级	19434		
三　级			
其　他			

表

自有机械设备			期末从业人员（万人）
净值（万元）	总台数（万台）	总功率（万千瓦时）	
24851	**0.80**	**20.74**	**3.25**
24851	0.80	20.74	3.25
14553	0.62	15.35	1.68
3654	0.02	1.65	0.08
6643	0.16	3.74	1.49
15732	0.58	13.01	1.42
7440	0.16	6.46	1.65
1623	0.06	1.25	0.12
56		0.03	0.06
24588	0.78	20.47	3.11
10007	0.38	10.17	0.41
9678	0.17	5.75	1.86
2922	0.14	3.04	0.55
1981	0.09	1.51	0.29
263	0.02	0.27	0.14
			0.05
263	0.02	0.27	0.07
			0.02

13-9 建筑施工企业

指　　标	资产合计	流动资产合计	# 存货	固定资产原价
总计	**4386224**	**3666422**	**830843**	**350190**
按企业登记注册类型分				
内资企业	4386224	3666422	830843	350190
国有企业				
集体企业				
股份合作企业				
联营企业				
有限责任公司	2747597	2214894	570992	229468
股份有限公司	205336	189457	20789	12482
私营企业	1433292	1262071	239062	108240
其他企业				
按行业类别分				
房屋建筑业	2656362	2179501	636702	177380
土木工程建筑业	1532326	1319275	152410	143455
建筑安装业	166095	139099	35941	26990
建筑装饰、装修和其他建筑业	31441	28548	5791	2365
按企业资质等级分				
施工总承包	4254960	3556363	813200	331725
特　级	1914083	1550842	470820	114225
一　级	1702927	1445797	263124	107127
二　级	390523	338209	48045	75220
三　级	247428	221515	31211	35154
其　他				
专业承包	131264	110059	17643	18465
一　级	48413	42478	12666	5476
二　级	76393	62591	4947	12013
三　级	6459	4990	30	976
其　他				

主要财务指标（2021 年）

单位：万元

累计折旧		在建工程	负债合计	流动负债合计	所有者权益合计	
	# 本年折旧					# 实收资本
183025	**18069**	**10079**	**3659704**	**3483015**	**726520**	**587950**
183025	18069	10079	3659704	3483015	726520	587950
119350	9663	605	2397200	2241456	350396	264374
6235	626	410	137257	137257	68079	50034
57440	7780	9064	1125247	1104302	308045	273543
86068	8250	4598	2231419	2102942	424943	260746
80001	8517	4226	1287339	1244966	244987	286958
15723	1106	1255	118873	113009	47223	28568
1234	196		22074	22098	9367	11678
174409	17239	7813	3572638	3396618	682321	550390
55361	6417		1632425	1524612	281657	128329
58622	3986	812	1421450	1385835	281477	276226
41110	3627	2194	324248	305159	66275	105498
19316	3209	4807	194515	181013	52913	40337
8617	830	2266	87066	86397	44198	37560
1202	262	910	29202	29202	19211	19646
6539	544	1356	52756	52756	23637	17314
876	24		5108	4440	1350	600

13-9 续

指　　标	主营业务收入	主营业务成本	主营业务税金及附加	其他业务利润	管理费用
总计	**4547895**	**4364329**	**14990**	**5976**	**105862**
按企业登记注册类型分					
内资企业	4547895	4364329	14990	5976	105862
国有企业					
集体企业					
股份合作企业					
联营企业					
有限责任公司	3131493	2975662	7687	5327	67945
股份有限公司	94177	86845	407		2606
私营企业	1322226	1301822	6897	649	35311
其他企业					
按行业类别分					
房屋建筑业	3238484	3134437	8443	1629	50064
土木工程建筑业	1201140	1137911	6010	4074	44488
建筑安装业	75908	64287	397	195	8495
建筑装饰、装修和其他建筑业	32364	27694	141	78	2815
按企业资质等级分					
施工总承包	4453519	4283950	14590	5142	95968
特　级	2666957	2546604	4891	1255	30548
一　级	1375363	1358321	7017	430	34751
二　级	256273	239024	1994	3352	19352
三　级	154926	140001	689	104	11316
其　他					
专业承包	94376	80379	400	834	9894
一　级	44221	37767	153	50	3118
二　级	47056	40007	225	785	6155
三　级	3100	2605	22		621
其　他					

表

单位：万元

财务费用	#利息支出	营业利润	利润总额	应付职工薪酬	应交增值税
19032	**14533**	**36865**	**40943**	**318801**	**57545**
19032	14533	36865	40943	318801	57545
17705	12421	15064	20484	197573	32316
621	1838	2998	1810	6006	2106
707	274	18804	18650	115222	23124
11804	9802	39998	43313	228245	32751
7126	4626	-5784	-4710	73236	21973
76	89	1281	1006	14442	1927
26	17	1370	1333	2878	894
18872	14420	33896	37850	307274	55419
10027	9458	38467	40458	69347	11515
5097	4631	12462	13461	181935	31340
3417	69	-20318	-19063	41457	9586
331	262	3286	2995	14535	2977
160	113	2969	3093	11527	2127
91	88	1788	1728	2342	851
60	25	1338	1357	8660	1095
9		-157	9	526	180

13-10 建筑业企业主要经济指标（2018-2021年）

指　　标	2018	2019	2020	2021
建筑业企业个数（个）	126	122	118	121
签订的合同额（万元）	9491191	13578703	18418918	23706067
建筑业总产值（万元）	2230103	2533854	3249844	4427524
其中：装饰装修产值	78790	105779	119590	154287
其中：在外省完成的产值	574229	1123332	1826490	3000395
竣工产值（万元）	897696	522044	1165515	1106418
房屋建筑施工面积（万平方米）	1511.40	1899.51	3135.29	3669.61
房屋建筑竣工面积（万平方米）	268.28	196.78	146.74	194.13
房屋建筑面积竣工率（%）	17.8	10.4	4.7	5.3
自有机械设备净值（万元）	35158	34966	28896	24851
自有机械设备总台数（万台）	1.48	0.80	0.80	0.80
自有机械设备总功率（万千瓦）	34.38	21.71	20.56	20.74
技术装备率（元／人）	6615	10081	8244	7645
动力装备率（千瓦／人）	6.46	6.26	5.86	6.38
按总产值计算的劳动生产率（元／人）	419571	629029	796511	657537
年末从业人员（万人）	4.64	3.47	3.51	3.25
其中：工程技术人员	0.89	0.84	0.64	0.61
利润总额（万元）	39462	15144	11237	40943
税金总额（万元）	85050	68784	70758	73147
产值利润率（%）	1.8	0.6	0.4	0.9
产值利税率（%）	5.6	3.3	2.5	2.6

主要统计指标解释

固定资产投资（不含农户） 指城镇和农村各种登记注册类型的企业、事业、行政单位及城镇个体户进行的计划总投资500万元及500万元以上的建设项目投资和房地产开发投资，包含原口径的城镇固定资产投资加上农村企事业组织项目投资，该口径自2011年起开始使用。

房地产开发投资 指房地产开发公司、商品房建设公司及其他房地产开发法人单位和附属于其他法人单位实际从事房地产开发或经营的活动单位统一开发的包括统代建、拆迁还建的住宅、厂房、仓库、饭店、宾馆、度假村、写字楼、办公楼等房屋建筑物和配套的服务设施，土地开发工程（如道路、给水、排水、供电、供热、通讯、平整场地等基础设施工程）的投资；不包括单纯的土地交易活动。

民间固定资产投资 是指具有集体、私营、个人性质的内资调查单位以及由其控股（包括绝对控股和相对控股）的调查单位建造或购置固定资产的投资。

基础设施投资 包括交通运输、邮政业，电信、广播电视和卫星传输服务业，互联网和相关服务业，水利、环境和公共设施管理业投资；为了避免工业和基础设施两大领域之间的数据重复，国家统计局通常发布的基础设施投资口径为基础设施投资（不含电力、热力、燃气及水的生产和供应业）。

高技术产业投资 包括医药制造、航空航天器及设备制造等六大类高技术制造业投资和信息服务、电子商务服务等九大类高技术服务业投资。

固定资产投资的资金来源 根据固定资产投资的资金来源不同，分为国家预算内资金、国内贷款、利用外资、自筹资金和其他资金来源。

（1）国家预算内资金：指中央财政和地方财政中由国家统筹安排的基本建设拨款和更新改造拨款，以及中央财政安排的专项拨款中用于基本建设的资金和基本建设拨款改贷款的资金等。

（2）国内贷款：指报告期内企、事业单位向银行及非银行金融机构借入的用于固定资产投资的各种国内借款。包括银行利用自有资金及吸收的存款发放的贷款、上级主管部门拨入的国内贷款、国家专项贷款（包括煤代油贷款、劳改煤矿专项贷款等）、地方财政专项资金安排的贷款、国内储备贷款、周转贷款等。

（3）利用外资：指报告期内收到的用于固定资产投资的国外资金，包括统借统还、自借自还的国外贷款，中外合资项目中的外资，以及对外发行债券和股票等。国家统借统还的外资指由我国政府出面同外国政府、团体或金融组织签订贷款协议、并负责偿还本息的国外贷款。

（4）自筹资金：指建设单位报告期内收到的，用于进行固定资产投资的上级主管部门、地方和企、事业单位自筹资金。

（5）其他资金来源：指报告期内收到的除以上各种拨款、借款、自筹资金之外，其他用于固定资产投资的资金。

固定资产投资按构成分 固定资产投资活动按其工作内容和实现方式分为建筑安装工程，设备、工具、器具购置，其他费用三个部分。

（1）建筑安装工程（建筑安装工作量）：指各种房屋、建筑物的建造工程和各种设备、装置的安装工程。包括各种房屋建造工程，各种用途设备基础和各种工业窑炉的砌筑工程；为施工而进行的各种准备工作和临时工程以及完工后的清理工作等；铁路、道路的铺设，矿井的开凿及石油管道的架设等；水利工程；防空地下建筑等特殊工程；以及各机械设备的安装工程；为测定安装工程质量，对设备进行的试运工作。在安装工程中，不包括被安装设备本身的价值；

（2）设备、工具、器具购置：指购置或自制达到固定资产标准的设备、工具、器具的价值，固定资产的标准按财务部门规定。新建单位、扩建单位的新建车间按照设计和计划要求购置或自制的全部设备、工具、器具，不论是否达到固定资产标准均计入“设备、工具、器具购置”中。

（3）其他费用：指在固定资产建造和购置过程中发生的，除建筑安装工程和设备、工具、器具购置以外的各种应摊入固定资产的费用。

房屋建筑面积　指从房屋外墙线算起的各层平面面积的总和，包括可供使用的有效面积和房屋结构（如柱、墙）占用的面积。多层建筑按各层（包括地下室）面积总和计算。

住宅建筑面积　指施工和竣工房屋建筑面积中供居住用的施工和竣工房屋建筑面积。

施工面积　指报告期内施工的全部房屋建筑面积。包括本期新开工的面积、上期跨入本期继续施工的房屋面积、上期停缓建在本期恢复施工的房屋面积、本期竣工的房屋面积及本期施工后又停缓建的房屋面积。

竣工面积　指在报告期内房屋建筑按照设计要求已全部完工，达到住人和使用条件，经验收鉴定合格，正式移交使用单位的建筑面积。

商品房销售面积　指报告期内出售商品房屋的合同总面积（即双方签署的正式买卖合同中所确定的建筑面积）。由现房销售建筑面积和期房销售建筑面积两部分组成。

商品房销售额　指报告期内出售商品房屋的合同总价款（即双方签署的正式买卖合同中所确定的合同总价）。该指标与商品房销售面积同口径，由现房销售额和期房销售额两部分组成。

建筑业统计单位　指从事房屋、构筑物建造和设备安装活动的法人企业。建筑业法人企业应具有建筑业资质并能够独立核算；同时应具备以下条件：①依法成立，有自己的名称、组织机构和场所，能够承担民事责任；②独立拥有和使用资产，承担负债，有权与其他单位签订合同；③独立核算盈亏，能够编制资产负债表。

建筑业总产值　是以货币形式表现的建筑业企业在一定时期内生产的建筑业产品和提供的服务的总和。建筑业总产值包括：

（1）建筑工程产值：指列入建筑工程预算内的各种工程价值。

（2）安装工程产值：指设备安装工程价值，不包括被安装设备本身的价值。

（3）其他产值：建筑业总产值中除建筑工程、安装工程以外的产值。包括房屋构筑物修理产值、非标准设备制造产值、总包企业向分包企业收取的管理费以及不能明确划分的施工活动所完成的产值。

a.房屋构筑物修理产值：指房屋和构筑物修理所完成的产值，但不包括被修理房屋、构筑物本身价值和生产设备的修理产值。

b.非标准设备制造产值：指加工制造没有定型的非标准生产设备的加工费和原材料价值（如化工厂、炼油厂用的各种罐、槽，矿井生产统一使用的各种漏斗、三角槽、阀门等）以及附属加工厂为本企业承建工程制作的非标准设备的价值。

房屋建筑施工面积　指在报告期内施过工的全部房屋建筑面积，包括本期新开工的房屋面积、上期施工跨入本期继续施工的房屋面积、上期停缓建在本期恢复施工的房屋面积、本期竣工的房屋面积及本期施工后又停缓建的房屋面积。

房屋建筑竣工面积　指在报告期内房屋建筑按照设计要求全部完工，达到了住人和使用条件，经验收鉴定合格，正式移交使用单位的房屋建筑面积。

营业收入　指企业经营主要业务和其他业务所确认的收入总额。营业收入合计包括“主营业务收入”和“其他业务收入”。根据会计“利润表”中“营业收入”项目的本期金额数填报。

营业成本　指企业经营主要业务和其他业务所发生的成本总额。包括企业（单位）在报告期内从事销售商品、提供劳务等日常活动发生的各种耗费。包括“主营业务成本”。根据会计“利润表”中“营业成本”项目的本期金额数填表。

利润总额　指企业从事生产经营活动所取得的利润。执行2006年《企业会计准则》的企业，营业利润为营业收入减去营业成本、营业税金及附加、销售费用、管理费用、财务费用、资产减值损失，再加上公允价值变动收益和投资收益。未执行2006年《企业会计准则》的企业，营业利润为主营业务收入减去主营业务成本、主营业务税金及附加，加上其他利润后，再减去销售费用、管理费用、财务费用后的金额。根据会计“利润表”中“营业利润”项目的本期金额数填报。

14 运输和邮电

资料整理：李建梅 嘎力巴 杨烨坤

14-1 交通运输业基本情况（2016-2021年）

指　　标	2016	2017	2018	2019	2020	2021
客运量总计（万人）	**1652.41**	**1746.36**	**1614.76**	**1681.3**	**942.7**	**1092.6**
铁路	896	962	1011	1013	639.3	665.6
公路	657	675	498	549	185.5	293.3
民用航空（吞吐量）	99.41	109.36	105.76	119.3	117.9	133.7
货运量总计（万吨）	**36145.33**	**11254.34**	**46730.23**	**48576.3**	**20407.2**	**24329.2**
铁路	6342	7890	10151	10365	10144.8	11571.7
公路	29803	33664	36579	38211	10262	12757.2
民用航空（吞吐量）	0.33	0.34	0.23	0.3	0.41	0.29
公路旅客周转量总计（亿人公里）	**12.09**	**10.80**	**7.70**	**8.66**	**2.96**	**1.84**
公路货物周转量总计（亿吨公里）	**559.74**	**638.70**	**690.30**	**711.92**	**179.77**	**214.60**
公路里程（公里）	**9004**	**9061**	**9169**	**9344**	**9567**	**9450**
#可绿化里程	8554	8716	8817	8997	9240	9124
在总计中：等级公路	8448	8692	8809	9007	9246	9150
#高速公路	139	140	140	139	140	139
等外公路	556	369	360	336	321	300
在总计中：有铺装路面里程（高级）	6179	6522	6905	7017	7216	7224
简易铺路面里程（次高级）	191	153	112	123	121	114
未铺装路面里程（中级、低级、无路面）	2634	2386	2264	2203	2230	2113
在总计中：国道	756	756	757	757	764	786
省道	541	578	612	622	623	605
县道	1928	1948	1958	1989	2010	2069
乡道	2331	2273	2291	2354	2464	2356
专用公路	85	85	85	85	83	43
村道	3363	3421	3466	3537	3623	3591
汽车拥有量（辆）	**573745**	**638316**	**685763**	**725762**	**766422**	**808181**
载客汽车	503223	561826	605127	642864	679189	715065
载货汽车	66941	72955	76916	79057	83302	88925
其他类型汽车	3581	3535	3720	3841	3931	4191
在总计中：个人汽车拥有量	512914	573535	617413	655174	694943	733741
摩托车（辆）	**19737**	**29421**	**27347**	**25925**	**20997**	**20308**
挂车拥有量（辆）	**15995**	**17760**	**17645**	**17371**	**15375**	**14881**
其他类型（辆）	**12**		**1**	**1**	**1**	**1**

14-2 历年交通运输基本情况

年 份	铁路运输		民航运输		公路运输			
	货物发送量（万吨）	旅客发送人数（万人）	货运吞吐量（吨）	客运吞吐量（人）	货运量（万吨）	货物周转量（万吨公里）	客运量（万人）	客运周转量（万人公里）
1950	17	25			4	409	2	320
1952	15	18			13	937	5	677
1957	267	56			713	6015	56	6307
1962	348	260	13		246	2821	10	619
1965	457	110	6		429	6244	38	1609
1970	821		115	2299	403	4555	72	3072
1975	660	184	17	1003	547	7906	94	4486
1978	975	215	31	1209	634	9215	123	5935
1980	922	221	70	2815	515	8606	130	6449
1985	1213	300	37	589	1391	34929	150	8578
1990	1653	196	26	4425	2271	70051	306	22036
1991	1700	200	20	6193	2654	70224	304	23179
1992	1874	219	34	8906	2640	78181	300	22062
1993	1945	249	61	13155	3026	97078	324	22976
1994	2135	240	83	15608	3245	101474	354	26589
1995	2536	220	121	22900	3767	111287	415	32400
1996	2673	204	128	36500	3862	138262	465	45576
1997	2760	231	179	51900	4320	158461	774	54462
1998	2549	279	192	47400	4852	229909	876	59918
1999	2605	295	302	53300	5710	261910	920	66650
2000	2657	313	362	63737	6800	251014	950	71005
2001	2710	335	403	67370	7938	250374	1005	71589
2002	3685	337	567	70875	9497	684265	8429	334748
2003	3218	256	610	88711	12420	884700	9033	365028
2004	4163	327	954	142651	13729	1207696	10812	430019
2005	5374	434	570	168557	15118	1389986	11866	486769
2006	6088	486	628	172526	17539	1671097	13422	608808
2007	7235	508	1160	260500	21088	2177066	15503	751151
2008	8481	586	1482	374653	30360	3156745	20153	1051611
2009	8787	621	1362	533011	13706	3665702	1267	154530
2010	11446	643	1607	662538	16928	4543735	1406	169346
2011	10915	600	1497	674668	21475	5690200	1453	172200
2012	9324	587	2422	814267	26951	7120000	1417	163000
2013	9485	778	2830	857700	22949	8423000	1182	166000
2014	9257	743	3094	906850	24255	4549572	845	191087
2015	5801	839	3764	960893	27255	5171293	581	139018
2016	6342	896	3335	994092	29803	5597407	657	120882
2017	7890	962	3438	1093578	33664	6386829	675	108438
2018	10151	1011	2255	1057573	36579	6903095	498	76976
2019	10365	1013	2960	1192753	38211	7119203	549	86623
2020	10145	639	4114	1179200	10262	1797681	186	29577
2021	11572	666	2927	1336911	12757	2146031	293	18387

14-3　公路交通运输工具

单位：辆

年 份	载货汽车	载客汽车	挂车
1991	13164	2865	5141
1992	13970	3472	5505
1993	14954	4488	5700
1994	13090	4954	5657
1995	16100	9706	6375
1996	18224	15111	7074
1997	21120	16477	5255
1998	20826	19289	5319
1999	22096	22038	5343
2000	24230	25216	5528
2001	21941	25709	4168
2002	25210	30966	5345
2003	27668	38656	2727
2004	38562	51195	11257
2005	34016	59382	8410
2006	36949	76687	9183
2007	40003	94119	10458
2008	45618	125481	14024
2009	57290	164278	15893
2010	70657	216825	22590
2011	79741	280113	23883
2012	72726	336718	25856
2013	70363	383012	26686
2014	71222	422743	16351
2015	65899	454432	15567
2016	66941	503223	15995
2017	72955	561826	17760
2018	76916	605127	17645
2019	79057	642864	17371
2020	83302	679189	15375
2021	88925	715065	14881

14-4 年末机动车保有量（2018-2021 年）

单位：辆

指 标	2018		2019		2020		2021	
	合计	# 个人	合计	# 个人	合计	# 个人	合计	# 个人
汽车	**685763**	**617413**	**725762**	**655174**	**766422**	**694943**	**808181**	**733741**
载客	605127	575722	642864	611421	679189	647365	715065	683040
载货	76916	40369	79057	42361	83302	46099	88925	49067
其他	3720	1322	3841	1392	3931	1479	4191	1634
摩托车	**27347**	**27203**	**25925**	**25796**	**20997**	**20850**	**20308**	**20111**
普通	23269	23135	21868	21749	19843	19698	19458	19266
轻便	4078	4068	4057	4047	1154	1152	850	845
挂车	**17645**	**175**	**17371**	**212**	**15375**	**235**	**14881**	**241**

14-5 邮电通信水平（2016-2021 年）

指 标	2016	2017	2018	2019	2020	2021
全市邮电通信水平						
平均每人每年发函件数（件）	0.1	0.1	0.1	0.1	0.1	0.1
平均每百人每年订报刊数（份）	5.9	6.1	6.4	6.6	6.3	5.3
平均每百人拥有电话机部数（部）	132.1	148.8	147.7	134.2	137.0	140.9
邮政储蓄市场占有率（%）	3.3	3.3	2.9	2.8	2.8	2.9

14-6 邮电业务基本情况（2016-2021年）

指　标	2016	2017	2018	2019	2020	2021
邮政行业业务总量（亿元）	**2.92**	**3.77**	**4.65**	**5.42**	**7.21**	**6.78**
邮政服务业务总量	1.40	1.93	2.12	2.42	2.71	2.03
邮政行业业务收入（亿元）	**3.96**	**4.91**	**5.75**	**5.92**	**7.30**	**8.46**
邮政服务业务收入	1.92	2.06	2.18	2.03	2.26	2.16
电信业务收入（亿元）	**27.37**	**26.56**	**23.29**	**22.13**	**21.19**	**22.89**
邮政业务分项						
国内函件（万件）	38.55	19.78	18.84	15.22	14.67	13.94
国际及港澳台函件（万件）	0.20	0.05	0.07	0.04	0.03	0.04
国内包裹（万件）	24.17	39.90	112.25	223.85	122.22	722.32
国际及港澳台包裹（件）	613	557	480	352	284	278
国内特快专递信件（万件）	11.10	10.37	10.00	12.52	5.99	7.58
国际特快专递信件（件）	396	417	272	326	774	3700
订阅报纸累计份数（万份）	2977	2900	2840	2777	2593	1951
订阅杂志累计份数（万份）	95	100	110	114	111	105
报纸期发份数（万份）	12	12	12	12	11	8
杂志期发份数（万份）	5	6	7	7	7	6
邮政储蓄平均余额（亿元）	39.52	46.51	46.74	47.86	52.58	59.72
本地固定电话年末用户（万户）	**29.40**	**26.43**	**22.30**	**21.39**	**19.06**	**21.42**
#住宅电话	15.02	11.52	9.41	5.95	3.05	8.22
移动电话用户（万户）	**346.15**	**400.24**	**403.69**	**366.59**	**351.82**	**360.50**

注：1. 邮政行业业务总量、收入包含邮政公司及其他快递公司的数据；
　　2. 邮政业务分项数据由中国邮政集团公司包头市分公司提供。

14-7 主要年份邮电业务基本情况

年 份	邮电局所数（个）	报刊期发数（万份）	国内长途电话（万次）	本市固定电话年末用户（户）
1950	28		2	372
1957	39		7	1427
1962	89	12	19	7413
1965	60	16	14	8352
1970	63	8	14	9812
1975	74	25	25	15574
1978	83	32	32	15175
1980	83	49	36	17807
1985	80	78	50	24578
1990	81	39	100	41996
1991	80	47	194	45763
1992	80	48	392	49143
1993	79	200	1011	59572
1994	93	55	1227	88264
1995	99	63	1422	139309
1996	121	175	1872	187489
1997	124	225	2340	214497
1998	166	28	2730	236688
1999	118	34	2813	277462
2000	122	29	2325	354302
2001	117	45	2946	410200
2002	116	35	3350	439322
2003	116	37	2780	491900
2004	109	23	5499	512600
2005	119	21	3544	499500
2006	120	22	3970	495600
2007	120	24	6334	496200
2008	114	25	3495	407743
2009	112	25	3045	364387
2010	108	26	1390	388645
2011	106	31	7553	399911
2012	107	23	29774	452690
2013	96	29	16354	466012
2014	95	249	16830	415760
2015	106	19	13623	366335
2016	109	17		293978
2017	109	18		264331
2018	108	19		223039
2019	109	19		213922
2020	109	17		190618
2021	109	15		185108

注：2016 年起取消长途电话费，长途电信业务不单独统计。

14-8 邮电部门机构、邮路、电路（2016-2021年）

指　　标	2016	2017	2018	2019	2020	2021
邮政机构						
邮政局（所）总数（处）	109	109	108	109	109	109
邮政支局	66	66	60	61	61	61
自办邮政所	2	2	8	5	15	15
代办邮政所	41	41	40	43	33	33
邮政储蓄点（处）	64	62	60	61	61	61
邮政信筒信箱（个）	105	109	108	110	110	110
邮路						
邮路总条数（条）	50	53	49	126	127	127
邮路总长度（公里）	2395	2547	2511	3334	3590	4209
自办汽车邮路	2395	2257	2222	3225	3481	4209
委办汽车邮路		289	289	109	109	
农村单程投递线路总长度（公里）	1249	1184	1184	1223	1283	1159
电信机构						
电信局所总数（处）	1515	1798	1454	1227	891	746
#自办局所	138	153	146	138	132	121
电信委代办所	1377	1645	1308	1089	759	625
电信电路						
本地电话电缆长度（皮长公里）	2281	1273	679	614	579	560
本地中继光缆长度（皮长公里）	4179	4374	4374	4387	4419	5189

注：2021年本地电话电缆长度、本地中继光缆长度包含电信分公司数据。

14-9 邮电通信设备年末拥有量（2016-2021 年）

指　　标	2016	2017	2018	2019	2020	2021
邮政设备						
邮政汽车（辆）	173	199	195	224	225	212
# 邮运汽车	42	44	44	63	67	72
邮政储蓄专用汽车	19	16	19	18	19	1
速递业务专用汽车	82	86	80	102	88	111
邮政摩托车（辆）	13	21	7	3	3	1
本地电信设备						
局用交换机容量（万门）	30.54	29.10	29.30	29.10	29.10	29.30
# 实占容量	11.58	11.02	11.01	10.87	11.40	11.42
出局用户线对数（万对）	1.47	1.27	1.27	1.27	1.27	1.27
# 实占线对	0.61	0.41	0.35	0.35	0.35	0.35
接入网设备容量（万门）	53.82	104.70	114.16	119.97	123.61	128.49
# 实占线对	28.19	40.77	44.39	46.57	47.49	50.23
移动通信设备						
GSM900 交换机容量（万门）	824	824	824	824	620	620
GSM 机站数（个）	3942	3193	3097	2941	1846	1802
GSM 话音信道数（个）	176651	154508	149256	131257	120749	119246

主要统计指标解释

公路里程　指在一定时期内实际达到《公路工程技术标准JTJ01-88》规定的等级公路，并经公路主管部门正式验收交付使用的公路里程数。包括大中城市的郊区公路以及通过小城镇街道部分的公路里程和桥梁、渡口的长度，不包括大中城市的街道、厂矿、林区生产用道和农业生产用道的里程。两条或多条公路共同经由同一路段，只计算一次，不得重复计算里程长度。它是反映公路建设发展规模的重要指标，也是计算运输网密度等指标的基础资料。

货（客）运量　指在一定时期内，各种运输工具实际运送的货物（旅客）数量。它是反映运输业为国民经济和人民生活服务的数量指标，也是制定和检查运输生产计划、研究运输发展规模和速度的重要指标。货运按吨计算，客运按人计算。货物不论运输距离长短、货物类别，均按实际重量统计。旅客不论行程远近或票价多少，均按一人一次客运量统计；半价票、小孩票也按一人统计。

货物（旅客）周转量　指在一定时期内，由各种运输工具运送的货物（旅客）数量与其相应运输距离的乘积之总和。它是反映运输业生产总成果的重要指标，也是编制和检查运输生产计划，计算运输效率、劳动生产率以及核算运输单位成本的主要基础资料。计算货物周转量通常按发出站与到达站之间的最短距离，也就是计费距离计算。计算公式为：

货物（旅客）周转量＝∑货物（旅客）运输量×运输距离

民用汽车拥有量　指报告期末，在公安交通管理部门按照《机动车注册登记工作规范》，已注册登记领有民用车辆牌照的全部汽车数量。汽车拥有量统计的主要分类：根据汽车结构分为载客汽车、载货汽车及其他汽车；根据汽车所有者不同分为个人（私人）汽车、单位汽车；根据汽车的使用性质分为营运汽车、非营运汽车和特种汽车；根据汽车大小规格不同载客汽车分为大型、中型、小型和微型，载货汽车分为重型、中型、轻型和微型。

移动电话用户　指通过移动电话交换机进入移动电话网、占用移动电话号码的各类电话用户。包括签约用户和智能网预付费用户。一个移动电话号码统计为一户。

本地电话用户　指接入本地电信运营商固定电话网上的电话用户。包括：住宅用户、单位用户、公用电话用户等。按电话用户位置又分为市内电话用户和农村电话用户。1997年以前，“市内电话用户”是指接入县城及县以上城市的电话网上的电话用户；“农村电话用户”是指接入县邮电局农话台及县以下农村电话交换点，以县城为中心（除市话用户外）联通县、乡（镇）、行政村、村民小组的用户。从1997年起，电话用户数分组调整为以用户所在区域划分为“城市电话用户”和“乡村电话用户”，与过去的按市内电话和农村电话划分方法不同。而电话用户总数、电话机总部数统计范围不变。

住宅电话用户　指话机装在居民住宅或农民家里并按照住宅电话用户登记注册和收费的电话用户。包括私人付费、单位付费和按规定免费安装的住宅电话用户。

局用交换机容量　指安装在电信运营企业内用于接续本地固定电话的电话交换机容量，包括现用和备用的人工或自动交换机的全部容量。不包括用户交换机容量。

15 国内贸易

资料整理：珊珊

15-1 社会消费品零售总额（按销售单位所在地和行业分）

单位：万元

年 份	社会消费品零售总额	按地区分		按行业分		
		市	县及县以下	批发零售贸易业	住宿餐饮业	其他行业
1980	48410	41422	6988	45475	2178	757
1981	54311	46362	7949	50975	2479	857
1982	60043	50929	9114	56234	2903	906
1983	64796	55280	9516	60533	3186	1077
1984	80689	70929	9760	75423	3989	1277
1985	96515	86341	10174	92041	4474	1412
1986	111638	98804	12834	104476	5628	1534
1987	124258	109827	14431	115701	6799	1758
1988	163260	146545	16715	151748	9580	1932
1989	169664	153253	16411	159653	7799	2212
1990	178487	162436	16051	167582	8470	2435
1991	198918	181303	17615	186707	9392	2819
1992	238430	217577	20853	223137	11766	3526
1993	337245	306657	30588	312756	19114	5375
1994	432641	380487	52153	398161	27757	6723
1995	524002	419302	104700	472554	43510	7938
1996	612021	428580	183440	540670	62129	9221
1997	707197	597510	109686	618663	78774	9759
1998	791994	663242	128752	684543	94453	12998
1999	886514	755704	130810	763205	109131	14178
2000	1007081	864138	142943	860447	129795	16838
2001	1144256	994782	149473	965250	158148	20858
2002	1332357	1177821	154537	1110848	196122	25387
2003	1570357	1408305	162052	1282621	257836	29901
2004	2031470	1868937	162533	1632237	362993	36240
2005	2336067	2155198	180869	1856188	445809	34070
2006	2795364	2587835	207529	2198270	560695	36399
2007	3311047	3076849	234198	2586235	685380	39432
2008	4067881	3796300	271581	3130142	891515	46224
2009	4596683	4292276	304407	3523044	996992	76647

注：根据全国第四次经济普查结果对 1992-2018 年社会消费品零售总额数据进行了修订（后同）。

15-2 社会消费品零售总额（按销售单位所在地和消费形态分）

单位：万元

年 份	社会消费品零售总额	按销售单位所在地分				按消费形态分	
		城镇	城区	镇区	乡村	商品零售	餐费收入
2010	5339703	5202177	4926743	275434	137527	4458652	881051
2011	6140735	5990784	5612732	378052	149951	5139795	1000940
2012	6838079	6705241	6291413	413827	132839	5704006	1134073
2013	7471684	7335375	6750143	585233	136309	6253145	1218539
2014	8017097	7876032	7292146	583886	141065	6649618	1367479
2015	8486382	8275371	7275763	999608	211011	7139024	1347358
2016	9123960	8892309	7815357	1076952	231652	7600183	1523778
2017	9520701	9276235	8477222	799013	244466	7919961	1600740
2018	9948434	9694898	9264041	430857	253536	8307173	1641261
2019	10362200	9836848	7132502	2704345	525353	8672351	1689850
2020	9877995	9405670	6676287	2729383	472325	8570352	1307643
2021	10610560	10119547	7044235	3075312	491013	9086641	1523919

15-3 限额以上批发零售贸易业商品分类销售额（2020-2021年）

单位：万元

指标	合计		批发		零售	
	2020	2021	2020	2021	2020	2021
类值合计	**5743810**	**8594809**	**4012304**	**6545828**	**1731505**	**2048981**
粮油、食品、饮料、烟酒类	836225	967746	620353	709336	215873	258410
粮油、食品类	336296	442066	173279	253665	163018	188401
饮料类	37214	37383	26697	23822	10517	13561
烟酒类	462716	488297	420378	431848	42338	56449
服装、鞋帽、针纺织品类	152833	153387	15864	22150	136970	131236
服装类	102422	99682	8		102415	99682
鞋帽类	22438	22086			22438	22086
针、纺织品类	24177	31618	15856	22150	8321	9468
化妆品类	33916	36336		2707	33916	33629
金银珠宝类	36535	44912			36535	44912
日用品类	47054	49571	11309	9944	35746	39627
五金、电料类	3595	4887	3593	4873	3	14
体育、娱乐用品类	1600	1459			1600	1459
书报杂志类	14674	16984			14674	16984
家用电器和音像器材类	152915	170738	49847	36475	103068	134264
中西药品类	194895	232470	120667	144028	74227	88442
文化办公用品类	13370	20073	1269	1318	12101	18756
家具类	10812	10456		0	10812	10456
通讯器材类	94695	61313	55182	36704	39513	24609
煤炭及制品类	712730	1081142	712730	1081142		
木材及制品类		11748		11748		
石油及制品类	664260	630324	294848	136410	369412	493914
化工材料及制品类	53727	93015	53727	93015		
金属材料类	1769250	3073793	1769250	3073793		
建筑及装潢材料类		126200		126200		
机电产品及设备类	112942	424222	112942	420753		3469
种子饲料类	22648	20101	22648	20101		
汽车类	763826	931293	128213	188107	635613	743186
其他类	51308	432638	39864	427025	11444	5614

注：以上数据为年快合一数据。

15-4 限额以上批发零售贸易企业主要

指　　标	资产合计			负债合计
		#流动资产	#固定资产净　　额	
总 计	**6099465**	**4776856**	**318431**	**3666224**
批发业	**4869492**	**4006165**	**110466**	**2704088**
内资企业	4484293	3658035	110456	2375687
国有企业	178431	168006	8267	9563
集体企业				
股份合作企业				
联营企业				
有限责任公司	2793381	2266786	39247	1357768
国有独资公司	1482743	1018845	22684	425891
其他有限责任公司	1310639	1247941	16562	931877
股份有限公司				
私营企业	1512481	1223243	62943	1008356
#私营有限责任公司	1192412	1047150	60429	928667
私营股份有限公司	320069	176093	2514	79689
其他企业				
港、澳、台商投资企业	385199	348130	10	328401
#与港、澳、台商合作经营企业	96970	96901	10	88773
港、澳、台商独资经营企业	288229	251229		239628
外商投资企业				
#外资企业				
零售业	**1229973**	**770691**	**207965**	**962137**
内资企业	1219621	764280	204246	949643
国有企业	530	447	83	256
集体企业				
股份合作企业				
联营企业				
有限责任公司	571896	317143	113277	459582
国有独资公司	76770	66547	10585	64913
其他有限责任公司	495126	250596	102692	394669
股份有限公司	146441	68561	22191	80609
私营企业	500754	378129	68695	409196
#私营独资企业	388	381	7	309
私营有限责任公司	500366	377748	68688	408887
其他企业				
港、澳、台商投资企业	3978	3023	783	4904
#港、澳、台商独资经营企业	3978	3023	783	4904
外商投资企业	6374	3389	2936	7589
#外资企业	6374	3389	2936	7589

财务指标（2021年，按登记注册类型分）

单位：万元

营业收入	营业成本	税金及附加	销售费用	营业利润
8574105	**7967162**	**71689**	**264561**	**128927**
6739145	**6358440**	**63990**	**131115**	**129694**
6035914	5688402	63232	107283	122663
382299	267790	52499	5025	49947
2466079	2384640	4601	31335	11218
343838	338173	1065	1568	-565
2122241	2046466	3537	29767	11783
3187537	3035973	6131	70923	61499
2971660	2827394	5619	69893	20616
215877	208579	513	1030	40883
703231	670038	758	23832	7031
288914	281250	603	826	5609
414317	388788	155	23006	1422
1834960	**1608722**	**7699**	**133446**	**-768**
1817255	1591206	7626	132176	1197
2273	1933	5	194	63
658466	562107	4112	64958	532
93534	82859	330	7374	1002
564932	479248	3782	57584	-470
179818	156433	830	13130	-541
976698	870732	2679	53894	1144
5624	5477	26	7	19
971074	865255	2653	53887	1124
12233	12186	26	943	-1165
12233	12186	26	943	-1165
5472	5331	47	327	-800
5472	5331	47	327	-800

15-5　限额以上批发零售贸易企业

指　　标	资产合计	#流动资产小　计	#固定资产净　额	负债合计
总 计	**6099465**	**4776856**	**318431**	**3666224**
批发业	**4869492**	**4006165**	**110466**	**2704088**
农、林、牧、渔产品批发	232160	194604	19656	182604
谷物、豆及薯类批发	150547	124558	19635	126824
畜牧渔业饲料批发	4088	4084	4	3277
牲畜批发	26579	15744		
其他农牧产品批发	50946	50219	17	52503
食品、饮料及烟草制品批发	247708	228719	15209	73707
米、面制品及食用油批发	6741	6093	646	5884
糕点、糖果及糖批发	2133	1967	78	493
果品、蔬菜批发	5045	4953	80	4359
肉、禽、蛋、奶及水产品批发	45616	39291	4873	46887
盐及调味品批发	3637	3087	492	2158
烟草制品批发	178431	168006	8267	9563
其他食品批发	6106	5323	774	4363
纺织、服装及家庭用品批发	23206	20786	611	6158
纺织品、针织品及原料批发	99	99		76
服装批发	2006	196	5	762
化妆品及卫生用品批发	2359	2277	79	1762
厨具卫具及日用杂品批发	1831	1305	527	1478
日用家电批发	16911	16910	0	2080
医药及医疗器材批发	167335	158425	4695	140496
西药批发	96743	91090	3077	77720
中药批发	39947	37859	1468	35290
医疗用品及器材批发	30646	29476	150	27486
矿产品、建材及化工产品批发	3634142	2944965	33303	1760615
煤炭及制品批发	1243110	1013834	7927	847388
石油及制品批发	165220	127859	14341	103965
非金属矿及制品批发	983	887	95	809
金属及金属矿批发	1993922	1576357	8665	608497
建材批发	134829	134318	510	122234
农用薄膜批发	12764	12749	14	12724
其他化工产品批发	83314	78961	1751	64999
机械设备、五金产品及电子产品批发	513450	424513	33314	479411
农业机械批发	533	533		366
汽车及零配件批发	109142	105110	2791	101437
五金产品批发	7141	7053	38	4975
电气设备批发	2121	2019	102	1949
通讯设备批发	6113	6109		5509
其他机械设备及电子产品批发	388401	303690	30384	365174
其他批发业	51491	34152	3678	61097
其他未列明批发业	51491	34152	3678	61097

主要财务指标情况（2021 年，按行业分）

单位：万元

营业收入	营业成本	税金及附加	销售费用	营业利润
8574105	**7967162**	**71689**	**264561**	**128927**
6739145	**6358440**	**63990**	**131115**	**129694**
41522	38741	24	2354	262
12450	11576	14	404	144
9278	8541	8	527	114
2637	3417	1		-161
17157	15207	2	1423	165
635969	495166	53138	20416	51535
12509	11911	26	57	106
18202	16113	62	1314	225
15560	14603	36	1	23
182878	162826	438	12462	1220
10641	9371	49	679	10
382299	267790	52499	5025	49947
13880	12554	28	879	4
45175	43490	49	2026	-584
809	736	2	60	-71
1641	1205	8	238	111
7346	6495	18	928	29
4407	3969	8	323	25
30973	31085	13	477	-677
187796	171497	553	7141	1602
118831	110590	343	3945	240
35577	31927	69	1206	516
33388	28980	141	1990	847
5067603	4902794	8509	76727	65546
1314126	1243836	2262	42056	51515
372160	358506	517	3020	755
4861	3806	16	892	43
2962069	2904686	5211	18132	12116
294685	282790	144	7623	1015
12911	12294	30	517	14
106792	96876	329	4488	87
619639	574840	1469	19825	9895
975	971	6	31	-35
265353	256563	330	3594	1279
9796	8611	26	1	419
2433	2265	4	254	-99
32526	31181	52	673	1
308554	275249	1050	15273	8330
141441	131913	249	2626	1439
141441	131913	249	2626	1439

指　　标	资产合计	# 流动资产小　　计	# 固定资产净　　额	负债合计
零售业	**1229973**	**770691**	**207965**	**962137**
综合零售	525470	285455	85335	402588
百货零售	400009	236015	74073	267463
超级市场零售	123576	47940	10886	130708
便利店零售	312	238	67	1895
其他综合零售	1573	1262	309	2523
食品、饮料及烟草制品专门零售	22639	22371	114	14968
果品、蔬菜零售	215	215		230
肉、禽、蛋、奶及水产品零售	512	512		379
酒、饮料及茶叶零售	21385	21123	109	13488
其他食品零售	526	521	6	870
纺织、服装及日用品专门零售	17874	17657	147	12327
服装零售	7262	7131	84	5055
化妆品及卫生用品零售	6169	6145	2	5245
厨具卫具及日用杂品零售	3479	3471	8	1328
钟表、眼镜零售	964	911	53	699
文化、体育用品及器材专门零售	46800	39595	5069	36316
体育用品及器材零售	254	254		86
图书、报刊零售	32801	25913	4929	27110
珠宝首饰零售	13745	13429	139	9120
医药及医疗器材专门零售	54468	49715	575	44558
西药零售	50836	46172	547	42773
中药零售	3632	3544	28	1785
汽车、摩托车、燃料及零配件专门销售	425375	284517	71280	335190
汽车新车零售	276213	227687	32459	221057
汽车零配件零售	4220	4119	101	3782
摩托车及零配件零售	2254	2066	108	1198
机动车燃油零售	142687	50645	38612	109154
家用电器及电子产品专门零售	127895	64483	44396	109777
日用家电零售	112294	49623	43718	101258
计算机、软件及辅助设备零售	12755	12034	657	6569
通信设备零售	2847	2826	21	1951
五金、家具及室内装饰材料专门零售	1619	1363		1274
家具零售	322	66		113
木质装饰材料零售	1297	1297		1161
货摊、无店铺及其他零售业	7834	5536	1049	5139
互联网零售	5597	4994	28	3994
生活用燃料零售	2237	542	1021	1145

表

营业收入	营业成本	税金及附加	销售费用	营业利润
1834960	**1608722**	**7699**	**133446**	**-768**
385683	293962	3514	53170	-2496
196551	146893	2940	22005	4430
184589	143611	552	29881	-6382
4125	3124	21	1034	-235
417	334	1	250	-309
43965	36324	192	3453	2433
4747	4709	22		7
2814	2536	6	150	85
34015	27066	157	2591	2663
2389	2014	7	712	-322
31254	23713	111	3233	2199
18711	14889	55	2225	436
6998	6144	12	705	22
3901	1951	28	294	1468
1645	730	15	10	273
29942	21659	270	3216	2380
1858	1398	7	338	110
17846	12073	131	1973	2428
10238	8188	132	905	-158
69858	57642	167	6398	-2061
61413	51360	140	5521	-2596
8446	6282	27	876	535
1114145	1033248	2713	50177	-240
673590	631319	1616	21353	-933
4653	4298	8	28	119
5553	4777	9	79	199
430348	392854	1081	28717	376
143918	127682	693	12799	-2894
105764	92523	642	12613	-3491
18370	16499	40	185	585
19784	18659	10		12
1979	1845	7	12	79
790	757	5	3	15
1189	1088	2	9	64
14217	12649	33	989	-169
11216	10373	21	52	315
3001	2276	12	938	-484

15-6　限额以上住宿餐饮企业主要财务指标

指　　标	法人企业（个）	资产合计	#流动资产小　计	#固定资产净　额	负债合计
总　计	**83**	**410851**	**107383**	**177277**	**306745**
住宿业	**38**	**148265**	**23609**	**93358**	**124017**
按登记注册类型分					
内资企业	36	116064	19976	67358	96971
国有企业					
集体企业					
股份合作企业					
联营企业					
有限责任公司	9	90074	7930	60241	69654
#其他有限责任公司	9	90074	7930	60241	69654
股份有限公司					
私营企业	27	25990	12046	7117	27317
#私营独资企业	1	1770	77	1693	2426
私营有限责任公司	26	24220	11968	5424	24891
其他企业					
港、澳、台商投资企业	1	31599	3586	25952	26109
#港澳台商独资企业	1	31599	3586	25952	26109
外商投资企业	1	602	47	48	938
#外资企业	1	602	47	48	938
按住宿行业中类分					
旅游饭店	19	131981	16821	90087	110091
旅游饭店	19	131981	16821	90087	110091
一般旅馆	19	16285	6788	3271	13926
经济型连锁酒店	9	8227	4700	938	6796
其他一般旅馆	10	8058	2088	2334	7130
餐饮业	**45**	**262585**	**83775**	**83919**	**182728**
按登记注册类型分					
内资企业	44	201344	46880	76637	123705
国有企业					
集体企业					
股份合作企业					2333
联营企业	1	548	49		2333
#集体联营企业	1	548	49		51863
有限责任公司	6	84015	13791	35787	30148
国有独资公司	1	62972	8626	35356	21715
其他有限责任公司	5	21043	5166	431	17221
股份有限公司	1	26078	3862	9202	52288
私营企业	36	90703	29178	31648	132
#私营独资企业	1	242	30		52156
私营有限责任公司	35	90462	29148	31648	
其他企业					
港、澳、台商投资企业					
外商投资企业	1	61241	36895	7282	59023
#外资企业	1	61241	36895	7282	59023
按餐饮行业中类分					
正餐服务	45	262585	83775	83919	182728
正餐服务	45	262585	83775	83919	182728

情况（2021 年，按登记注册类型和行业分类）

营业收入	营业成本	税金及附加	销售费用	营业利润
146478	**82200**	**1777**	**44603**	**-19288**
38580	**17847**	**848**	**12288**	**-5154**
30497	11564	592	11315	-5065
13974	5547	345	5789	-4102
13974	5547	345	5789	-4102
16523	6017	248	5526	-963
597	25	21	232	-24
15926	5992	227	5293	-939
7646	6256	256	486	-10
7646	6256	256	486	-10
437	27		487	-79
437	27		487	-79
29653	13887	772	10322	-4725
29653	13887	772	10322	-4725
8927	3960	77	1966	-430
3500	961	17	979	-79
5427	3000	60	987	-351
107898	**64353**	**929**	**32316**	**-14134**
81350	46248	808	26604	-8727
262	124	25	87	-53
262	124	25	87	-53
18212	11853	352	7279	-4536
6339	1790	233	7062	-4531
11873	10062	119	218	-5
26115	14024	135	10796	-1472
36761	20247	296	8443	-2665
465	362	2	52	28
36296	19885	294	8391	-2693
26548	18106	121	5712	-5407
26548	18106	121	5712	-5407
107898	64353	929	32316	-14134
107898	64353	929	32316	-14134

15-7 限额以上批发零售贸易业商品销售总额（2021年，按登记注册类型分）

指　　标	法人企业（个）	从业人员期末人数（人）	销售总额（万元）	批发额	零售额
总 计	**433**	**20524**	**10232719**	**8063597**	**2052369**
批发业	**238**	**6415**	**8130986**	**7993882**	**20352**
内资企业	236	6396	7336391	7199286	20352
国有企业	1	419	431939	431939	
集体企业					
股份合作企业					
联营企业					
有限责任公司	44	1815	3365305	3291883	9176
国有独资公司	7	280	993928	932338	
其他有限责任公司	37	1535	2371377	2359545	9176
股份有限公司					
私营企业	191	4162	3539147	3475464	11177
#私营有限责任公司	190	4128	3297299	3233617	11177
私营股份有限公司	1	34	241847	241847	
其他企业					
港、澳、台商投资企业	2	19	794596	794596	
#与港、澳、台商合作经营企业	1	16	326418	326418	
港、澳、台商独资企业	1	3	468178	468178	
外商投资企业					
零售业	**195**	**14109**	**2101733**	**69716**	**2032017**
内资企业	192	13998	2081998	69716	2012283
国有企业	1	15	2569		2569
集体企业					
股份合作企业					
联营企业					
有限责任公司	50	5365	743191	24217	718974
国有独资公司	3	385	92535		92535
其他有限责任公司	47	4980	650656	24217	626438
股份有限公司	2	1056	258315	30135	228180
私营企业	139	7562	1077924	15363	1062560
#私营独资企业	2	10	6355	283	6072
私营有限责任公司	137	7552	1071568	15080	1056488
其他企业					
港、澳、台商投资企业	2	77	13553		13553
外商投资企业	1	34	6181		6181
#外资企业	1	34	6181		6181

15-8 限额以上批发零售贸易业商品销售总额（2021年，按行业分）

指标	法人企业（个）	从业人员期末人数（人）	商品销售额（万元）		
				批发额	零售额
总 计	**433**	**20524**	**10232719**	**8063597**	**2052369**
批发业	**238**	**6415**	**8130986**	**7993882**	**20352**
农、林、牧、渔产品批发	6	306	43769	41113	
谷物、豆及薯类批发	2	130	11758	11758	
畜牧渔业饲料批发	2	7	9967	9967	
牲畜批发	1		2656		
其他农牧产品批发	1	169	19388	19388	
食品、饮料及烟草制品批发	14	1447	708605	702846	5759
米、面制品及食用油批发	2	25	13271	13271	
糕点、糖果及糖批发	2	174	20494	19642	852
果品、蔬菜批发	1	38	16920	16920	
肉、禽、蛋、奶及水产品批发	3	559	198788	193881	4907
盐及调味品批发	2	69	11794	11794	
烟草制品批发	1	419	431939	431939	
其他食品批发	3	163	15399	15399	
纺织、服装及家庭用品批发	6	259	49975	49595	381
纺织品、针织品及原料批发	1	9	914	914	
服装批发	1	27	1849	1849	
化妆品及卫生用品批发	2	147	7564	7184	381
厨具卫具及日用杂品批发	1	75	4762	4762	
日用家电批发	1	1	34886	34886	
医药及医疗器材批发	24	1262	212601	211777	824
西药批发	16	858	131780	130956	824
中药批发	4	271	39482	39482	
医疗用品及器材批发	4	133	41339	41339	
矿产品、建材及化工产品批发	151	2079	6311303	6201834	13389
煤炭及制品批发	34	354	1484738	1483022	
石油及制品批发	18	537	406782	393393	13389
非金属矿及制品批发	2	13	5453	5453	
金属及金属矿批发	69	836	3948817	3854971	
建材批发	11	175	330921	330921	
农用薄膜批发	1	5	14073	14073	
其他化工产品批发	16	159	120519	120001	
机械设备、五金产品及电子产品批发	30	912	650941	650941	
农业机械批发	1	7	1102	1102	
汽车及零配件批发	17	270	297697	297697	
五金产品批发	2	16	10955	10955	
电气设备批发	1	8	2689	2689	
通讯设备批发	3	100	36732	36732	
其他机械设备及电子产品批发	6	511	301766	301766	
其他批发业	7	150	153793	135777	
其他未列明批发业	7	150	153793	135777	

15-8 续 表

指　　标	法人企业（个）	从业人员期末人数（人）	商品销售额（万元）		
				批发额	零售额
零售业	**195**	**14109**	**2101733**	**69716**	**2032017**
综合零售	19	5707	504869	37	504832
百货零售	10	1751	306653		306653
超级市场零售	7	3824	193131	37	193094
便利店零售	1	114	4640		4640
其他综合零售	1	18	445		445
食品、饮料及烟草制品专门零售	9	339	49525	6544	42981
果品、蔬菜零售	1	3	5365	283	5082
肉、禽、蛋、奶及水产品零售	1	5	3126	3126	
酒、饮料及茶叶零售	6	270	38351	3136	35215
其他食品零售	1	61	2684		2684
纺织、服装及日用品专门零售	15	334	34339		34339
服装零售	9	237	20732		20732
化妆品及卫生用品零售	4	51	7860		7860
厨具卫具及日用杂品零售	1	24	3888		3888
钟表、眼镜零售	1	22	1859		1859
文化、体育用品及器材专门零售	7	375	30307		30307
体育用品及器材零售	1	6	1820		1820
图书、报刊零售	1	175	16942		16942
珠宝首饰零售	5	194	11545		11545
医药及医疗器材专门零售	18	2038	77338	4249	73088
西药零售	16	1811	68064	4249	63815
中药零售	2	227	9274		9274
汽车、摩托车、燃料及零配件专门销售	105	4428	1231353	53595	1177757
汽车新车零售	76	2805	751148	1188	749960
汽车零配件零售	2	22	6116	2566	3549
摩托车及零配件零售	3	17	6224	112	6112
机动车燃油零售	24	1584	467865	49729	418136
家用电器及电子产品专门零售	17	765	155888	1902	153986
日用家电零售	9	502	115049	1902	113147
计算机、软件及辅助设备零售	6	127	19016		19016
通信设备零售	2	136	21823		21823
五金、家具及室内装饰材料专门零售	2	12	2236		2236
家具零售	1	5	893		893
木质装饰材料零售	1	7	1343		1343
货摊、无店铺及其他零售业	3	111	15878	3388	12490
互联网零售	2	35	12636	207	12429
生活用燃料零售	1	76	3242	3181	61

主要统计指标解释

社会消费品零售总额　指企业（单位、个体户）通过交易直接售给个人、社会集团非生产，非经营用的实物商品金额，以及提供餐饮服务所取得的收入金额。个人包括城乡居民和入境人员，社会集团包括机关、社会团体、部队、学校、企事业单位、居委会或村委会等。主要是用于全社会实物商品的非生产方面消费情况，即从商品流通环节入手，来观察进入城乡居民生活消费和社会集团公共消费的商品变化情况。

包括：(1)售给城乡居民和入境外国人、华侨、港澳台同胞的各类生活消费品；(2)售给行政事业单位、社会团体、军队和武警等机构的商品，以及以零售方式售给各类企业的商品。具体包括：用于非生产和社会交往的办公用品，如通讯设备、计算器具和设备、电讯网络设备、文印设备、音像视听器材和设备、纸张、本册、文具及装订文印材料、家具、日用电器、针纺织品、清洁卫生用品、文体用品、奖品、纪念品、礼品等；供内部人员乘坐的交通工具和燃料；用于办公设施修缮的各类配件、材料、工具等；用于取暖和防暑降温的设备、燃料、材料及食品等；专用于教学的用品和设备；非专用的劳动保护用品；不对外营业的内部食堂用的餐具、炊具、设备、清洁卫生工具和食品、燃料等；军队、武警用于其人员生活的衣着品和个人用品；其他各类非生产性设备和用品。

商品销售额　指对本单位以外的单位和个人出售的商品金额（包括售给本单位消费用的商品，含增值税），在批发和零售业中，本指标反映在国内市场上销售商品以及出口商品的总价。

包括：(1)售给个人和社会集团消费用的商品；(2)售给农业、工业、建筑业、服务业等国民经济各行业用于生产、经营用的商品，包括售予批发和零售业作为转卖或加工后转卖的商品；(3)对国（境）外直接出口的商品。

不包括：(1)未通过买卖行为付出的商品，如因机构变动移交给其他企业单位的商品、借出的商品、归还受其他单位委托代保管的商品、付出的加工原料和赠送给其他单位的样品等；(2)促销返券所销售的、不计入营业收入的商品；(3)经本单位介绍，由买卖双方直接结算，本单位只收取手续费的业务；(4)未发生所有权转移的商品预付卡销售，如加油卡；(5)汽车维修、电话卡销售等服务性经济活动；(6)购货退回的商品；(7)商品损耗和损失；(8)出售本单位自用的废旧物资；(9)期货交易商品；(10)自来水供应企业、电力企业、天然气供应企业提供的水、电、气。

批发业　指向其他批发或零售单位（含个体经营者）及其他企事业单位、机关团体等批量销售生活用品、生产资料的活动，以及从事进出口贸易和贸易经纪与代理的活动，包括拥有货物所有权，并以本单位（公司）的名义进行交易活动，也包括不拥有货物的所有权，收取佣金的商品代理、商品代售活动；还包括各类商品批发市场中固定摊位的批发活动，以及以销售为目的的收购活动。

零售业　指百货商店、超级市场、专门零售商店、品牌专卖店、售货摊等主要面向最终消费者（如居民等）的销售活动，以互联网、邮政、电话、售货机等方式的销售活动，还包括在同一地点，后面加工生产，前面销售的店铺（如面包房）；谷物、种子、饲料、牲畜、矿产品、生产用原料、化工原料、农用化工产品、机械设备（乘用车、计算机及通信设备除外）等生产资料的销售不作为零售活动；多数零售商对其销售的货物拥有所有权，但有些则是充当委托人的代理人，进行委托销售或以收取佣金的方式进行销售。

16 对外经济贸易和旅游

资料整理：珊珊

16-1 利用外资和外贸进出口贸易总额

单位：万美元

年 份	实际利用外资到位金额	进出口总额		
			出口总额	进口总额
1991		1632	1617	15
1992		4484	3630	854
1993		7713	4474	3239
1994		13088	8008	5080
1995		31540	17341	14199
1996	1983	35800	19420	16380
1997	2714	40700	23275	17425
1998	3224	28604	18190	10414
1999	3948	18171	14619	3552
2000	4277	31527	17189	14338
2001	5810	29960	19387	10573
2002	7144	34369	23928	10441
2003	12143	50037	32125	17912
2004	25000	80207	43388	36819
2005	40800	93321	52242	41079
2006	54000	121274	86746	34528
2007	61557	184120	119982	64138
2008	81500	233926	151301	82625
2009	94900	128356	66852	61504
2010	110000	195303	120403	74900
2011	124000	276915	181773	95142
2012	136500	209982	116358	93624
2013	141000	210508	111273	99235
2014	111900	180500	127000	53500
2015	82400	155300	88800	66500
2016	101000	172100	123100	49000
2017	20400	199600	128900	70700
2018	17713	248962	145528	103434
2019	18100	273170	140238	132932
2020	13800	227000	95000	132000
2021	27833	386044	176169	209875

16-2　对外经济贸易（2017-2021 年）

指　　标	2017	2018	2019	2020	2021
进出口总额（人民币、亿元）	**129.9**	**171.2**	**190.7**	**157.3**	**246.1**
出口总额	83.9	100.1	97.9	65.8	112.3
进口总额	46.0	71.1	92.8	91.6	133.8
进出口总额（亿美元）	**20.0**	**24.9**	**27.3**	**22.7**	**38.6**
出口总额	12.9	14.6	14.0	9.5	17.6
进口总额	7.1	10.3	13.3	13.2	21.0
外商投资企业基本情况					
年底登记户数（户）	395	409	402	375	344
投资总额（万美元）	360055	683364	631530	337344	319147
注册资本（万美元）	141510	180474	175535	127632	120390
# 外方	102478	146932	141873	100954	95734

16-3　年末登记外商投资企业行业分布（2020-2021 年）

行　　业	企业数（户）		投资总额（万美元）		注册资本（万美元）			
							# 外方	
	2020	2021	2020	2021	2020	2021	2020	2021
总　计	**375**	**344**	**337344**	**319147**	**127632**	**120390**	**100954**	**95734**
农、林、牧、渔业	3	3	373	373	373	373	373	311
采掘业	1	1	470	470	235	235	235	235
制造业	46	37	169857	157195	66066	61035	55294	50848
电力、热力、燃气及水的生产和供应业	6	5	54401	48715	17236	14894	11303	10460
建筑业	1	1						
批发和零售贸易餐饮业	144	132	41569	41720	22699	22830	20767	20898
信息传输：软件和信息技术服务业	100	93	73	73	73	73	73	73
房地产业	10	9	5383	5383	4269	4269	3210	3210
其他	64	63	65218	65218	16681	16681	9699	9699

16-4 旅游事业发展情况（2017-2021年）

指　　标	2017	2018	2019	2020	2021
旅行社总数（个）	**90**	**93**	**85**	**85**	**90**
出境资格旅行社	18	21	20	20	20
其他旅行社	72	72	65	65	70
旅行社总收入（亿元）	**4.85**	**3.69**	**3.17**	**0.57**	**0.63**
星级饭店总数（个）	**25**	**25**	**21**	**18**	**18**
星级饭店总收入（亿元）	**4.04**	**3.79**	**3.62**	**2.94**	**3.11**
入境旅游人数（人次）	**39954**	**40230**	**32445**	**11000**	
国内旅游人数（万人次）	**1428**	**1596**	**2240**	**1186**	**1705**
旅游综合收入（亿元）	**505**	**580**	**620**	**235**	**152**
入境旅游收入（万美元）	4602	4730	3582	425	
国内旅游收入（亿元）	502.21	577.02	617.70	234.60	152.00

主要统计指标解释

进出口总额　指实际进出我国国境的货物总金额。包括对外贸易实际进出口货物，来料加工装配进出口货物，国家间、联合国及国际组织无偿援助物资和赠送品，华侨、港澳台同胞和外籍华人捐赠品，租赁期满归承租人所有的租赁货物，进料加工进出口货物，边境地方贸易及边境地区小额贸易进出口货物（边民互市贸易除外），中外合资经营企业、中外合作经营企业、外商独资企业进出口货物和公用物品，到、离岸价格在规定限额以上的进出口货样和广告品（无商业价值、无使用价值和免费提供出口的除外），从保税仓库提取在中国境内销售的进口货物，以及其他进出口货物。进出口总额用以观察一个国家在对外贸易方面的总规模。我国规定出口货物按离岸价格统计，进口货物按到岸价格统计。

利用外资　指我国各级政府、部门、企业和其他经济组织通过对外借款、吸收外商直接投资以及用其他方式筹措的境外现汇、设备、技术等。

外商投资　指外国企业和经济组织或个人（包括华侨、港澳台胞以及我国在境外注册的企业）按我国有关政策、法规，用现汇、实物、技术等在我国境内开办外商独资企业、与我国境内的企业或经济组织共同举办中外合资经营企业，合作经营企业或合作开发资源的投资（包括外商投资收益的再投资），以及经政府有关部门批准的项目投资总额内企业从境外借入的资金。

旅游者人数　(1)入境国际旅游者人数：指来中国参观、访问、旅行、探亲、访友、休养、考察、参加会议和从事经济、科技、文化、教育、宗教等活动的外国人、华侨、港澳同胞和台湾同胞的人数。不包括外国在我国的常驻机构，如使领馆、通讯社、企业办事处的工作人员；来我国常住的外国专家、留学生以及在岸逗留不过夜人员。

(2)出境居民人数：指大陆居民因公务活动或私人事务短期出境的人数。公务活动出境居民人数包括在国际交通工具上的中国服务员工，因私出境居民人数不包括在国际交通工具上的中国服务员工。

(3)国内旅游者人数：指我国大陆居民和在我国常住1年以上的外国人、华侨、港澳台同胞离开常住地在境内其他地方的旅游设施内至少停留一夜，最长不超过6个月的人数。

入境旅游收入　指入境旅游的外国人、华侨、港澳同胞和台湾同胞在中国大陆旅游过程中发生的一切旅游支出。

星级饭店　指已评定星级的饭店。

17 金融和保险

资料整理：杨烨坤

17-1 金融系统机构、人员数（2021 年）

项　　目	机构数（个）	年末人数（人）
总　　计	**653**	**12869**
中国人民银行	5	359
中国工商银行	59	1548
中国农业银行	60	1042
中国银行	42	951
中国建设银行	56	1112
中国光大银行	5	91
中国农业发展银行	5	105
交通银行	9	254
蒙商银行	72	2425
农村信用合作联社	75	1028
新时代信托投资公司	1	270
中国邮政储蓄银行	80	426
上海浦东发展银行	10	135
中信银行	8	154
招商银行	4	82
华夏银行	3	115
兴业银行	8	207
内蒙古银行	7	167
包头农村商业银行	91	1425
村镇银行	39	724
包钢集团财务有限责任公司	1	44
民生银行	2	53
渤海银行	1	35
鄂尔多斯银行	10	117

17-2 金融机构人民币信贷资金平衡表（2021 年）

单位：万元

负债项目	2021	资产项目	2021
资金来源合计	**41970601**	**资金运用合计**	**41970601**
各项存款	37217097	各项贷款	27000272
境内存款	37212243	境内贷款	27000136
住户存款	22905918	住户贷款	11195943
非金融企业存款	7748048	短期贷款	3171824
广义政府存款	3501560	中长期贷款	8024119
非银行业金融机构存款	3056716	非金融企业及机关团体贷款	15804192
境外存款	4853	非银行业金融机构贷款	
金融债券		境外贷款	136
卖出回购资产		债券投资	3249991
借款及非银行业金融机构拆入		股权及其他投资	4430742
联行往来		买入返售资产	623480
应付及暂收款	1372357	存放非银行业金融机构款项	51610
各项准备	1015753	联行往来	5055459
所有者权益	4097521	金银占款	
其他	-1732127	中央银行外汇占款	
		应收及预付款	544862
		投资性房地产	132
		固定资产	1014052

17-3 金融机构人民币存、贷款年末余额及保险业务收入

单位：万元

年 份	各项存款余额合计	# 企业存款	# 城乡居民储蓄余额	各项贷款余额合计	# 工业贷款	# 商业贷款	# 农业贷款	保险收入小计	# 企业财产险	# 家庭财产险
1949	10	8	2		1			3		
1952	831	231	72	391	141	118	81			
1957	3123	1165	1023	8082	685	7057	193			
1962	11309	7067	889	27043	15583	10847	580			
1965	13811	6241	1752	21110	12186	8158	706			
1970	13356	5320	2088	57401	35802	20544	909			
1975	27291	16982	4078	56062	30793	23664	1431			
1978	30955	17251	6105	67225	35748	29044	2209			
1979	32895	17121	8061	67380	35512	28952	2801			
1980	37053	16096	11604	77263	36637	30962	7882			
1981	43525	18486	14012	78763	38859	27700	8529	52	49	
1982	53289	22449	17955	78292	35691	27294	7225	170	124	1
1983	56814	20029	22692	83987	39065	28327	9000	270	123	1
1984	92213	43433	31263	114500	50073	36948	8830	394	199	3
1985	95872	38373	41603	125825	58248	37040	3015	577	231	12
1986	121884	44409	56074	166289	80707	38469	3142	872	263	12
1987	147825	49509	72446	180454	85219	44763	3100	942	388	13
1988	185159	62039	93054	219547	102346	54428	2986	1384	470	33
1989	222898	58901	130079	261327	126429	66220	2924	2036	520	98
1990	290081	64400	184953	337695	168818	80705	2970	3518	571	80
1991	356097	71502	242651	423010	202775	91062	3625	4849	706	75
1992	566706	205698	308702	521669	217043	109785	5239	8772	837	57
1993	655026	174086	407237	644636	269882	139231	7819	13081	1294	942
1994	811130	199172	547001	812097	353130	133175	6309	12409	1782	401
1995	962643	222049	714101	975374	431048	163079	8009	17510	2590	568
1996	1175301	273764	869283	1249633	572491	199892	12361	22013	3886	399
1997	1403965	358222	997345	1460069	687448	220476	13478	27228	4204	443
1998	1862415	459485	1313633	1786748	829716	241573	38334	30300	4318	450
1999	2021079	452972	1454255	1873146	754085	270675	40170	30888	3109	324
2000	2328763	621958	1526830	1767827	597389	216481	43355	35233	3047	318

17-3　续　表

单位：万元

年 份	各项存款余额合计	# 企业存款	# 城乡居民储蓄余额	各项贷款余额合计	# 工业贷款	# 商业贷款	# 农业贷款	保险收入	# 企业财产险	# 家庭财产险
2001	2797076	806105	1748623	1905282	707426	254389	41873	41836	3400	364
2002	3367217	1056292	1999792	2083831	745055	276611	55570	55151	3480	372
2003	4308288	1463170	2434595	2491122	870562	266395	70400	73969	3197	784
2004	5283194	1569773	2997616	2736468	952668	229943	90137	104404	2992	548
2005	6789213	2146159	3894793	3367626	949637	410134	110196	101088	2741	450
2006	8556975	2596971	4379926	4824822	1430782	404062	124938	112266	3596	475
2007	10210139	3274556	4740067	5445744	1399474	505175	151809	128639	3399	369
2008	12019765	3727678	5939716	6312534	1412355	614033	336067	228581	4764	533
2009	14962084	5160819	6860044	8140452	1344250	698658	423846	263134	5337	750
2010	17056150	5285371	7507459							

年 份	各项存款余额	# 单位存款	# 个人存款	各项贷款余额	# 短期贷款	# 中长期贷 款	# 票据融资	保费收入	# 财产保险	# 人寿保险
2010				10372879	3617073	6475509	277812	346134	153254	192880
2011	19929680	9359410	8499037	12796174	4974666	7483243	315404	352786	188322	164464
2012	20797880	8956370	10499472	14198606	6238115	7478946	454294	351491	180745	170746
2013	23265862	10109942	11900022	16290042	7705055	7888587	664593	366013	167613	198400
2014	24935956	9597758	12961987	18340852	8762036	8868899	688716	399528	164819	234709

年 份	各项存款余额	# 非金融企业存款	# 住户存款	各项贷款余额	# 住户贷款	# 非金融企业及机关 团 体贷 款	# 非银行业金融机构 贷 款	保费收入	# 财产保险	# 人身保险
2015	27096992	8541978	13079941	21925210	6511494	15328697	85000	504093	178913	325181
2016	32359986	9150070	13713081	24030526	7766557	16243473		650829	190511	460317
2017	38866061	11400491	14572170	29603937	9769104	19826646		707191	212615	494576
2018	37734200	13900205	16229534	29983519	10690258	19271112		846499	227567	618932
2019	32922978	7164828	18445537	29715364	11308685	18400304		862316	206641	655675
2020	34144268	7429633	20548166	25038086	10386086	14651787		841362	234973	606389
2021	37217097	7748048	22905918	27000272	11195943	15804192		842903	215611	627292

注：1. 2009 年、2010 年、2015 年金融机构存贷款余额分项内容均发生变化，表式做相应调整；
2. 2019 年起保费收入中人寿保险改为人身保险。

17-4 保险公司业务技术指标（2021年）

指　　标	保费收入（万元）	赔款与给付（万元）
总　计	**842902.9**	**280691.9**
财产保险小计	**215610.5**	**133746.2**
企业财产保险	8520.1	8898.7
家庭财产保险	459.4	88.6
机动车辆保险	132075.6	85619.6
工程保险	351.0	375.2
责任保险	20542.4	9048.0
信用保险	28.1	-0.5
保证保险	15371.3	5747.9
船舶保险		0.1
货物运输保险	1324.7	164.9
特殊风险保险	-401.5	0.4
农业保险	12150.0	5903.5
其他险	127.8	-25.5
健康保险	17553.3	16258.1
意外伤害保险	7508.3	1667.4
人身保险小计	**627292.4**	**146945.8**
人寿保险	489134.8	115900.9
健康保险	130389.6	28793.6
意外伤害保险	7768.1	2251.3

17-5 保险业务主要指标（2020-2021年）

指　　标	2020	2021	2021年比2020年增长（%）
财产保险公司			
保费收入（万元）	234973.1	215610.5	-8.2
赔款与给付（万元）	126455.0	133746.2	5.8
市场份额（%）	27.9	25.6	-8.3
人寿保险公司			
保费收入（万元）	606389.3	627292.4	3.5
赔款与给付（万元）	108711.0	146945.8	35.2
市场份额（%）	72.1	74.4	3.2

主要统计指标解释

信贷资金　指金融机构以信用方式积聚和分配的货币资金。金融机构信贷资金的来源有各项存款、金融债券、对国际金融机构负债、流通中现金、其他项目等;信贷资金的运用有各项贷款、有价证券及投资、黄金占款、外汇买卖、财政借款及在国际金融机构中的资产等。

存款　指企业、机关、团体或居民根据资金必须收回的原则,把货币资金存入银行或其他信贷机构保管并取得一定利息的一种信用活动形式。根据存款对象的不同可划分为住户存款、非金融企业存款、政府存款、非银行业金融机构存款等科目。它是银行信贷资金的主要来源。

贷款　指银行或其他信用机构根据资金必须归还的原则,按一定利率,为企业、个人等提供资金的一种信用活动形式。我国银行贷款分为短期贷款、中长期贷款、融资租赁、票据融资、各项垫款、境外贷款等。保险公司在中国境内的、经过保险监督管理部门批准设立,并依法登记注册的各类商业保险公司。

保费　指投保人为取得保险人在约定范围内所承担赔偿责任而支付给保险人的费用。

赔款　指保险人根据保险合同的规定,向被保险人支付的赔偿保险责任损失的金额。

给付　包括死伤医疗给付和满期给付。死伤医疗给付是指保险人根据人寿保险及长期健康保险合同的规定,因被保险人在保险期内发生保险责任范围内的保险事故支付给被保险人(或受益人)的金额。满期给付是指被保险人生存期满,保险人按人寿保险合同规定支付给被保险人的满期保险金额。

18 教育、科技和文化

资料整理：成雅志　蒋思楠

18-1　教育事业基本情况（2017-2021 年）

指　　标	2017	2018	2019	2020	2021
学校数（所）					
普通高等学校	5	5	5	5	5
普通中专	14	14	13	13	13
普通中学	94	96	97	97	97
高　中	37	39	39	38	37
初　中	57	57	58	59	60
职业高中	2	2	2	2	2
小　学	134	138	138	136	134
幼儿园	326	337	350	367	370
特殊教育	3	3	3	4	5
专任教师（人）					
普通高等学校	4547	4563	4563	4683	4415
普通中专	1158	1144	1050	911	996
普通中学	10340	10925	10361	10346	10669
高　中	4063	5241	4091	4038	4221
初　中	6277	5684	6271	6308	6448
职业高中	190	183	177	173	164
小　学	9239	8650	9340	9429	9514
幼儿园	4924	5141	5238	5296	5434
特殊教育	84	82	84	92	154
招生数（人）					
普通高等学校	23625	24672	22633	24428	25645
普通中专	8046	6144	4690	5838	6825
普通中学	37691	34168	35812	36335	35419

18-1 续 表

指　标	2017	2018	2019	2020	2021
高　中	14488	13221	12142	13844	12434
初　中	23203	20947	23670	22491	22985
职业高中	721	1007	680	664	641
小　学	23801	23724	25337	25676	26492
幼儿园	22459	19302	16357	18984	15825
特殊教育	43	67	57	61	102
在校学生（人）					
普通高等学校	78064	76417	76417	86733	87236
普通中专	22402	20517	16373	15198	17187
普通中学	106398	104938	107481	106552	108129
高　中	45008	42747	39905	39484	38855
初　中	61390	62191	67576	67068	69274
职业高中	2431	2564	2270	2184	1547
小　学	138930	143268	146812	149829	153140
幼儿园	61334	59584	59009	59332	61025
特殊教育	357	407	435	453	692
毕业生数（人）					
普通高等学校	24262	21374	22586	21649	23350
普通中专	8405	6620	6378	6234	5473
普通中学	38775	35885	33123	37382	34203
高　中	15672	15466	15030	14493	13341
初　中	23103	20419	18093	22889	20862
职业高中	875	848	847	687	443
小　学	23237	21049	23692	22543	23030
幼儿园	18527	19783	19543	20339	18458
特殊教育	36	40	29	44	51

18-2 历年教育事业情况

单位：所、人

年 份	普通高校		中等专业学校		职业中学	
	学校数	在校学生	学校数	在校学生	学校数	在校学生
1979	3	2367	9	3695		
1980	3	2573	8	4193		
1981	3	2686	9	3291		
1982	3	2872	11	2766		
1983	3	2868	11	3556		
1984	3	3192	12	4031	3	195
1985	3	3972	12	4920	3	334
1986	3	4392	13	5391	5	366
1987	3	4283	17	3721	15	9990
1988	3	4728	13	5966	16	9676
1989	3	6430	13	6371	16	10588
1990	3	4653	13	6284	18	9677
1991	3	4144	13	6600	18	10494
1992	3	4495	13	6761	19	13097
1993	3	5152	13	7769	28	12717
1994	3	5069	13	8388	31	13654
1995	3	4923	13	8361	26	13511
1996	3	5372	13	8557	17	9938
1997	3	5766	13	8587	17	8362
1998	3	6486	13	11475	19	10813
1999	4	9621	13	13971	17	10291
2000	4	12158	10	14735	17	9120
2001	4	16848	8	13992	13	9694
2002	4	21921	8	13590	11	7375
2003	3	28236	8	12986	10	7850
2004	3	34109	8	14550	9	6095
2005	3	31819	9	19049	9	7374
2006	3	40368	10	21341	9	8055
2007	3	38299	13	27460	9	9528
2008	3	42456	13	24920	9	9251
2009	3	52733	13	28055	2	1420
2010	3	56361	13	26030	2	2404
2011	5	67514	15	25764	2	2487
2012	5	68641	15	25840	2	1899
2013	5	70100	14	25775	2	2397
2014	5	70324	14	24299	2	3244
2015	5	72320	14	23937	2	3937
2016	5	80246	14	23462	2	3670
2017	5	78064	14	22402	2	2431
2018	5	76417	14	20517	2	2564
2019	5	76417	13	16373	2	2270
2020	5	86733	13	15198	2	2184
2021	5	87236	13	17187	2	1547

注：2011 年起普通高等学校中包含高职（专科）院校。

18-2 续 表

单位：所、人

年 份	普通中学		小学		成人高校	
	学校数	在校学生	学校数	在校学生	学校数	在校学生
1979	146	167785	1475	235904		
1980	167	154996	1186	230417	14	7648
1981	134	136351	988	220508		
1982	147	126089	1117	210082	4	1083
1983	143	123518	916	196907	5	1176
1984	140	122258	772	195433	7	2593
1985	146	119912	764	188612	7	3593
1986	145	122080	718	179421	7	3624
1987	146	120570	731	171487	7	3394
1988	146	114889	719	164109	7	4147
1989	148	108005	890	160301	7	4832
1990	148	104819	885	156743	7	4696
1991	149	99798	880	157350	7	3479
1992	149	93380	857	162322	7	4225
1993	149	85785	836	166038	6	5002
1994	152	89196	814	170018	8	5990
1995	149	95548	774	170945	8	5990
1996	148	104572	638	174607	8	6240
1997	152	112392	633	176900	5	3666
1998	154	118064	621	174370	4	1907
1999	152	122680	629	169116	3	1795
2000	147	132326	595	164719	2	2299
2001	159	144541	554	159541	2	3610
2002	162	162519	531	155005	2	5516
2003	161	170562	474	149796	3	7765
2004	157	175087	437	146140	3	5722
2005	145	176780	369	140540	2	4830
2006	133	176610	317	136261	2	4101
2007	119	143937	249	164542	2	3985
2008	104	142222	219	157318	2	5545
2009	101	140002	198	151557	2	4527
2010	96	134852	185	142909	1	2634
2011	98	132858	183	141902		19268
2012	98	130521	162	135400		19632
2013	96	128945	153	133111		20367
2014	94	125433	153	131676		20892
2015	93	117914	138	133377		13336
2016	94	108469	136	138601		5141
2017	94	106938	134	138930		
2018	96	104938	138	143268		
2019	97	107481	138	146812		
2020	97	106552	138	149829		
2021	97	108129	134	153140		

18－3　规模以上工业企业研究与试验发展（R&D）人员情况（2021年）

指　　标	R&D人员合计（人）	项目研究开发人员	管理和服务人员	全时人员	非全时人员	#研究人员
总计	8287	7264	1023	5443	2844	3469
#国有控股企业	5309	4481	828	3386	1923	2719
按企业规模分						
大型	5752	4912	840	3783	1969	2623
中型	1461	1370	91	992	469	531
小型	1068	976	92	663	405	312
微型	6	6		5	1	3
按登记注册类型分						
内资企业	8225	7206	1019	5419	2806	3450
国有企业	101	86	15	58	43	51
有限责任公司	5319	4584	735	3733	1586	2340
国有独资公司	591	540	51	532	59	337
其他有限责任公司	4728	4044	684	3201	1527	2003
股份有限公司	1560	1367	193	745	815	811
私营企业	1245	1169	76	883	362	248
其他企业	32	30	2	10	22	12
外商投资企业	30	28	2	14	16	7
港、澳、台商投资企业						
按国民经济行业分	122	94	28	12	110	44
黑色金属矿采选业	54	53	1	49	5	7
有色金属矿采选业	79	65	14	65	14	35
煤炭开采和洗选业	17	16	1		17	3
农副食品加工业	180	174	6	162	18	50
食品制造业	385	361	24	133	252	144
酒、饮料和精制茶制造业	1	1			1	
纺织服装、服饰业	5	4	1	5		1
化学原料和化学制品制造业	864	805	59	741	123	212
医药制造业	45	42	3		45	1
橡胶和塑料制品业	1416	1261	155	347	1069	635
非金属矿物制品业	922	867	55	548	374	317
黑色金属冶炼和压延加工业	617	565	52	554	63	349
有色金属冶炼和压延加工业	135	120	15	103	32	34
金属制品业	1998	1497	501	1774	224	1122
通用设备制造业	487	458	29	303	184	173
专用设备制造业	80	80		72	8	45
汽车制造业	164	150	14	98	66	66
铁路、船舶、航空航天和其他运输设备制造业	513	467	46	344	169	138
电气机械和器材制造业	92	83	9	59	33	47
计算机、通信和其他电子设备制造业	96	92	4	60	36	41
金属制品、机械和设备修理业	15	9	6	14	1	5

18-4 规模以上工业企业研究与试验

指　　标	R&D经费内部支出合计（万元）	按资金来源分组			
		政府资金	企业资金	境外资金	其他资金
总计	**581015**	**33871**	**547019**		**126**
#国有控股企业	417869	31635	386109		126
按企业规模分					
大型	479340	30134	449103		103
中型	56474	2609	53843		22
小型	45172	1126	44046		
微型	29	2	27		
按登记注册类型分					
内资企业	577262	33871	543266		126
国有企业	4191	223	3968		
有限责任公司	352264	30324	321815		126
国有独资公司	15052	13724	1328		
其他有限责任公司	337213	16600	320487		126
股份有限公司	175866	2544	173322		
私营企业	44941	780	44161		
其他企业	567		567		
外商投资企业	3187		3187		
港、澳、台商投资企业					
按国民经济行业分	1845	1	1844		
黑色金属矿采选业	1588		1588		
有色金属矿采选业	97		97		
煤炭开采和洗选业	1949		1949		
农副食品加工业	28		28		
食品制造业	2542		2542		
酒、饮料和精制茶制造业	22949	553	22396		
纺织服装、服饰业	21	12	9		
化学原料和化学制品制造业	701		701		
医药制造业	83178	20	83159		
橡胶和塑料制品业	272066	1894	270172		
非金属矿物制品业	32663	703	31960		
黑色金属冶炼和压延加工业	16952	13724	3228		
有色金属冶炼和压延加工业	6666	143	6523		
金属制品业	91414	14686	76602		126
通用设备制造业	12384	814	11571		
专用设备制造业	2445	63	2382		
汽车制造业	3576	638	2939		
铁路、船舶、航空航天和其他运输设备制造业	21047	375	20672		
电气机械和器材制造业	5717	179	5538		
计算机、通信和其他电子设备制造业	921	69	853		
金属制品、机械和设备修理业	267		267		

发展（R&D）经费情况（2021年）

按活动类型分组			按支出用途分组					R&D经费外部支出合计（万元）
基础研究支出	应用研究支出	试验发展支出	经常费支出	#人员劳务费	资产性支出	土建工程	仪器设备	
3099	**6051**	**571865**	**538593**	**48691**	**42422**	**353**	**42069**	**24515**
3099		414771	376142	38066	41728	294	41434	23359
2472	2821	474048	438503	36445	40837	187	40651	23421
627	3149	52699	56179	8421	296	159	136	1006
	82	45090	43883	3809	1289	7	1282	88
		29	29	17				
3099	6051	568112	534847	48527	42415	352	42062	24515
		4191	4191	995				5
3099	5970	343196	310382	35384	41882	191	41692	24250
2359		12692	14808	1698	244		244	602
740	5970	330504	295574	33686	41639	191	41448	23648
		175866	175618	8219	247	111	136	229
	82	44859	44656	3929	285	50	234	30
		567	559	32	7	1	7	
		3187	3187	133				
113		1732	1822	207	23	23		123
627		961	1588	279				6
		97	97					
		1949	1949	666				
		28	28					
		2542	2542	446				
		22949	22334	2826	615	3	612	5290
		21	19	9	2		2	3
		701	409	3	292		292	
	5138	78041	83163	3262	16	5	11	81
		272066	246208	7726	25859		25859	10
	58	32605	32495	2892	167	6	162	409
2359		14593	16708	2174	244		244	650
		6666	6666	408				9
		91414	76753	19073	14661	290	14371	17620
		12384	12070	4125	314		314	287
		2445	2445	620				
		3576	3369	689	207	4	203	
	856	20191	21024	1842	23	23		18
		5717	5717	920				5
		921	921	480				4
		267	267	46				

18-5　规模以上工业企业办科技机构情况（2021年）

指　　标	机构数（个）	机构人员合计（人）	#博士毕业	#硕士毕业	机构经费支出（万元）	仪器和设备原价（万元）
总计	**70**	**7321**	**42**	**1273**	**199199**	**281414**
#国有控股企业	44	6237	34	1201	141764	183764
按企业规模分						
大型	40	6353	36	1141	155856	191259
中型	8	566		99	24872	12317
小型	22	402	6	33	18471	77838
微型						
按登记注册类型分						
内资企业	68	7282	42	1269	195687	218708
国有企业	1	70		9	4083	46
有限责任公司	47	6035	13	907	153450	178380
国有独资公司	11	761	3	184	17250	56786
其他有限责任公司	36	5274	10	723	136200	121594
股份有限公司	7	943	24	334	30023	33332
私营企业	13	234	5	19	8131	6950
外商投资企业	1	11		3	241	367
港、澳、台商投资企业	1	28		1	3271	62339
按国民经济行业分						
纺织服装、服饰业	1	161		1	2757	7531
化学原料和化学制品制造业	6	146	4	38	24485	77812
医药制造业	1	6		1	217	22
非金属矿物制品业	2	173		13	24972	1083
黑色金属冶炼和压延加工业	2	240	3	69	4656	14270
有色金属冶炼和压延加工业	5	466	20	203	11331	13075
金属制品业	12	808	3	187	18547	57914
通用设备制造业	2	33		2	478	3458
专用设备制造业	24	4416	9	644	71011	89538
汽车制造业	4	404		57	17599	9328
铁路、船舶、航空航天和其他运输设备制造业	3	104		27	6920	873
电气机械和器材制造业	1	33		2	1149	1315
计算机、通信和其他电子设备制造业	6	261	3	20	10995	5152
其他制造业	1	70		9	4083	46

18-6　科学研究与技术开发机构情况（2021年）

指　　标	科学研究与技术服务事业单位
机构数（个）	**10**
从业人员总数（个）	**484**
科技活动人员（人）	**383**
博士	12
硕士	73
大学	262
其他	36
科技活动收入（万元）	**8807**
#政府资金	7928
科技经费内部支出（万元）	**10361**
日常性支出	9164
资产性支出	1197
R&D人员合计（人）	**190**
博士	12
硕士	45
大学	109
其他	24
R&D经费内部支出（万元）	**2944**
日常性支出	2940
资产性支出	104
课题情况	
课题数（个）	36
课题经费内部支出（万元）	1688
#R&D课题经费内部支出	1394
专利申请受理数（件）	**22**
专利授权数（件）	**26**
科技论文（篇）	**8**

指　　标	转制为企业的研究机构
机构数（个）	**3**
从业人员（人）	**827**
专业技术人员（人）	**352**
#本科及以上学历	472
技术性收入（万元）	**8134**
科技活动支出（万元）	**11333**
人员人工费用（包含各种补贴）	3507
直接投入费用	5841
其他费用	1985
R&D人员合计（人）	**293**
博士	20
硕士	126
大学	104
其他	43
R&D经费内部支出（万元）	**8406**
经常费支出	8092
基本建设费	314
专利申请受理数（件）	**64**
专利授权数（件）	**82**
科技论文（篇）	**84**

18-7　文化事业基本情况（2021年）

指　　标	2021	指　　标	2021
文化部门艺术表演团体		举办训练班次（次）	948
单位数（个）	3	训练班培训人数（人次）	35283
年末职工人数（人）	511	总收入（千元）	22777
本团原创首演剧目（个）	3	固定资产原值（千元）	10072
演出场次（次）	392	文化站	
#农村演出	175	机构数（个）	83
观众人次（千人次）	391	从业人员（人）	306
总收入（千元）	67657	举办展览个数（个）	93
#财政补助	64031	组织文艺活动次数（次）	1468
事业收入	1187	举办训练班次（次）	340
#演出收入	1187	公共图书馆	
总支出（千元）	72230	单位数（个）	10
固定资产原值（千元）	19868	职工人数（人）	177
艺术研究机构		实际持证读者数（个）	145125
单位数（个）	1	总流通人次（千人次）	782
职工人数（人）	26	#书刊外借人次	245
文化部门艺术表演场所		总收入（千元）	32272
单位数（个）	3	文物保护管理机构	
职工人数（人）	22	机构数（个）	9
群艺馆、文化馆		从业人员（人）	137
单位数（个）	11	博物馆	
职工人数（人）	159	机构数（个）	3
举办展览个数（个）	98	从业人员（人）	126
组织文艺活动次数（次）	500		

18-8　广播电视事业发展情况（2021年）

指　　标	单　　位	2021
广播电视台	座	4
调频电视转播发射台	座	23
广播		
广播人口覆盖率	%	99.91
节目套数	套	9
广播节目制作	小时	38246
新闻	小时	4021
专题	小时	8948
综艺	小时	14695
广播剧	小时	1825
广告	小时	1968
其他	小时	6790
电视		
有线广播电视用户	户	197403
电视人口覆盖率	%	99.92
节目套数	套	6
电视节目制作	小时	2700
新闻	小时	1572
专题	小时	636
综艺	小时	106
影视剧	小时	
广告	小时	252
其他	小时	135

主要统计指标解释

普通高等学校 指按照国家规定的设置标准和审批程序批准举办的，通过全国普通高等学校统一招生考试，招收高中毕业生为主要培养对象，实施高等教育的全日制大学、独立设置的学院和高等专科学校、高等职业学校和其他机构。

大学、独立设置的学院主要实施本科层次以上教育，高等专科学校、高等职业学校实施专科层次教育，其他机构是承担国家普通招生计划任务不计校数的机构。包括普通高等学校分校和批准筹建的普通高等学校等。

科技活动 指在自然科学、农业科学、医药科学、工程与技术科学、人文与社会科学领域（简称科学技术领域）中，与科技知识的产生、发展、传播和应用密切相关的有组织的活动。可分为研究与试验发展（R&D）、研究与试验发展成果应用及相关的科技服务三类活动。该定义是联合国教科文组织考虑成员国特别是发展中国家开展科技统计工作的需要，而对科技活动所作的统计界定。

科技活动人员 指直接从事科技活动以及专门从事科技活动管理和为科技活动提供直接服务，累计的实际工作时间占全年制度工作时间10%及以上的人员。（1）直接从事科技活动的人员包括：在独立核算的科学研究与技术开发机构、高等学校、各类企业及其他事业单位内设的研究室、实验室、技术开发中心及中试车间（基地）等机构中从事科技活动的研究人员、工程技术人员、技术工人及其他人员；虽不在上述机构工作，但编入科技活动项目（课题）组的人员；科技信息与文献机构中的专业技术人员；从事论文设计的研究生等。（2）专门从事科技活动管理和为科技活动提供直接服务的人员，包括：独立核算的科学研究与技术开发机构、科技信息与文献机构、高等学校、各类企业及其他事业单位主管科技工作的负责人，专门从事科技活动的计划、行政、人事、财务、物资供应、设备维护、图书资料管理等工作的各类人员，但不包括保卫、医疗保健人员、司机、食堂人员、茶炉工、水暖工、清洁工等为科技活动提供间接服务的人员。该指标用来反映投入科技活动人力的规模。

研究与试验发展（R&D） 指在科学技术领域，为增加知识总量，以及运用这些知识去创造新的应用进行的系统的创造性的活动，包括基础研究、应用研究、试验发展三类活动。国际上通常采用R&D活动的规模和强度指标反映一国的科技实力和核心竞争力。

科学研究与技术开发机构 指有明确的任务和研究方向，有一定学术水平的业务骨干和一定数量的研究人员，具有研究、开发、开展学术工作的基本条件，主要进行科学研究与技术开发活动，并且在行政上有独立的组织形式，财务上独立核算盈亏，有权与其他单位签订合同，在银行有单独户头的单位。包括国务院各部门、中国科学院、中国社会科学院和各省、自治区、直辖市以及地（市）以上［含地（市）］各部门所属的国有科学研究与技术开发机构。

专业技术人员 指已取得科学技术职称，或大学、中专的理、工、农、医科系毕业，以及国民经济各部门从工作实践中提拔，从事理、工、农、医等自然科学技术的研究、教学、生产的专业人员和在机关、企业、事业中从事科学技术业务管理工作的专业人员。

科学研究人员 指在国民经济各行业中

从事科学技术活动的自然科学技术专业人员，包括正副研究员、助理研究员、研究实习员、技术员和未评定职称的技术人员。

文化事业机构 指从事专业文化工作和为专业文化工作服务的独立建制的单位。不包括这些单位另外举办独立核算的其他机构和各部门的业余文化组织。

艺术表演团体 指从事戏曲、音乐、舞蹈、杂技等专业艺术表演，有独立帐户的单位，不包括半工半艺、半农半艺和民间职业剧团。

艺术表演观众人数（人次） 指售票、包场演出或民族地区免费演出的艺术表演观众人次数，不包括彩排审查和内部观摩演出的观看人次数。

19 体育、卫生、社会福利

资料整理：成雅志 蒋思楠 杨烨坤

19-1　等级运动员分项发展情况（2021 年）

单位：人

项　目	一　级	二　级
总　计	54	30
游　泳		4
田　径		2
拳　击	7	3
柔　道	1	
排　球	39	12
沙滩排球		2
橄 榄 球	7	7

19-2　自治区青少年锦标赛成绩统计（2021 年）

单位：块

项　目	金牌	银牌	铜牌
总　计	50	45	39
田　径	9	6	7
拳　击	6	5	6
柔　道	2		1
举　重	2	2	1
跆 拳 道	4	2	3
篮　球	3	2	1
排　球	2		1
羽 毛 球	3	2	3
网　球	6	8	7
空 手 道	1	1	
橄 榄 球	0	1	1
藤　球	1		
沙滩排球	1	1	1
游　泳	2	6	
武术套路	8	9	7

19-3 医疗卫生机构

机构名称	机构个数（个）	实有床位数（张）	合计（人）	小计	执业（助理）医师	#执业医师
总 计	2096	20413	31967	27167	10361	9358
医院	106	17613	21422	18120	6148	5850
综合医院	38	9971	13049	11099	3846	3735
中医医院	20	915	700	611	259	213
中西医结合医院	4	280	298	227	80	67
民族医院	11	1688	1953	1709	597	538
专科医院	31	4689	5403	4459	1361	1292
护理院	2	70	19	15	5	5
基层医疗卫生机构	1936	2725	9014	7923	3802	3114
社区卫生服务中心（站）	183	1572	2643	2280	850	725
卫生院	65	1153	1076	922	455	354
村卫生室	447		685	341	248	67
门诊部	212		2011	1817	853	714
诊所 . 卫生所 . 医务室	1029		2599	2563	1396	1254
专业公共卫生机构	36	35	1194	928	346	332
疾病预防控制中心	12		507	394	206	202
健康教育机构	1		4	3		
妇幼保健机构	10	35	336	248	112	104
急救中心（站）	1		25	18	8	7
采供血机构	1		103	78	20	19
卫生监督所（中心）	11		219	187		
其他卫生机构	18	40	337	196	65	62
康复医疗机构	3	40	115	66	17	15
医学科学研究机构	1		27	19	13	13
临床检验中心（所、站）	3		58	41	14	13
健康体检中心	1		1			
医疗辅助性机构	1		16	10	1	1
其他	9		120	60	20	20

注：本表人员合计中包括乡村医生 336 人和卫生员 8 人；不含乡镇卫生院在村卫生室工作的执业（助理）医师、注册护士数。

基本情况（2021 年）

在岗职工								
卫生技术人员						其他技术人员	管理人员	工勤技能人员
注册护士	药师（士）	技师（士）		其他				
			# 检验师		# 见习医师			
12553	1463	1336	773	1266	241	1138	2610	1450
9324	850	961	505	837	183	728	2043	1075
5622	490	575	290	566	57	451	1274	624
283	40	24	17	5		24	47	46
116	9	16	9	6	5	3	42	28
806	104	98	52	104	45	59	126	72
2488	206	248	137	156	76	191	552	301
9	1						2	4
3062	587	203	118	269	42	271	325	288
1104	138	106	65	82	7	101	152	163
254	50	42	27	121	18	65	52	54
92	1							
841	44	49	26	30	8	86	89	61
771	354	6		36	9	19	32	10
119	17	127	120	131	16	101	162	53
13	2	79	75	93	16	40	67	28
				3			1	
65	11	30	27	30		31	47	18
5				5		5	4	
36	4	18	18			17	6	2
						8	37	5
48	9	45	30	29		38	80	34
11	6	30	16	2		4	35	11
2		4	4			6		2
11		10	10	6		1	10	6
							1	
8	1					2	2	2
16	2	1		21		25	32	13

19-4 医疗卫生事业情况

年 份	机构（个）	床位数（张）	医疗卫生工作人员（人）	
			合计	# 卫生技术人员
1979	484	6595	12591	9719
1980	442	6748	13207	10094
1981	479	6861	14099	10967
1982	458	6992	14733	11377
1983	452	7321	15134	11832
1984	433	7438	15388	12065
1985	465	7444	15666	12341
1986	477	7489	15728	12366
1987	501	7919	16206	12634
1988	525	8255	16685	13182
1989	517	8296	16797	13453
1990	498	8319	17044	13505
1991	500	8569	17379	13637
1992	501	8607	17609	13771
1993	459	8676	18076	13910
1994	462	8695	18422	14608
1995	462	9339	18393	14080
1996	749	8885	17788	14246
1997	761	9132	18540	14469
1998	744	9359	17923	13932
1999	806	9745	18405	14397
2000	854	9462	18596	14639
2001	888	9509	18481	14694
2002	805	9491	17324	13015
2003	1031	9768	16831	13841
2004	1116	9846	16762	13913
2005	1123	9731	16767	13916
2006	1159	9607	17048	14176
2007	1142	9727	17843	15002
2008	1233	11024	18976	15852
2009	2120	11995	20589	16309
2010	2017	12791	21610	17023
2011	2030	13590	21498	17020
2012	1621	15124	22176	18063
2013	1645	15195	24401	19450
2014	1620	15382	24418	19774
2015	1723	16008	25807	20941
2016	1742	17334	27685	22668
2017	1779	18845	28758	23854
2018	1910	20616	28890	24129
2019	1966	20051	29397	24585
2020	1993	19996	30230	25503
2021	2096	20413	31967	27167

注：2009年起卫生数据汇总包含村卫生室数据，以往年度不包括。

19-5 生育情况（2017-2021 年）

指　标	单位	2017	2018	2019	2020	2021
出生人数合计	人	**21033**	**19968**	**20764**	**15547**	**15068**
出生率	‰	7.57	7.08	7.37	5.53	5.15
一孩	人	12517	11581	12276	9063	8890
比重	%	59.51	58.00	59.12	58.29	58.57
二孩	人	8131	8011	8094	6147	5876
比重	%	38.66	40.12	38.98	39.54	38.77
多孩	人	385	376	394	337	302
比重	%	1.83	1.88	1.90	2.17	2.66
已婚育龄妇女人数	人	**515008**	**509387**	**499410**	**487780**	**436263**

19-6　交通事故及损失情况（2021 年）

指　　标	次数（起）	死亡人数（人）	受伤人数（人）	财产损失（万元）
总 计	721	55	752	69.2
死亡事故	50	55	33	5.3
伤人事故	570		719	54.0
财产损失事故	101			9.9
机动车（涉及）	647	54	661	62.7
#汽车	625	53	634	61.3
摩托车	85	10	86	8.3
拖拉机				
非机动车（涉及）	309	18	340	28.6
#自行车	68	3	67	6.0
电动自行车	212	15	240	19.0
行人乘车人	274	29	411	26.8

19-7 火灾事故情况（2021 年）

指　　标	按事故发生程度分				
	合计	特大	重大	较大	一般
发　　生（起）	2458			1	2457
死　　亡（人）	15			3	12
受　　伤（人）	11				11
损失折款（万元）	1755			0.6	1754.4
平均每起事故损失（元）	7140			6000	7140

19-8 社会福利事业、企业单位基本情况（2021 年）

指　　标	单位数（个）	年末职工人　　数（人）	年　末床位数（张）	年末收养人　　数（人）
社会工作机构	**674**	**4874**		
提供住宿的社会工作机构	**60**	**1479**	**8767**	**5795**
养老机构	57	1446	8621	5770
#社会福利院	3	53	961	393
儿童福利和救助机构	1	3	23	4
其他提供住宿的机构	2	30	123	21
生活无着人员救助管理站	2	30	123	21
不提供住宿的社会工作机构	**614**	**3395**		
社区综合服务机构	**281**	**2572**		
社区指导中心	1	4		
社区服务中心	41	733		
社区服务站	231	1828		
社区专项服务机构	8	7		
社区养老服务机构	**325**	**715**	**6683**	**2273**
未登记和挂靠的特困人员供养机构	2	22	156	98
全托服务社区养老服务机构				
日间照料社区养老服务机构	219	567	1593	
互助型社区养老设施	104	126	4934	2175
其他社区服务机构和设施				
殡仪服务机构	**20**	**323**		

19-9 低保、救济情况（2020-2021 年）

指　　标	单　位	2020	2021
城市居民最低生活保障人数	人	**10488**	**10315**
#女性	人	4724	4636
#残疾人	人	4008	3966
#重度残疾人	人	2460	2475
按年龄分类			
老年人	人	2674	2674
成年人	人	6962	6808
未成年人	人	852	833
城市居民最低生活保障户数	户	**6587**	**6572**
农村居民最低生活保障人数	人	**21898**	**19141**
#女性	人	10870	9426
#残疾人	人	3963	3594
#重度残疾人	人	2549	2412
按年龄分类			
老年人	人	12884	10885
成年人	人	7847	7144
未成年人	人	1167	1112
农村居民最低生活保障户数	户	**13188**	**11662**

19-10　社会保险情况（2021年）

指　　标	2021	指　　标	2021
养老保险情况		工伤保险情况	
城镇职工基本养老保险		参保人数（万人）	51.48
参保人数（万人）	113.26	基金收入（亿元）	1.05
企业职工	63.79	基金支出（亿元）	1.39
机关事业单位职工	7.72		
纳入统筹的离退休人员	41.75	医疗保险情况	
基金收入（亿元）	241.91	城镇职工医疗保险	
养老金支出（亿元）	186.19	参保人数（万人）	92.31
城乡居民养老保险		基金收入（亿元）	34.34
参保人数（万人）	44.03	基金支出（亿元）	26.62
基金收入（亿元）	5.90	城乡居民医疗保险	
养老金支出（亿元）	4.37	参保人数（万人）	117.10
失业保险情况		基金收入（亿元）	8.47
参保人数（万人）	44.51	基金支出（亿元）	8.31
基金收入（亿元）	3.37		
基金支出（亿元）	4.26		

主要统计指标解释

等级运动员人数 指经考核正式批准授予等级运动员称号的人数。运动员等级分为国际级运动健将，运动健将、一级运动员、二级运动员、三级运动员、少年级运动员。该指标主要反映运动员队伍的技术水平。

卫生机构 包括医疗机构、疾病预防控制中心(防疫站)、采供血机构、卫生监督及监测(检验)机构、医学科研和在职培训机构、健康教育所等。

医疗机构 包括医院、社区卫生服务中心(站)、疗养院、卫生院、门诊部、诊所(卫生所、医务室)、妇幼保健院(所、站)、专科疾病防治院(所、站)、急救中心(站)和临床检验中心。医疗机构分为非营利性医疗机构和营利性医疗机构。

医院 包括综合医院、中医医院、中西医结合医院、民族医院、各类专科医院和护理院。

卫生技术人员 指卫生机构中医生、护理人员、药剂人员、检验人员等卫生技术人员。医生指在医疗、预防保健机构工作且取得《执业医师证书》的执业医师和执业助理医师。

社会福利事业单位 指集中收养社会孤老、残、幼的机构，包括由民政部门管理的社会福利院、儿童福利院、精神病人福利院和城镇集体举办的福利院及农村集体举办的敬老院以及优抚医院和具有收养能力的社区服务中心等。该指标主要反映我国在社会福利性单位投入的水平。

社会福利事业单位收养人数 包括民政部门管理和城镇、农村集体举办的社会福利事业单位中收养的老人、少年儿童、缺乏生活自理能力的残疾人员和精神病人。

社会福利企业单位 指以安置城镇有一定劳动能力的盲、聋、哑和肢体残疾人员就业为目的，享受国家减免税待遇的国有或集体企业。包括福利工厂、福利商业和服务业、假肢厂和安置农场等单位。

基本养老保险

1.(参保)职工人数：指报告期末按照国家法律、法规和有关政策规定参加基本养老保险并在社保经办机构已建立缴费记录档案的职工人数，包括中断缴费但未终止养老保险关系的职工人数，不包括只登记未建立缴费记录档案的人数。

2.(参保)离退休人员人数：指报告期末参加基本养老保险的离休、退休和退职人员的人数。

基本医疗保险

参保人数：指报告期末按国家有关规定参加基本医疗保险的人数。包括参加保险的职工人数和退休人员人数。

失业保险

1.参保人数：指报告期末按照国家法律、法规和有关政策规定参加了失业保险的城镇企业事业单位的职工及地方政府规定参加失业保险的其他人员的人数。

2.失业保险基金收入：指按照规定从企业、事业及其他单位筹集的失业保险费及其他并入失业保险基金收入的总额。包括单位和个人缴纳的失业保险费、失业保险基金利息收入、上级补助收入、下级上解收入、转移收入、财政补贴和其他收入。

3.失业保险基金支出：指报告期内为保障失业人员和下岗职工基本生活、促进其再就业等支出的基金总额。包括失业救济金、医疗费、死亡丧葬补助费、抚恤救济费、转业训练费支出、失业保险经办机构管理费、补助下级支出、上解上级支出、转移支出和其他支出。

工伤保险

参加保险人数：指报告期末依据国家有关规定参加工伤保险的职工人数。

20 旗县区资料

资料整理：卢利华

20-1 稀土高新区主要经济指标（2021 年）

指标	单位	2021	2021 年比 2020 年增长（±%）
行政区域土地面积	平方公里	**116**	
人口			
年末户籍户数	户	39522	3.9
年末户籍人口	人	99854	3.0
国民经济综合指标			
生产总值	万元	4708227	10.2
第一产业	万元	41598	3.7
第二产业	万元	2875763	14.3
第三产业	万元	1790866	5.4
人均生产总值	元	249771	17.5
一般公共预算收入	万元	259560	15.1
一般公共预算支出	万元	323087	0.9
农村牧区经济			
高标准农田面积	公顷		
农作物总播种面积	公顷	1459	-16.0
粮食产量	吨	3822	3.1
油料产量	吨	288	-41.6
规模以上工业			
工业企业单位数	个	103	2.0
工业总产值	万元	7347209	38.0
投资			
固定资产投资	%		54.1
房地产开发投资	万元	289167	-13.4
贸易			
社会消费品零售总额	万元	805042	6.5
交通通讯			
公路里程	公里	411	
移动电话用户	户	175412	1.0
互联网宽带接入用户	户	36412	1.2
教育科技文化卫生社会保障			
小学学校数（所）	所	9	
普通中学学校数（所）	所	6	
体育场馆数（个）	个		
全年专利授权（件）	件	1457	
剧场、影剧院（个）	个	1	
医疗卫生机构床位数（张）	张	950	
医疗卫生机构技术人员（人）	人	844	
城乡居民基本养老保险参保人数（人）	人	6076	0.5
基本医疗保险参保人数（人）	人	83607	7.3
居民生活			
全体居民人均可支配收入（元）	元	57815	6.7
城镇常住居民人均可支配收入（元）	元	57815	6.7
农村牧区常住居民人均可支配收入（元）	元		

20-2　昆都仑区主要经济指标（2021 年）

指　　标	单　位	2021	2021 年比 2020 年增长（±%）
行政区域土地面积	平方公里	**301**	
人口			
年末户籍户数	户	189363	-0.1
年末户籍人口	人	517662	-1.1
国民经济综合指标			
生产总值	万元	10028565	8.7
第一产业	万元	35905	4.4
第二产业	万元	4692252	12.0
第三产业	万元	5300408	6.4
人均生产总值	元	127153	20.0
一般公共预算收入	万元	307088	15.5
一般公共预算支出	万元	353085	3.7
农村牧区经济			
高标准农田面积	公顷		
农作物总播种面积	公顷	1319	3.3
粮食产量	吨	8034	0.1
油料产量	吨	19	5.6
规模以上工业			
工业企业单位数	个	59	1.7
工业总产值	万元	12585275	44.6
投资			
固定资产投资	%		32.0
房地产开发投资	万元	321206	-41.3
贸易			
社会消费品零售总额	万元	3454198	7.5
交通通讯			
公路里程	公里	65	
移动电话用户	户	858124	0.1
互联网宽带接入用户	户	187911	0.1
教育科技文化卫生社会保障			
小学学校数（所）	所	32	-5.9
普通中学学校数（所）	所	25	-3.8
体育场馆数（个）	个	6	
全年专利授权（件）	件	1181	10.8
剧场、影剧院（个）	个	5	
医疗卫生机构床位数（张）	张	6156	3.4
医疗卫生机构技术人员（人）	人	8272	4.2
城乡居民基本养老保险参保人数（人）	人	9109	-6.8
基本医疗保险参保人数（人）	人	247136	3.3
居民生活			
全体居民人均可支配收入（元）	元	57929	6.5
城镇常住居民人均可支配收入（元）	元	57929	6.5
农村牧区常住居民人均可支配收入（元）	元		

20-3 东河区主要经济指标（2021 年）

指　　标	单　位	2021	2021 年比 2020 年增长（±%）
行政区域土地面积	平方公里	**470**	
人口			
年末户籍户数	户	162344	0.4
年末户籍人口	人	400031	-0.8
国民经济综合指标			
生产总值	万元	3807941	7.0
第一产业	万元	80768	4.0
第二产业	万元	1361438	7.6
第三产业	万元	2365735	6.8
人均生产总值	元	78685	13.1
一般公共预算收入	万元	113039	8.6
一般公共预算支出	万元	238172	3.0
农村牧区经济			
高标准农田面积	公顷	2793	
农作物总播种面积	公顷	8830	1.7
粮食产量	吨	39781	2.0
油料产量	吨	185	0.5
规模以上工业			
工业企业单位数	个	45	15.4
工业总产值	万元	4493520	41.4
投资			
固定资产投资	%		21.4
房地产开发投资	万元	187309	-33.2
贸易			
社会消费品零售总额	万元	1888262	6.9
交通通讯			
公路里程	公里	394	48.7
移动电话用户	户	405400	0.2
互联网宽带接入用户	户	90500	0.2
教育科技文化卫生社会保障			
小学学校数（所）	所	21	
普通中学学校数（所）	所	17	
体育场馆数（个）	个	2	
全年专利授权（件）	件	429	62.5
剧场、影剧院（个）	个	5	25.0
医疗卫生机构床位数（张）	张	4822	-1.1
医疗卫生机构技术人员（人）	人	6425	10.1
城乡居民基本养老保险参保人数（人）	人	30025	1.6
基本医疗保险参保人数（人）	人	218488	0.4
居民生活			
全体居民人均可支配收入（元）	元	47928	7.3
城镇常住居民人均可支配收入（元）	元	49575	6.9
农村牧区常住居民人均可支配收入（元）	元	28682	8.8

20-4　青山区主要经济指标（2021 年）

指　　标	单　位	2021	2021 年比 2020 年增长（±%）
行政区域土地面积	平方公里	**280**	
人口			
年末户籍户数	户	137712	2.2
年末户籍人口	人	378278	0.8
国民经济综合指标			
生产总值	万元	6612797	9.3
第一产业	万元	37634	4.2
第二产业	万元	2911756	15.8
第三产业	万元	3663407	5.4
人均生产总值	元	123339	15.8
一般公共预算收入	万元	200686	-10.5
一般公共预算支出	万元	271598	-3.2
农村牧区经济			
高标准农田面积	公顷	367	37.3
农作物总播种面积	公顷	337	-7.4
粮食产量	吨	1320	3.4
油料产量	吨	106	-21.6
规模以上工业			
工业企业单位数	个	38	5.6
工业总产值	万元	2840860	118.1
投资			
固定资产投资	%		33.3
房地产开发投资	万元	362054	-22.8
贸易			
社会消费品零售总额	万元	2848161	7.9
交通通讯			
公路里程	公里	42	-86.5
移动电话用户	户	623000	-12.1
互联网宽带接入用户	户	166200	-9.0
教育科技文化卫生社会保障			
小学学校数（所）	所	21	
普通中学学校数（所）	所	20	-4.8
体育场馆数（个）	个	7	40.0
全年专利授权（件）	件	901	-34.4
剧场、影剧院（个）	个	5	
医疗卫生机构床位数（张）	张	4946	-2.2
医疗卫生机构技术人员（人）	人	7115	6.1
城乡居民基本养老保险参保人数（人）	人	8900	-2.4
基本医疗保险参保人数（人）	人	206432	6.7
居民生活			
全体居民人均可支配收入（元）	元	57874	6.6
城镇常住居民人均可支配收入（元）	元	57874	6.6
农村牧区常住居民人均可支配收入（元）	元		

20-5 石拐区主要经济指标（2021年）

指 标	单 位	2021	2021年比2020年增长（±%）
行政区域土地面积	平方公里	**761**	
人口			
年末户籍户数	户	22182	-1.8
年末户籍人口	人	45185	-2.3
国民经济综合指标			
生产总值	万元	692672	3.0
第一产业	万元	9865	4.3
第二产业	万元	537711	1.4
第三产业	万元	145097	7.9
人均生产总值	元	285050	19.4
一般公共预算收入	万元	36060	-15.1
一般公共预算支出	万元	84117	-12.4
农村牧区经济			
高标准农田面积	公顷	200	
农作物总播种面积	公顷	1791	-8.7
粮食产量	吨	8971	2.5
油料产量	吨	40	-5.0
规模以上工业			
工业企业单位数	个	28	-9.7
工业总产值	万元	1745401	24.1
投资			
固定资产投资	%		31.9
房地产开发投资	万元	49037	-2.7
贸易			
社会消费品零售总额	万元	63585	6.9
交通通讯			
公路里程	公里	157	-106.4
移动电话用户	户	23073	-6.0
互联网宽带接入用户	户	4846	50.8
教育科技文化卫生社会保障			
小学学校数（所）	所	2	
普通中学学校数（所）	所	4	
体育场馆数（个）	个	2	
全年专利授权（件）	件	35	34.3
剧场、影剧院（个）	个		
医疗卫生机构床位数（张）	张	126	67.5
医疗卫生机构技术人员（人）	人	146	17.8
城乡居民基本养老保险参保人数（人）	人	12261	-6.8
基本医疗保险参保人数（人）	人	38037	5.9
居民生活			
全体居民人均可支配收入（元）	元	43013	7.2
城镇常住居民人均可支配收入（元）	元	47773	6.5
农村牧区常住居民人均可支配收入（元）	元	20889	8.8

20-6　白云矿区主要经济指标（2021 年）

指　　标	单　位	2021	2021 年比 2020 年增长（±%）
行政区域土地面积	平方公里	**303**	
人口			
年末户籍户数	户	6640	-0.8
年末户籍人口	人	14645	-2.3
国民经济综合指标			
生产总值	万元	398905	7.2
第一产业	万元	614	4.3
第二产业	万元	302773	7.8
第三产业	万元	95518	5.8
人均生产总值	元	176117	28.2
一般公共预算收入	万元	31591	38.0
一般公共预算支出	万元	44032	1.4
农村牧区经济			
高标准农田面积	公顷		
农作物总播种面积	公顷	2	
粮食产量	吨		
油料产量	吨		
规模以上工业			
工业企业单位数	个	11	-8.3
工业总产值	万元	64836	-15.4
投资			
固定资产投资	%		-31.9
房地产开发投资	万元		
贸易			
社会消费品零售总额	万元	82833	7.7
交通通讯			
公路里程	公里	28	-64.6
移动电话用户	户	29121	
互联网宽带接入用户	户	7565	10.0
教育科技文化卫生社会保障			
小学学校数（所）	所	2	-33.3
普通中学学校数（所）	所	2	
体育场馆数（个）	个	3	
全年专利授权（件）	件	12	100.0
剧场、影剧院（个）	个	1	
医疗卫生机构床位数（张）	张	110	
医疗卫生机构技术人员（人）	人	167	9.2
城乡居民基本养老保险参保人数（人）	人	311	-3.4
基本医疗保险参保人数（人）	人	8182	1.6
居民生活			
全体居民人均可支配收入（元）	元	57629	6.6
城镇常住居民人均可支配收入（元）	元	57629	6.6
农村牧区常住居民人均可支配收入（元）	元		

20-7　九原区主要经济指标（2021年）

指　　标	单　位	2021	2021年比2020年增长（±%）
行政区域土地面积	平方公里	**734**	
人口			
年末户籍户数	户	55549	2.2
年末户籍人口	人	131495	1.6
国民经济综合指标			
生产总值	万元	2930091	8.0
第一产业	万元	148617	4.4
第二产业	万元	1327649	7.5
第三产业	万元	1453825	8.8
人均生产总值	元	118316	12.9
一般公共预算收入	万元	161967	10.1
一般公共预算支出	万元	220905	2.4
农村牧区经济			
高标准农田面积	公顷	5113	283.6
农作物总播种面积	公顷	20839	4.1
粮食产量	吨	67575	1.7
油料产量	吨	3259	8.4
规模以上工业			
工业企业单位数	个	53	15.2
工业总产值	万元	2398041	25.9
投资			
固定资产投资	%		31.9
房地产开发投资	万元	659596	
贸易			
社会消费品零售总额	万元	645243	8.1
交通通讯			
公路里程	公里	959	17.4
移动电话用户	户	273748	1.9
互联网宽带接入用户	户	26783	3.0
教育科技文化卫生社会保障			
小学学校数（所）	所	16	6.7
普通中学学校数（所）	所	8	
体育场馆数（个）	个	4	100.0
全年专利授权（件）	件	264	59.0
剧场、影剧院（个）	个	1	
医疗卫生机构床位数（张）	张	2034	9.9
医疗卫生机构技术人员（人）	人	2542	8.7
城乡居民基本养老保险参保人数（人）	人	24289	-0.1
基本医疗保险参保人数（人）	人	131929	1.1
居民生活			
全体居民人均可支配收入（元）	元	49191	7.7
城镇常住居民人均可支配收入（元）	元	56601	6.8
农村牧区常住居民人均可支配收入（元）	元	27376	9.3

20-8　土默特右旗主要经济指标（2021年）

指　　标	单　位	2021	2021年比2020年增长（±%）
行政区域土地面积	平方公里	**2368**	
人口			
年末户籍户数	户	158558	-0.7
年末户籍人口	人	349748	-0.8
国民经济综合指标			
生产总值	万元	1906933	8.5
第一产业	万元	454556	3.9
第二产业	万元	676256	14.1
第三产业	万元	776121	7.2
人均生产总值	元	80648	17.0
一般公共预算收入	万元	80737	14.9
一般公共预算支出	万元	225581	0.3
农村牧区经济			
高标准农田面积	公顷	56640	376.0
农作物总播种面积	公顷	106482	-2.3
粮食产量	吨	818900	2.1
油料产量	吨	19676	-24.2
规模以上工业			
工业企业单位数	个	46	24.3
工业总产值	万元	1204254	58.6
投资			
固定资产投资	%		106.3
房地产开发投资	万元	45465	-23.1
贸易			
社会消费品零售总额	万元	443649	7.2
交通通讯			
公路里程	公里	2692	7.1
移动电话用户	户	228368	-7.5
互联网宽带接入用户	户	97585	262.2
教育科技文化卫生社会保障			
小学学校数（所）	所	20	
普通中学学校数（所）	所	8	14.3
体育场馆数（个）	个	1	
全年专利授权（件）	件	127	24.5
剧场、影剧院（个）	个	2	-33.3
医疗卫生机构床位数（张）	张	971	10.0
医疗卫生机构技术人员（人）	人	1291	6.3
城乡居民基本养老保险参保人数（人）	人	165090	-2.8
基本医疗保险参保人数（人）	人	274078	-1.7
居民生活			
全体居民人均可支配收入（元）	元	31556	7.9
城镇常住居民人均可支配收入（元）	元	42581	6.4
农村牧区常住居民人均可支配收入（元）	元	22687	9.1

20-9　固阳县主要经济指标（2021 年）

指　　标	单　位	2021	2021 年比 2020 年增长（±%）
行政区域土地面积	平方公里	**5025**	
人口			
年末户籍户数	户	97113	-0.3
年末户籍人口	人	195373	-0.9
国民经济综合指标			
生产总值	万元	767216	9.0
第一产业	万元	162734	4.2
第二产业	万元	406090	13.3
第三产业	万元	198391	6.1
人均生产总值	元	65406	24.6
一般公共预算收入	万元	68592	71.4
一般公共预算支出	万元	231263	5.1
农村牧区经济			
高标准农田面积	公顷	22507	322.0
农作物总播种面积	公顷	104031	-4.6
粮食产量	吨	116936	5.0
油料产量	吨	42181	-35.4
规模以上工业			
工业企业单位数	个	43	13.2
工业总产值	万元	2201320	53.0
投资			
固定资产投资	%		-18.2
房地产开发投资	万元	8306	213.1
贸易			
社会消费品零售总额	万元	206803	6.7
交通通讯			
公路里程	公里	1933	53.4
移动电话用户	户	110600	-4.6
互联网宽带接入用户	户	27401	18.8
教育科技文化卫生社会保障			
小学学校数（所）	所	5	
普通中学学校数（所）	所	3	
体育场馆数（个）	个	2	100.0
全年专利授权（件）	件	57	103.6
剧场、影剧院（个）	个	1	
医疗卫生机构床位数（张）	张	614	
医疗卫生机构技术人员（人）	人	652	3.5
城乡居民基本养老保险参保人数（人）	人	106516	-1.7
基本医疗保险参保人数（人）	人	154774	-2.5
居民生活			
全体居民人均可支配收入（元）	元	25137	8.5
城镇常住居民人均可支配收入（元）	元	36882	7.5
农村牧区常住居民人均可支配收入（元）	元	18378	10.7

20-10 达尔罕茂明安联合旗主要经济指标（2021 年）

指 标	单 位	2021	2021 年比 2020 年增长（±%）
行政区域土地面积	平方公里	**17410**	
人口			
年末户籍户数	户	52958	-0.4
年末户籍人口	人	108486	-0.9
国民经济综合指标			
生产总值	万元	1076656	5.4
第一产业	万元	172093	3.7
第二产业	万元	620058	5.7
第三产业	万元	284505	6.0
人均生产总值	元	157521	21.7
一般公共预算收入	万元	77178	30.7
一般公共预算支出	万元	212391	0.4
农村牧区经济			
高标准农田面积	公顷	9120	447.1
农作物总播种面积	公顷	51427	-9.0
粮食产量	吨	88254	2.1
油料产量	吨	19905	-33.2
规模以上工业			
工业企业单位数	个	52	-5.5
工业总产值	万元	624657	-5.7
投资			
固定资产投资	%		29.8
房地产开发投资	万元	2732	-56.1
贸易			
社会消费品零售总额	万元	172785	7.0
交通通讯			
公路里程	公里	3180	3.1
移动电话用户	户	88300	3.8
互联网宽带接入用户	户	22900	26.7
教育科技文化卫生社会保障			
小学学校数（所）	所	6	
普通中学学校数（所）	所	3	
体育场馆数（个）	个	1	
全年专利授权（件）	件	29	163.6
剧场、影剧院（个）	个	1	
医疗卫生机构床位数（张）	张	634	3.3
医疗卫生机构技术人员（人）	人	557	-2.5
城乡居民基本养老保险参保人数（人）	人	77729	4.3
基本医疗保险参保人数（人）	人	89362	-0.3
居民生活			
全体居民人均可支配收入（元）	元	36599	8.7
城镇常住居民人均可支配收入（元）	元	46552	7.1
农村牧区常住居民人均可支配收入（元）	元	20677	11.0

21 附　录

资料整理：奥德

21-1 2021年西部城市国民经济和社会发展主要指标（一）

城市名称	地区生产总值（亿元）		第一产业增加值		第二产业增加值		第三产业增加值	
	2021	位次	2021	位次	2021	位次	2021	位次
成　都	19917.0	1	582.8	2	6114.3	1	13219.9	1
自　贡	1601.3	30	242.4	22	628.2	28	730.6	29
攀枝花	1134.0	38	103.6	43	621.5	29	408.9	42
泸　州	2406.1	20	265.1	19	1185.6	18	955.4	25
德　阳	2656.6	17	281.3	17	1283.3	13	1091.9	20
遂　宁	1519.9	32	220.8	26	704.1	26	595.0	33
绵　阳	3350.3	11	377.3	10	1352.7	12	1620.3	10
宜　宾	3148.1	14	356.1	11	1568.7	9	1223.3	17
内　江	1605.5	29	277.1	18	526.6	34	801.8	28
贵　阳	4711.0	7	193.4	32	1681.3	7	2836.3	5
遵　义	4169.9	8	523.3	6	1924.0	6	1722.6	9
六盘水	1473.7	34	179.7	34	670.0	27	623.9	32
安　顺	1078.9	39	191.5	33	328.4	45	559.1	37
毕　节	2181.5	24	526.5	5	590.9	31	1064.1	22
昆　明	7222.5	3	333.1	13	2287.7	5	4601.7	3
曲　靖	3393.9	10	532.5	4	1381.5	11	1479.9	14
玉　溪	2352.3	21	236.4	23	1023.9	23	1092.0	19
拉　萨	741.8	49	24.5	51	278.1	49	439.3	40
西　安	10688.3	2	308.8	15	3585.2	3	6794.3	2
宝　鸡	2548.7	19	217.1	27	1454.0	10	877.7	27
延　安	2004.6	27	209.2	28	1229.8	15	565.7	36
咸　阳	2581.3	18	383.6	9	1189.7	17	1008.0	23
榆　林	5435.2	4	290.3	16	3704.6	2	1440.3	15
渭　南	2087.2	25	400.0	8	779.6	24	907.7	26
兰　州	3231.3	13	62.5	46	1113.9	19	2054.9	7
金　昌	428.6	54	33.0	49	185.5	55	110.2	54
白　银	571.0	52	104.2	41	217.7	53	249.1	50
银　川	2263.0	23	83.8	44	1028.3	22	1150.8	18

注：地区生产总值及三次产业增加值总量均按现行价格计算，本表中数据均为年快报数据（后同）。

21-1 续 表

城市名称	地区生产总值（亿元）		第一产业增加值		第二产业增加值		第三产业增加值	
	2021	位次	2021	位次	2021	位次	2021	位次
石嘴山	617.0	51	37.6	48	321.5	47	257.9	49
中卫	504.7	53	75.0	45	216.1	54	213.6	51
吴忠	762.5	48	103.8	42	375.0	42	283.7	48
西宁	1548.8	31	58.9	47	518.2	35	971.6	24
格尔木	367.1	55	7.1	54	250.7	50	109.4	55
乌鲁木齐	3691.6	9	28.1	50	1039.8	21	2623.7	6
克拉玛依	1072.1	40	21.4	52	756.5	25	294.3	47
呼和浩特	3121.4	15	137.1	38	1052.6	20	1931.7	8
包头	**3293.0**	**12**	**114.4**	**40**	**1571.2**	**8**	**1607.4**	**11**
乌海	718.7	50	6.6	55	510.9	36	201.2	52
巴彦淖尔	982.7	43	224.9	25	328.0	46	409.8	41
通辽	1411.4	35	333.3	12	449.9	39	628.2	31
鄂尔多斯	4715.7	6	148.4	37	3077.9	4	1489.4	13
乌兰察布	903.6	45	149.2	36	375.1	41	379.4	45
呼伦贝尔	1354.8	37	327.1	14	450.2	38	577.5	35
阿拉善	363.6	56	19.8	53	226.0	52	117.8	53
南宁	5120.9	5	606.8	1	1198.8	16	3315.4	4
柳州	3057.2	16	257.9	21	1277.5	14	1521.9	12
桂林	2311.1	22	549.5	3	506.4	37	1255.2	16
梧州	1369.4	36	196.1	30	589.4	32	583.9	34
玉林	2070.6	26	400.0	7	605.7	30	1064.9	21
钦州	1647.8	28						
北海								
贵港	1501.6	33	259.5	20	544.9	33	697.2	30
来宾	832.9	46	195.6	31	238.8	51	398.4	44
防城港	815.9	47	119.6	39	398.5	40	297.7	46
贺州	909.2	44	164.6	35	345.4	44	399.2	43
崇左	989.1	42	199.9	29	347.6	43	441.5	39
河池	1042.0	41	230.1	24	295.4	48	516.5	38

21-2　2021年西部城市国民经济和社会发展主要指标（二）

城市名称	地区生产总值增速（%）							
			第一产业增加值增速		第二产业增加值增速		第三产业增加值增速	
	2021	位次	2021	位次	2021	位次	2021	位次
成　都	8.6	16	4.8	46	8.2	21	9.0	21
自　贡	8.3	22	7.1	26	6.1	35	10.7	6
攀枝花	8.3	22	7.6	16	6.8	30	10.7	6
泸　州	8.5	17	6.7	32	8.1	23	9.5	15
德　阳	8.7	14	7.3	23	8.3	20	9.5	15
遂　宁	8.2	25	7.6	16	7.7	27	8.9	23
绵　阳	8.7	14	7.5	20	8.4	18	9.3	18
宜　宾	8.9	12	7.6	16	8.1	23	10.2	9
内　江	8.5	17	6.9	30	6.5	32	10.4	8
贵　阳	6.6	37	7.8	14	5.4	40	7.3	33
遵　义	10.3	4	7.6	16	15.0	2	6.4	41
六盘水	8.2	25	7.3	23	9.4	14	7.1	35
安　顺	9.0	11	8.1	11	8.7	17	9.6	13
毕　节	6.8	35	7.8	14	8.4	18	5.4	51
昆　明	3.7	56	6.9	30	-0.3	56	5.4	51
曲　靖	12.0	2	9.0	6	12.5	4	12.7	2
玉　溪	9.1	10	8.5	9	7.0	29	11.1	3
拉　萨	6.7	36	4.7	48	1.0	53	10.8	5
西　安	4.1	54	6.1	38	0.9	54	5.7	49
宝　鸡	6.0	46	6.7	32	4.4	44	8.2	26
延　安	8.1	28	7.1	26	8.2	21	8.2	26
咸　阳	8.5	17	6.5	34	7.8	26	10.1	10
榆　林	7.9	31	5.6	43	7.6	28	9.2	19
渭　南	8.2	25	6.5	34	10.5	11	7.2	34
兰　州	6.1	43	7.4	21	5.6	38	6.4	41
金　昌	8.0	30	11.4	1	8.9	16	5.2	53
白　银	8.4	21	10.4	2	9.9	12	6.5	39
银　川	6.3	42	6.1	38	6.0	36	6.5	39

注：地区生产总值及三次产业增加值增速均按不变价计算。

21-2 续 表

城市名称	地区生产总值增速（%）		第一产业增加值增速		第二产业增加值增速		第三产业增加值增速	
	2021	位次	2021	位次	2021	位次	2021	位次
石嘴山	7.2	33	2.1	57	6.7	31	8.4	25
中卫	6.4	41	6.0	40	5.9	37	6.9	37
吴忠	8.3	22	6.2	36	9.6	13	7.4	32
西宁	8.1	28	4.6	49	10.8	9	7.0	36
格尔木	5.4	49	4.5	50	3.7	48	9.0	21
乌鲁木齐	6.1	43	2.5	56	1.2	52	8.0	28
克拉玛依	5.2	50	7.4	21	4.3	45	6.9	37
呼和浩特	6.5	39	3.8	54	7.9	25	6.0	48
包头	**8.5**	**17**	**4.0**	**53**	**11.7**	**8**	**6.4**	**41**
乌海	5.1	51	4.8	46	5.1	41	5.2	53
巴彦淖尔	4.3	53	5.4	45	3.2	50	4.3	56
通辽	4.0	55	4.3	52	0.1	55	6.3	45
鄂尔多斯	7.0	34	4.4	51	6.4	33	8.0	28
乌兰察布	5.6	47	3.3	55	3.2	49	8.6	24
呼伦贝尔	5.5	48	7.1	26	2.9	51	6.3	45
阿拉善	4.4	52	5.5	44	4.6	42	4.1	57
南宁	6.1	43	7.9	12	4.3	45	6.3	45
柳州	2.0	57	7.0	29	-1.8	57	5.0	55
桂林	6.6	37	8.9	7	4.5	43	6.4	41
梧州	10.0	5	8.5	9	12.0	6	9.1	20
玉林	9.9	7	9.3	5	10.7	10	9.7	12
钦州	10.0	5	7.9	12	11.8	7	9.8	11
北海	8.8	13	5.9	42	9.2	15	9.4	17
贵港	6.5	39	8.8	8	3.8	47	7.7	30
来宾	10.5	3	6.2	36	6.2	34	15.2	1
防城港	9.4	9	6.0	40	13.5	3	5.6	50
贺州	13.9	1	9.5	4	20.4	1	11.0	4
崇左	9.8	8	7.2	25	12.2	5	9.6	13
河池	7.5	32	9.8	3	5.5	39	7.7	30

21-3　2021年西部城市国民经济和社会发展主要指标（三）

城市名称	一般公共预算收入（亿元）		一般公共预算支出（亿元）		进出口总额（亿元）		#出口总额	
	2021	位次	2021	位次	2021	位次	2021	位次
成　都	1697.90	1	2237.60	1	8222.00	1	4841.20	1
自　贡	68.39	40	240.33	42	42.23	37	30.64	34
攀枝花	89.85	31	171.65	49	41.47	38	17.13	41
泸　州	190.15	12	445.02	15	129.53	24	69.87	21
德　阳	148.70	20	326.40	29	143.70	21	113.60	11
遂　宁	91.68	30	280.33	34	49.38	34	38.07	31
绵　阳	159.20	17	466.53	13	250.55	12	110.89	14
宜　宾	251.18	10	563.96	9	236.53	14	167.48	8
内　江	72.50	37	254.55	40	29.72	41	21.08	38
贵　阳	426.68	5	681.50	7	515.31	7	393.27	6
遵　义	270.23	9	775.96	4	62.05	32	43.27	25
六盘水	102.35	26	324.53	30	23.18	45	0.06	56
安　顺	61.14	42	268.34	36	5.80	53	4.21	52
毕　节	123.82	22	675.40	8				
昆　明	689.12	3	928.16	3	1716.26	4	935.05	4
曲　靖	167.02	15	502.18	10	78.59	30	72.42	20
玉　溪	143.80	21	257.58	39	155.58	20	150.25	10
拉　萨	106.94	25	318.04	31	36.17	40	20.84	39
西　安	855.96	2	1474.94	2	4399.96	2	2361.92	2
宝　鸡	95.15	29	365.09	26	88.06	27	42.48	26
延　安	150.04	19	416.30	21	5.35	54	1.16	53
咸　阳	107.68	24	428.72	16	157.79	18	94.00	16
榆　林					22.27	47	16.10	44
渭　南	95.37	28	468.15	12	16.52	50	15.08	45
兰　州	276.71	8	483.61	11	141.80	22	36.80	32
金　昌	26.98	53	57.22	55	188.20	16	4.50	51
白　银	38.18	50	205.78	46	78.02	31	5.92	49
银　川	171.19	14	292.15	33	132.07	23	109.47	15

21-3 续 表

城市名称	一般公共预算收入（亿元）		一般公共预算支出（亿元）		进出口总额（亿元）			
							#出口总额	
	2021	位次	2021	位次	2021	位次	2021	位次
石嘴山	24.79	54	92.43	53	48.65	35	41.44	28
中卫	22.85	55	184.21	47	28.31	42	19.13	40
吴忠	37.47	51	226.78	44	4.76	55	4.56	50
西宁	153.90	18	343.83	27	22.50	46	9.29	47
格尔木	17.26	56	36.29	56	0.47	56	0.37	54
乌鲁木齐	377.93	7	419.59	19	385.45	8	259.80	7
克拉玛依	89.10	32	115.80	51	20.50	49	17.10	42
呼和浩特	228.92	11	419.02	20	159.80	17	80.60	18
包头	**161.05**	**16**	**338.05**	**28**	**246.13**	**13**	**112.32**	**13**
乌海	63.33	41	113.33	52	15.15	51	0.08	55
巴彦淖尔	59.24	44	269.07	35	233.22	15	40.28	30
通辽	87.94	33	376.35	24	55.26	33	36.43	33
鄂尔多斯	552.00	4	729.40	6	89.26	26	58.08	22
乌兰察布	60.10	43	379.69	22	27.80	43	22.14	36
呼伦贝尔	99.85	27	424.27	17	157.72	19	50.05	23
阿拉善	33.54	52	84.90	54	24.89	44	8.97	48
南宁	391.77	6	775.40	5	1231.92	5	581.95	5
柳州	174.96	13	423.19	18	353.51	9	155.25	9
桂林	117.50	23	461.79	14	91.61	25	82.14	17
梧州	78.87	36	258.81	38	80.81	29	40.59	29
玉林	79.62	35	377.53	23	38.86	39	26.06	35
钦州	72.32	38	245.56	41	256.03	11	41.85	27
北海	72.13	39	179.23	48	300.15	10	112.60	12
贵港	85.65	34	292.81	32	45.76	36	21.13	37
来宾	46.76	48	233.90	43	13.23	52	12.01	46
防城港	50.94	46	143.03	50	885.56	6	77.96	19
贺州	48.37	47	218.87	45	21.26	48	16.48	43
崇左	39.90	49	260.09	37	2127.11	3	1369.06	3
河池	56.41	45	372.92	25	84.31	28	44.09	24

21-4　2021年西部城市国民经济和社会发展主要指标（四）

城市名称	规模以上工业							
	增加值增速（%）		产销率（%）		营业收入增速（%）		利润总额增速（%）	
	2021	位次	2021	位次	2021	位次	2021	位次
成　都	11.4	18	97.9	22	14.5	43	14.6	40
自　贡	8.4	31	97.7	25	-2.9	53	-3.2	46
攀枝花	9.9	26	97.6	28	15.0	41	43.0	28
泸　州	10.3	23	93.7	45	17.5	37	53.6	25
德　阳	10.4	22	95.6	40	20.6	31	42.3	29
遂　宁	10.3	23			13.7	45	27.2	32
绵　阳	11.4	18	97.6	27	15.0	41	29.2	31
宜　宾	11.3	21	99.0	14	19.7	33	21.7	34
内　江	9.9	26	98.5	19	18.2	35	106.7	14
贵　阳	8.0	35	95.2	42	10.6	50	24.1	33
遵　义	21.0	4	93.7	46	33.7	14	30.4	30
六盘水	12.8	11	97.7	25	24.6	26	52.1	27
安　顺	12.0	17	94.1	44	7.5	52		
毕　节	12.1	16	97.2	31	15.9	40	52.5	26
昆　明	7.0	39	98.2	20	14.0	44	21.2	35
曲　靖	15.0	7	97.1	32	25.1	25	89.5	18
玉　溪	8.3	32	93.2	47	17.8	36	19.2	37
拉　萨	4.7	44						
西　安	5.7	42	92.4	51	13.6	46	-9.5	47
宝　鸡	3.0	51	93.1	49	20.3	32	15.9	39
延　安			113.0	1	30.8	17	692.4	3
咸　阳	8.0	35	95.8	39	24.4	27	71.6	21
榆　林	9.3	29	97.9	22	69.4	1	170.0	9
渭　南	12.2	15	96.4	38	28.4	21	72.6	20
兰　州	8.3	32	99.1	11	22.6	29	146.7	11
金　昌	12.3	14	102.0	2	55.0	6	60.5	23
白　银	12.4	13	98.6	18	34.2	13	0.1	45
银　川	8.6	30	97.9	22	39.9	10	113.9	13

21-4 续 表

城市名称	规模以上工业							
	增加值增速（%）		产销率（%）		营业收入增速（%）		利润总额增速（%）	
	2021	位次	2021	位次	2021	位次	2021	位次
石嘴山	10.3	23	98.9	16	38.3	11	162.3	10
中卫	3.7	49	97.6	28	18.4	34	993.2	1
吴忠	7.1	38	98.9	16	34.7	12	93.2	17
西宁	21.4	3	99.1	11	49.3	8	862.0	2
格尔木	6.0	40	96.8	34	27.9	22	362.7	5
乌鲁木齐	4.2	46	99.9	8	17.1	38	2.5	43
克拉玛依	5.0	43	100.1	5	28.6	19	-88.9	51
呼和浩特	9.5	28			25.8	23	19.7	36
包头	**14.1**	**9**	**99.6**	**9**	**46.7**	**9**	**170.2**	**8**
乌海	2.6	52	100.4	3	54.5	7	170.7	7
巴彦淖尔	3.1	50	99.1	11	28.6	19	433.7	4
通辽	-2.6	56	100.3	4	29.3	18	63.7	22
鄂尔多斯	5.8	41	99.6	9	61.3	3	200.6	6
乌兰察布	4.1	47	98.1	21	22.0	30		
呼伦贝尔	2.5	53	97.0	33	11.5	47	60.5	24
阿拉善	4.3	45	100.1	5	60.1	4	103.8	15
南宁	7.5	37	97.3	30	11.3	48	5.1	42
柳州	-1.8	55	96.7	35	10.7	49	7.4	41
桂林	8.1	34	95.5	41	16.7	39	1.8	44
梧州	15.0	7						
玉林	11.4	18	94.8	43	23.9	28	-10.6	48
钦州	13.2	10						
北海	27.6	2	96.6	36	25.5	24	93.9	16
贵港	4.0	48	93.0	50				
来宾	12.5	12	99.0	14	32.9	15	-30.7	49
防城港	19.1	5	100.0	7	55.7	5	121.4	12
贺州	34.9	1	96.6	36	64.1	2	-33.7	50
崇左	17.1	6	93.2	47	31.2	16	87.0	19
河池	2.3	54	90.4	52	8.6	51	17.5	38

21-5 2021年西部城市国民经济和社会发展主要指标（五）

城市名称	固定资产投资增速（%）		社会消费品零售总额增速（%）		城镇常住居民人均可支配收入（元）		农村常住居民人均可支配收入（元）	
	2021	位次	2021	位次	2021	位次	2021	位次
成　都	10.0	27	14.0	18	52633	4	29126	2
自　贡	10.2	26	18.5	5	41977	22	20694	14
攀枝花	11.0	22	18.3	8	47915	9	21979	10
泸　州	11.3	19	18.8	3	42996	17	20008	17
德　阳	11.7	16	18.7	4	42764	19	21858	11
遂　宁	11.2	20	17.4	12	40324	30	19727	19
绵　阳	11.0	22	18.5	5	43150	16	21340	12
宜　宾	13.9	9	17.8	11	42779	18	20591	15
内　江	11.5	17	18.2	9	41756	23	19819	18
贵　阳	-7.1	46	12.9	19	43876	14	20565	16
遵　义	-5.7	45	15.1	14	40549	29	16216	38
六盘水	1.4	37	12.8	20	37585	42	13298	52
安　顺	0.4	39	14.2	17	37028	46	12990	53
毕　节	-8.8	50	14.3	16	37263	44	12441	54
昆　明	-7.8	47	10.3	30	52523	5	19507	22
曲　靖	13.8	10	17.9	10	42498	20	16422	36
玉　溪	7.8	30	9.1	32	46001	12	18670	25
拉　萨	-19.0	55	8.1	36	49299	7	21198	13
西　安	-11.6	51	0.8	57	46931	11	17389	33
宝　鸡	3.5	35	15.0	15	38741	37	15694	42
延　安	-23.1	56	7.8	38	39306	34	14258	50
咸　阳	10.4	25	19.1	2	40846	26	14283	49
榆　林	-13.5	53	7.5	40	38451	39	15852	41
渭　南	-8.2	48	8.0	37	37772	41	15184	46
兰　州	7.7	31	7.1	42	43244	15	16191	39
金　昌	10.5	24	10.9	28	45649	13	18500	26
白　银	12.2	13	22.2	1	35586	53	11878	56
银　川	-3.6	41	2.3	55	42412	21	18170	31

21-5 续 表

城市名称	固定资产投资增速（%）		社会消费品零售总额增速（%）		城镇常住居民人均可支配收入（元）		农村常住居民人均可支配收入（元）	
	2021	位次	2021	位次	2021	位次	2021	位次
石嘴山	-4.9	44	2.3	55	35649	52	18292	30
中卫	19.3	8	3.2	53	32521	56	13493	51
吴忠	8.0	29	3.0	54	33590	54	16139	40
西宁	6.8	32	8.3	35	39251	35	14948	47
格尔木	-31.7	57	8.5	33	38768	36	22414	9
乌鲁木齐	1.4	37	12.3	21				
克拉玛依	0.4	39	18.5	5	51736	6	34043	1
呼和浩特	12.3	12	7.0	43	53026	3	22435	8
包头	**26.6**	**3**	**7.4**	**41**	**54448**	**1**	**22791**	**6**
乌海	10.0	27	5.4	48	48637	8	23797	4
巴彦淖尔	5.5	33	3.7	50	36350	50	22785	7
通辽	-17.7	54	6.1	45	37475	43	18405	28
鄂尔多斯	20.8	6	7.6	39	53676	2	23583	5
乌兰察布	12.2	13	3.5	51	35915	51	14427	48
呼伦贝尔	-4.6	43	5.8	47	38447	40	19558	21
阿拉善	11.8	15	3.4	52	47266	10	25204	3
南宁	3.1	36	8.4	34	41394	25	17808	32
柳州	-8.5	49	4.9	49	41442	24	17369	34
桂林	-4.3	42	6.0	46	40739	27	18993	24
梧州	21.6	5	11.4	23	37185	45	16331	37
玉林	25.4	4	11.6	22	40314	31	19635	20
钦州	27.1	2	16.8	13	40170	32	17041	35
北海	11.1	21	11.4	23	40727	28	18460	27
贵港	4.5	34	11.2	26	36756	48	18381	29
来宾	20.4	7	11.0	27	38705	38	15317	44
防城港	-13.2	52	6.5	44	39676	33	19031	23
贺州	13.4	11	9.9	31	36665	49	15312	45
崇左	11.5	17	10.9	28	36947	47	15694	43
河池	31.0	1	11.4	23	33351	55	12325	55

21-6　2021年西部城市国民经济和社会发展主要指标（六）

城市名称	居民消费价格指数(%)		金融机构存款余额（亿元）		金融机构贷款余额（亿元）	
	2021	位次	2021	位次	2021	位次
成　都	100.5	34	47967.94	1	46424.68	1
自　贡	100.2	41	2503.20	26	1602.35	29
攀枝花	99.8	53	1175.57	43	765.31	48
泸　州	99.9	49	3432.24	22	2689.00	18
德　阳	100.1	45	3612.50	21	2213.30	22
遂　宁	100.1	45	2112.44	29	1431.03	32
绵　阳	100.2	41	5637.40	10	3277.43	15
宜　宾	100.3	38	4135.79	18	3055.99	16
内　江	100.0	47	2200.13	27	1303.24	34
贵　阳	100.5	34	13441.35	4	17284.14	5
遵　义	99.9	49	5662.77	9	5028.51	11
六盘水	99.9	49	1398.51	41	1848.05	26
安　顺	100.0	47	1144.08	44	1386.90	33
毕　节	99.9	49	1960.47	31	2183.87	24
昆　明	100.2	41	16305.21	3	22185.78	3
曲　靖	100.2	41	2969.60	24	2064.32	25
玉　溪	100.6	33	2145.22	28	1629.58	27
拉　萨	100.5	34	322.46	56	344.85	55
西　安	101.7	5	28510.03	2	29411.25	2
宝　鸡	102.6	1	3628.75	20	2208.26	23
延　安	100.7	29	1953.26	32	1482.27	30
咸　阳	101.5	8	4414.50	16	2358.02	20
榆　林			5544.52	11	2584.59	19
渭　南			3185.01	23	187.17	56
兰　州	101.3	13	9577.65	7	14231.83	6
金　昌	101.1	20	503.47	54	364.16	54
白　银	100.7	29	990.40	46	767.78	47
银　川	101.4	10	4705.68	14	6156.36	9

21-6　续　表

城市名称	居民消费价格指数 (%)		金融机构存款余额 (亿元)		金融机构贷款余额 (亿元)	
	2021	位次	2021	位次	2021	位次
石嘴山	101.5	8	747.13	52	541.42	50
中　卫	101.9	4	652.48	53	533.38	51
吴　忠	101.6	7	831.85	51	744.75	49
西　宁	101.3	13	4710.75	13	5487.63	10
格尔木	101.4	10	289.44	57	186.96	57
乌鲁木齐	101.3	13	10322.56	6	9811.00	7
克拉玛依	102.1	3	1670.80	34	881.50	44
呼和浩特	100.9	22	6683.69	8	9606.58	8
包　头	**100.3**	**38**	**3747.52**	**19**	**2703.30**	**17**
乌　海	100.3	38	964.32	48	472.60	52
巴彦淖尔	101.2	18	1292.31	42	938.82	40
通　辽			1576.93	36	1213.26	36
鄂尔多斯	102.6	1	4753.76	12	3491.20	14
乌兰察布	101.3	13	1465.03	37	870.46	45
呼伦贝尔			2028.75	30	1160.78	37
阿拉善	101.1	20	416.81	55	388.08	53
南　宁	101.4	10	11996.48	5	17660.59	4
柳　州	100.9	22	4309.33	17	4171.06	12
桂　林	100.7	29	4450.32	15	3539.44	13
梧　州	100.8	27	1598.96	35	1461.60	31
玉　林	100.7	29	2703.31	25	2240.36	21
钦　州	100.9	22	1431.87	39	1272.15	35
北　海	101.3	13	1409.71	40	1153.55	38
贵　港	100.9	22	1827.66	33	1609.63	28
来　宾	100.5	34	911.60	50	887.22	43
防城港	101.2	18	967.68	47	915.30	42
贺　州	100.8	27	917.33	49	857.95	46
崇　左	100.9	22	1137.13	45	927.58	41
河　池	101.7	5	1435.24	38	1091.75	39